方力钧

下

Fang LiJun

100 interviews about
Fang Lijun's art history

——100个人口述实录
方力钧的艺术历程

你口述
我实录
you narrate it
I record it

中国青年出版社

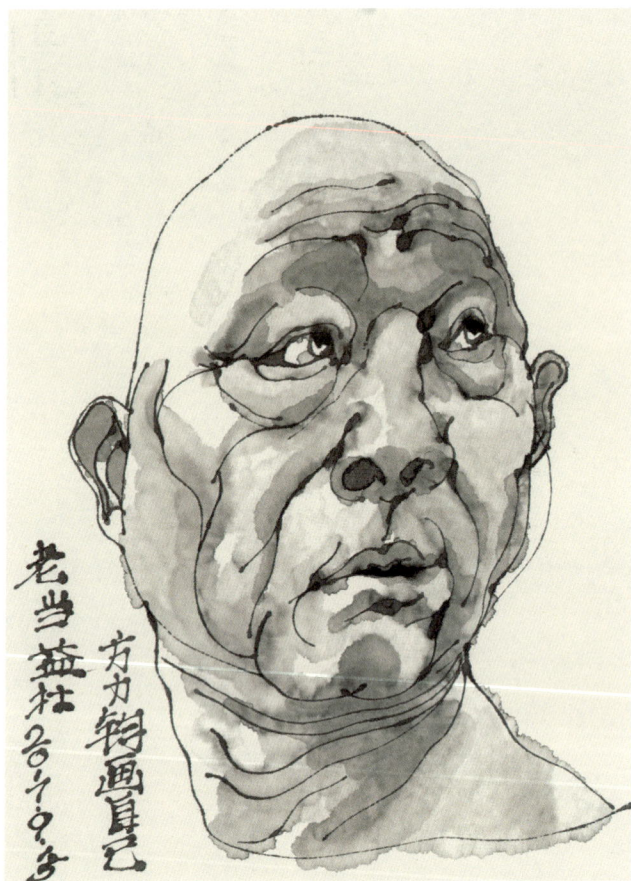

老当益壮 方力钧画自己 2017.9.5

2017.9.15
方力钧自画像
——
33.5x24.5cm
纸本水墨
2017 年

2007
方力钧自画像

———

60×50cm
布面油画
2007 年

目 录

一个有中国传统智慧的人

★ 采访嘉宾：徐冰，艺术家
★ 采访时间：2017 年 12 月 12 日下午 4 点
★ 采访地点：望京徐冰工作室室

> 我觉得方力钧是一个有中国传统智慧的人。从他生活的态度和方法，到他处理艺术的态度和方法，以及他与朋友交往的态度和方法，在他身上表现出来的这种原始的传统，是一个文化基因的东西，这些东西共同构成了他这个艺术家特殊的价值和作用。
>
> —— 徐冰

　　我是方力钧的大学老师。其实，我跟他认识很早，早在七十年代末期，我老去河北涉县那边写生，那时候他还在河北邯郸读书。认识方力钧是因为邯郸有一个孩子叫张林海，后来他考上了天津美术学院版画系。有一次，我去涉县画画，张林海就主动找到我，他说从小喜欢画画，他就住在我画画的那个村子里。那会儿我已经在中央美术学院当老师。张林海听说中央美术学院有人来他们村里画画，他就在村子附近转。张林海的腿天生有残疾，他的父母特别好，为了让张林海学画，非常热情地接待我，所以后来我跟张林海比较熟。当时方力钧跟张林海差不多大的年龄，也喜欢画画。我那会儿是中央美术学院版画系的老师，方力钧后来说他说其实很早的时候就请我看过版画,当时我就说他的版画很好。我记得那会儿他就是通过张林海给我看的版画。后来,有一次,方力钧来敲我的门,给我看他的速写,这是他在考上中央美术学院之前的事情。我一看他画的速写,画得很好,这个细节我印象特别深,从那次以后,我跟他有了比较具体的关于艺术上的交流。

1985 年,方力钧考上了中央美术学院版画系,我当时正在版画系教素描、教版画、教木刻。但是,实际上他那一届的学生,我并没有直接给他们上过课,可是他们那一届有几个同学,包括方力钧,因为跟我早就认识,而且入学之前就请我看过木刻。所以后来,我跟方力钧接触比较多。我记得他上大学的时候,就是一个比较有意思的学生,但我真正跟他有深入接触是他在已经大学毕业以后,1990 年 5 月份,我在长城上要做一个"鬼打墙"的作品。1990 年,他已经去圆明园画家村。因为他刚毕业,当时也没什么事,我就让他帮我一起做"鬼打墙"这个项目。"鬼打墙"那个项目特别大,必须要在山上做,为了完成这个作品,我在山上待了近一个月,记得当时还有 20 多个人参与了这个项目。我们在山上挺辛苦的,一会上,一会下,来来回回很多次。在山上有那么几天,其实就是我和方力钧守在那里,另外还有一个叫王建华的也在现场。我们是在做这个作品的时候接触挺多的。

1990 年,做完那个"鬼打墙"作品以后,我就出国了,方力钧就一直在圆明园画画。这期间我们没有任何联系,直到 1993 年,我第一次回国。我父母住在北大,我家旁边就是圆明园。回国以后,我听说方力钧他们都在圆明园画画,其中有很多艺术家和朋友我都认识,所以我就去他们那里转悠。那会儿,我看到他的绘画风格已经越来越明显,而且他那时候的状态非常好。在那个阶段,他是用他的艺术表达中国人普遍的一种情绪和一种精神状态做得最到位的,这是他的能力。因为他在中央美术学院受过这种专业训练,他的能力很强,包括后来我非常喜欢

1990 年 5 月，在金山岭长城协助徐冰做《鬼打墙》

他的那些大版画，因为我们都是版画专业的，他把版画的语言拓展了，所以他的版画很单纯、很有力量。

我第一次见到那些版画是在德国一个收藏家的艺术中心，他收藏了方力钧那个时期的大版画。德国收藏家请我去看他的收藏，那一次，我遇见了方力钧和他的太太，他对我说他太太特别单纯。那时候，他已经是一种很国际化的待物接人的方式，因为他给不同的人带了不同的礼物。

其实，方力钧是一个很随意的人。但他有一个特点，他身上有中国非常传统的一面，比如说他对老师的尊重和对朋友的知恩图报，曾经给过他一点点帮助的人，他都记得很清楚。别看他老喜欢开玩笑，东说西说，其实他都是在表述一种感情。你对他曾经哪怕一点点的教义，即使你都忘了，他都记得清清楚楚。用现在的话来讲，他是情商、智商还有艺商都很强的人。

2004 年，在德国收藏家爱瑞卡家中。左起：方力钧、爱瑞卡、徐冰

　　方力钧对外永远会说徐冰是我的老师，我从来没有强调我们是师徒关系，因为我欣赏他的能力，他有些方面的能力是我没有的，比如他与各种人交往的能力。和他相比，我是一个被动的人，比较喜欢待在自己工作室，所以我很少跟他们在一起喝酒。他爱调侃，当然也调侃我，但是你可以感觉到他对你调侃的同时，其实他是想表述你曾经对他的帮助，他就是这么一个人，一些非常正式的事情，他非要用调侃的方式跟你说出来。比如在武汉合美术馆我的展览上，他调侃说徐冰老师怎么也不得老年痴呆症？其实他是说徐冰的艺术和思维怎么一直还这么鲜活？他觉得我用脑过度，他就是这样一个人，好话非要用这种调侃的方式说出来，声东击西。我们是完全不同类型的两个艺术家。比如他的这种声东击西的方式。

　　你问我和方力钧之间最难忘的细节是什么？从我认识他到现在已

经有 38 年了，最难忘的细节有两个，一次是我和他，还有张林海，我们三个在一个炕头上睡过觉。那次我记得很清楚，我们在聊一些男孩之间会谈的事情，张林海其实很老实，但是他那天也挺兴奋，包括张林海那种开心的笑声，我印象挺深的，当时就我们三个人，畅所欲言。那是在一九八〇年左右。还有一次是在长城上做"鬼打墙"那个项目，我和方力钧晚上住在长城招待所，有一次只有我们俩人在一起谈一些乱七八糟的事。他在那个时期就有一种比较豁达的人生态度，比如说那会儿我有女朋友，我和方力钧在聊天，他说你应该去你女朋友那块睡觉的，反正在这只有咱俩，我也不会跟任何人说这件事，那时候我和女朋友的关系还比较秘密。方力钧已经具备了这种豁达的心态。

我在国外待了 18 年，这些年我和方力钧在展览上也有交集。比如2003 年威尼斯双年展，我们一大帮人一起去了罗马，我和方力钧在一起参加的群展挺多的。后来我们还有一些深入的交集，比如说一起去景德镇烧陶。2017 年，方力钧在民生美术馆的展览《一个人的艺术史》，在开幕前的晚上，他正在现场布展，我正好去民生美术馆找他展览的策展人黄立平开会，谈我在合美术馆即将举办的大型展览。我在民生美术馆正好遇到方力钧，本来我是想等展览开幕后再去看的，但是那天他对我说明天的展览开幕你得来。我开玩笑说你也没有专门请我，我只是收到一个普通的微信邀请。他调侃说我在考验你，看你是不是真的对我的东西感兴趣，他这样说其实是开玩笑的，他有这种调侃能力。第二天，他的展览开幕，我就去了现场，看到他的装置给我一种全新的感受。方力钧把他的生活态度和他的艺术创作混在一起，他的作品和他提示的一种生活态度混在一起，这个东西其实是比较有意思的。他属于一类艺术家或者一类年轻人对待世界的方式。这种方式有它的价值，因为中国社会太怪诞，怪诞到了你不能用一种太认真和实打实的方式来面对，所以你得用这种特殊的、怪诞的、摸不清的方式来面对。表面看是不认真的方式，其实很认真地来对待这个怪诞的世界。方力钧就用一种怪诞的方式来面对这个怪诞的世界。

我觉得方力钧是一个有中国传统智慧的人。从他的生活的态度和方法，到他处理艺术的态度和方法，以及他与朋友交往的态度和方法，在他身上表现出来的这种原始的传统，是一个文化基因的东西，这些东西共同构成了他这个艺术家特殊的价值和作用。

我认为方力钧的生活方式是对这一代人是有启示性的，他的艺术都被裹入他的生活态度与生活方式，比如他后来画的这些身边的朋友系列，其实他的绘画能力特别强，做版画的人物能力也很强，所以他怎么画都行。我从他的方法上看到我们之间的距离和他对我的启发，我相信他从我的方法和我的艺术中也能看到一种参照，我们之间是这么一种相互启示的关系。

他是我老师

★ 人物采访：卢昊，艺术家
★ 采访时间：2017 年 5 月 15 日下午 2 点
★ 采访地点：丽都星巴克

> 在我心里面，方力钧是英雄类的人物。我跟他没有距离感，我把他当长辈来看。我对方力钧的感觉是既师又长，他完全就是一个师长。方力钧是很有智慧的人，中国艺术家聪明的不少，有智慧的不多，方力钧是有大智慧的人。我说心里话，学美术对他来讲挺可惜的，假如中国是古代社会的形态，他是个不得了的人。
>
> —— 卢昊

方力钧是我老师。那是 1988 年，他快大学毕业了，在地下美术班代课，我考中央美院的时候，曾在地下美术班学素描，他教我画素描，教了一个多月，所以那会儿他是我老师。

你问我对他的第一印象？那时候方力钧给我的感觉是很特别的，他跟那些在中央美院的人是完全不一样的感觉。那时候他骑一辆赛车，穿一个大 T 恤衫，一双拖鞋，一个光头，特别放松的一个状态。其实他一直是那样的状态，那时候他住在筒子楼里面，那个筒子楼我印象特别深，我去过几次，就在颐和园附近，从我家骑到颐和园很远，那时候我家住在东郊，骑到西北郊，基本要骑一个多小时的自行车，才能到他住的筒子楼。那时候我们随便买点方便面、黄瓜、西红柿，弄点啤酒，就在一起边吃边聊。那段时间每天生活在这样的状态里面，物质很匮乏，没什么东西，但是我们每一次在一起聊的时候都会很激动。

记得第一次看广州首届 90 年代艺术双年展，对我来讲可应该是我一生当中挺难忘的事。那时候我也经常去栗宪庭那里听老栗讲当代艺术。那时候我对老栗崇拜得五体投地，等老栗讲完出来的时候，我马上把速写本递过去说"栗老师您留个电话吧"。我记得我做第一个画展是1992 年，在灯市口的国际艺苑酒店美术馆做了个展，这是中国美协办的美术馆。我去老栗家请他给我写了一篇文章，那篇文章他都是用手写的，那时候没法打印，那个手稿至今还在。那时候我做的是小品，有点像新文人画的路子。

方力钧在圆明园的时候，我去找过他几次，1993 年，他参加"威尼斯双年展"，那时候中国艺术家看"威尼斯双年展"跟神话一样。后来，我不敢去找方力钧，觉得距离太大，去找他说什么呢，那时候看方力钧都是远远地观望，看他和王广义做展览，我们在旁边看着很崇拜，他们就是明星啊。

1995 年、1996 年，我开始做了天安门的浴缸养金鱼的作品。那个浴缸是我自己做的，现在看特别粗糙，我记得当时我从家里借钱做作品，做完之后拍照片，然后照片修图。后来被刊发在《艺术家》上，老栗正好看到，他来我家看了我这两件作品，当时就跟我说要给我做个展。那是 1999 年，老栗给我做了一个展览，那是我在国内做的第一个装置展。

我参加第二个展览就入选"威尼斯双年展"主题展。我和方力钧再次有接触是在 1999 年参加"威尼斯双年展"以后。那是他第二次入选威尼斯，我是第一次，也是中国装置第一次入选威尼斯双年展。但是那一届方力钧没去，去的是我、杨少斌、岳敏君、庄辉、周铁海、蔡国强等。我在"威尼斯双年展"上认识了蔡国强，我觉得那时候蔡国强、方力钧给我的影响很大。因为我闭门造车做了半天当代艺术，第一次在这么高级别的展览上看其他艺术家的作品，而且很多都是大师，黄永砯和陈箴都是那时候认识的，接下来几个展览也都跟他们在一起展出，那一段时间对我的影响挺大的。

1999年从威尼斯回来之后，我跟方力钧接触就多了。当时在新加坡的收藏家施先生，在云南要做中国十个艺术家的展览，这10个艺术家有王广义、周春芽、方力钧、岳敏君、刘炜、曾梵志，其中最小的是我。在那次活动当中，我开始跟方力钧聊得比较多一点了，会谈一谈我对国际大展的一些看法。

老实讲，我第一次入选威尼斯主题展其实是有一点失望的，当时我觉得怎么会把我的作品放到军械库，为什么没有放到国家馆或者是放到绿荫城堡里面。其实是不知道，军械库才是最重要的展厅，而且我的作品是放在最中间的。后来我跟策展人为了这个事情争论起来了，策展人说："我不跟你说了，你太小了，提这个要求以后你会后悔的。"后来是陈箴、黄永砯、蔡国强他们几个人过来很认真地跟我聊，那时候我对这几个人挺陌生的，心想这几个人是谁啊，以为是国外的艺术家，现在我挺感谢他们对我的支持和帮助。

在"威尼斯双年展"上，我碰到了蓬皮杜当时的馆长，他说："我非常喜欢你的作品，这个展览开幕式结束后我邀请你去巴黎，我跟你谈展览。"费大为就一直陪着我，我就去了巴黎他的美术馆。他说："我策划下一个展览，明年邀请你和村上隆参展。"因为在"威尼斯双年展"上，村上隆和我的作品是挨着的。参加两个双年展之后第二年又入选"圣保罗双年展"，然后就是"釜山双年展""上海双年展"，又入选"卡塞尔文献展"，那十年做了十个大展。而且国际上那些重要美术馆我差不多都展遍了，德国的一线美术馆我基本上都展过了。

我觉得我有很多方面相对方力钧来讲，在经验上跟他还是有点不同，因为他参加这些展览的时候年纪比我大，经验、阅历比我要成熟得多。我当时觉得这方面需要跟方力钧聊的东西挺多的，关于作品要跟方力钧沟通的也比较多。其实，我跟方力钧是这样的，我们俩可能一年才见4、5次面，每一次喝酒会喝很长时间，我们俩有时候一喝能喝到半夜。因为可以说的特别多，我觉得我在他眼里像透明的人，所有的事情他都在上面看着我，所以我每次心里面想说什么，他其实全部都知道。我跟他没有距离感，我把他当长辈来看。我对方力钧的感觉是既师又长，他完全就是一个师长。方力钧是很有智慧的人，中国艺术家聪明的不少，有智慧的不多，方力钧是有大智慧的人。我说心里话，学美术对他来讲挺可惜的，假如中国是古代社会的形态，他是个不得了的人。

每次我有点什么事，方力钧会叫我过去吃饭跟我聊天。我的作品有什么问题，应该怎么样，他看到了不会直接说，他会简单地先聊别的故事，然后再谈出来，但是我马上就说明白了。我几个重要的转折都是方力钧帮助的，他会点一下，这一下就够了，我回来之后一下就明白了，我知道我碰到的问题是什么，我性格的问题，作品上的问题，他全部都知道。所以有时候我内心特别困惑，就会给方力钧发微信，我一发微信他很快回了，他说"来吧"，我就直接去了。通常我们俩坐在那10分钟一句话都不说，沉默过后，我马上知道他要说什么了，他也知道我要说什么了，我说"你什么都不要说，你听我说吧"，然后我们再聊几句。我们在一起，有时候谈谈国画技法，我比较惊讶的是他国画画得非常好，线描画得非常好，我原来不知道他有一段时间专门学过国画。因为有时候他挑笔比我挑得还专业，看笔很好。而且他是做事非常有心的人，有些时候送我一些书，有时候告诉我，章节中的某段他会划出来，是我应该看的。他从来没有跟别人说卢昊是我学生。

我家里面有一张方力钧画的我，不是你在展览上看到的那张他画的我，我那张从来没拿出来展过。他画我已经到了什么程度，不用照片，起笔就开始勾稿子。我觉得方力钧骨子里面中国传统文人的东西多一点，他现在做艺术家就是清流，他做事情很仔细，很用心。在我眼里，方力钧从来就没粗过，他是眼里一粒沙子都不带揉的人，我觉得从他眼前飞过一个苍蝇他都知道是公母。即使在一堆人里面，每天喝得酩酊大醉的时候，他那只眼睛都一直在睁着，什么都看得清楚明白。

我们平时聚的很少，2014 年夏天，我们俩一块在景德镇待了半年。我告诉你我去的第一天是什么感觉，我穿的牛仔裤和 T 恤衫，拎一个包和一个拉杆箱，到景德镇，我从机场出来，离停车不到 150 米的距离，等走到车里，我的裤子已经汗透了。住的楼里面，楼里面没有空调，景德镇的夏天是火炉，天气太热了。我们住在方力钧的工作室，那里没有电扇、也没有空调，第一天晚上我起来洗了四次凉水澡，刚洗完一出来往床上一坐汗就出来了，我最后不知道怎么累得睡着了。第二天早上起来看床单了一圈人形，出汗出的。我觉得方力钧挺厉害的，他挺能吃苦的。我们在景德镇做陶瓷，基本上穿着短裤，光着膀子，旁边三个窑同时在那烧，那里什么空调都没用。在那拿着冰冻的矿泉水，不到一会儿矿泉水完全化掉了。我们在那个地方干了半年，我们什么也不说，就是干活。有时候我会谈我的作品方案，什么东西比较好，因为我对景德镇一无所知，方力钧中专学过陶瓷，我对这个东西一无所知，以前根本不懂。

我开始去的前两个月基本就是在摸索，我不知道我要做什么，但是我想我要跟方力钧反着做，我要有效的利用景德镇的技术。因为景德镇的技术非常成熟，方力钧可以反着做，因为他了解技术，我是不了解技术，我要有效地利用这个技术才可以做作品。就是说我形要做反，观念要做反，这是我要做的。我当时想用这个东西做一个纯观念的作品，但是做什么东西我不知道，所以那时候我每天都在看，每天去逛卖瓷器的商店，还有三宝村学生开的小店。我逛那些东西的目的是要知道他们的专业优势在哪，我可以用的东西是什么，有一段时间我挺失望的，因

为我觉得工艺性太强了。这种特别强的工艺性，非常容易导致作品变成
工艺品，如果没有很强的观念支撑，没有反形式东西出来的话，完全是
工艺品，所以想利用景德镇的技术挺难的。有时候挺困惑的。我跟方力
钧在一起商量了很多东西，但是他的东西按照他自己的思路在走。

你问我跟方力钧不一样在哪？我俩是这样的，他的作品观念，有
时候我跟他是完全反的，一开始我对他的很多想法能接受，但是等他做
完以后，你换一个角度发现，他是在更大一盘棋上来看其中的一个事，
我是就一个点去解决一个点，所以我做每个作品是单独去看一个作品，
方力钧是他把这个东西全部看成一盘棋来做，他能力超强。我这人是这
样，我对了解我的人，或者我尊敬的人，或者他作品里能有打动我的东
西，我会有滔滔不绝的想法，一旦碰到从头到脚没有我欣赏的东西的时
候，我连一句话都懒得说，我觉得没有任何沟通的可能性，我不知道说
什么。方力钧不是这样的，他全部东西都能搞定，上下所有人全部都认
他，而且到景德镇没多长时间，方力钧是景德镇的"精神领袖"，基本
上是这个概念，他走到哪去都是这个概念，比如到成都、到武汉，只要
方力钧一句话，马上一堆人不管从什么地方，四面八方就过来了，而且
会一直从头到尾陪他。而且他也是这样的，不管这些人有什么问题他都
会慢慢地帮助解决。所有心理上的问题，比如说谁喜欢这个饭馆，以及
这个饭馆的好与坏，他一定会非常敏锐地感觉到大家内心的变化，你喜
欢或者不喜欢，每个人心里细微的东西他一下就能感觉到。我们觉得这
种能力我根本没有。

在景德镇，我们住在一块，每天一块起来，一起工作，一块回去。
方力钧干了一天回来还要看书、做笔记，要把工作中每一个细节全部告
诉助手，第二天的工作安排全部都要一条条全部都写出来，这个需要打
印，那个需要翻译，一堆乱七八糟的事，他所有事情做完再喝点茶，聊
一会儿天，最后大家各回各屋睡觉。如果我像他那样，我们每天天一亮

8 点钟开始进工作室工作，晚上吃完饭 9、10 点钟了，回到自己的房间基本上 11、12 点了，他中间至少要保证 1 个小时阅读时间。因为我们都喜欢读历史书，我们俩对历史上某一个很细节的东西会谈得很深，我觉得我已经了解得很深了，但是他经常说出一些内容来是我根本没读到的，我自己觉得我的信息量已经够全的了，不知道他从哪获得的信息，完全是我根本不知道的。他的记忆力超强，而且他的分析比我看的透。我通常会带着特别多的情感色彩谈论一些东西，他通常会带着更社会化的状态分析一个人的心理，然后他会告诉你根本不是这样的，对方当时屈从某种权力或者某种势力的时候会做出另外一个选择。方力钧读书读得更透彻。我觉得他内心的包容量非常大，他非常有耐心。他在全国各地做展览，每做一个展览会让 500 人知道，这 500 人都是传播者，一个城市有 500 人，30 个城市有多少，10 年之后是多少，30 年之后又是多少，所以我看明白了，这是很大的一个工程，需要有巨大的耐心、体力、精力和社交能力才能去做的一件事情。所以我觉得一个人的成功需要付出的东西太多了。

今天接受你的采访，我谈的都是我看到的一面，也是这么多年我的感受。我生病住院的时候，方力钧是唯一一个去医院看过我的人。2012 年，我糖尿病非常严重，住院一个多月，他给我打电话问我在哪，我说在医院，他从外面回家只有一个小时的时间，回家抱着孩子去的医院，他把孩子交给车里的司机，他上来跟我坐了半个小时，又把孩子放回去，然后再去机场。我很感动，我觉得方力钧那么忙，挤出几个小时的时间也要过来看看我，这种感受很不一样。我对朋友很多事情跟画画一样是通过场景来记录的，有时候闭上眼想起这一幕，别人是怎么对你的，你应该怎么对待别人。方力钧给过我很多这样的感觉，有时候真的让我挺难忘的。

最难忘的还有一个细节是 2005 年，我做过我的第一个研讨会，是

方力钧画卢昊
——
35x45.5cm
纸本
2015 年

在中央美院，范迪安帮我主持的，方力钧说卢昊的性格就是一个直来直去的铁锤，但是这个铁锤通常在我剃头的时候，只有特别快的刀片在我头上刮的时候让我有一种如沐春风的感觉，只有一个人用锤子锤出来这种感觉，让我有一种如沐春风的感觉，就是卢昊的作品。这是研讨会上方力钧的原话。

方力钧画卢昊

———

35x45.5cm

纸本水墨

2015 年

　　我的展览不管在哪里，王广义和方力钧都会飞过来，而且王广义为了我的展览，当时他听到我的展览消息正在机场，已经过安检了，马上把机票给退了又回来了。这次方力钧在武汉合美术馆展览，我跟他说我一定得去，他也没当个事，我去了他就"啊"。那天我从沈阳直接过去的。我早上起来 7 点钟就出发了，到合美术馆是下午 4 点 20，中间飞机延误了 2 个半小时，到了武汉堵车又堵了一个半小时。就为了看那个展览，看完展览以后跟鲁虹吃了一顿饭，第二天就飞回来了。我是一个非常自我的人，比较讨厌社交环境，所以一般开幕式我很少去，即使去了开幕式现场，我不知道见面跟人家说什么。通常这种情况下我马上想到逃离，这样做其实是不好的。我展览的时候这帮老哥从来都是从头坐到尾的，所以他们的展览有时候也没有陪他们尽兴，这是我想通过你的采访跟他们道歉的一个原因。

方力钧现在画国画很多，我觉得他对宗教有研究，看他画的颜色就知道，因为我能感觉到他画的颜色里面有一些受唐卡的影响，一看就知道了，用色是有意这样做的。为什么宗教绘画从心里有一种不同的感受，忽然间让你觉得宗教的环境是很庄严的事情，可能跟它的布局、颜色、整个构图等等很多东西都有关系，所以这段时间我感觉他的画里面有一些受这个的影响，当然这是我的判断。他最近画了很多朋友，我感觉可能跟他的年龄有关系，重新看待人生、看待自己的事业。这些年，我也是看着自己从小伙子慢慢地变得头发都白了，那天跟王广义在一起，王广义说我快 60 了，你也快 50 了，我们刚认识的时候才 20、30 岁，现在这帮人全都老了。那天我车里面放着姜育恒的歌《再回首》，我听着听着眼泪就下来了。

本性是草根

★ 采访嘉宾：向京，艺术家
★ 采访时间：2017年9月19日下午2点
★ 采访地点：北京民生现代美术馆

方力钧始终保持了一个草根的感觉，这也不是刻意的，这是一种本性，一种对本性的本能维护他就是普普通通的一个人他只是喜欢朋友,乐意跟朋友分享很多东西，他有些地方很世故，但有些地方是很真实的,他身上总有一种平民老百姓的质朴，用一种很低的视角去看待生活，我觉得这个真的挺可贵的。

—— 向京

　　首先，我想说说方力钧的艺术，他所有的作品都应该会被放在时间里获得检验，早期中国当代艺术因为资讯的不对等，对"西天取经"的神往，确实有"落后"的自卑感。而恰恰也是那一代的艺术家里，因为匮乏、因为有足够的生长期而憋出一股独特的原创力。说他们是原创力，是因为他们创造出的那些今天看来被不断复制的有过度商业嫌疑的语言形象，在艺术史的角度里，确实是在中国现实里自我生发出的，在西方世界无对应的，也无法复重复的一批图式。之所以强调这个，也是因为随着信息的开放，这种原创力是在下降的，与此相关的，也是和产生这种原创力有关的生命感，你可以看到这些艺术是在每个具体、鲜活

2011 年 9 月 23 日，在向京今日美术馆个展开幕式上
————

的"人"的人性、思考条件下诞生的，那种焦虑是很真实的。说来简单，但在今天的当代艺术里，大家都是在这种信息密集和高度分享的扁平的世界里去构建，明显的进步是艺术语言的磨砺，更成熟更多样，更与世界接轨，这肯定是一种进步，在进步的同时，我恰恰觉得逐渐在消失的，就是中国现实的生命感，每个个体的生命感。

　　我不是做理论的，也极少和人讨论这些，我只是从创作的思考里看待所有发生的艺术，追一个上下文关系。方力钧的作品，我们最熟知的，就是被定义为泼皮的风格，对应的是文化里视野里改革开放之后，假大空的英雄主义的消亡，人被还原为人，艺术不再自带"崇高性"。

其实他构建的是一种非常个人化的语言，而且是非常个人体验化的一种东西，在那个时候是有革命性意义的。方力钧、岳敏君、刘炜他们几个的作品在当年，因为去神圣去崇高，会被看作是种虚无，但如同当年西方保守世界对于"嬉皮"文化的理解屏障一样，以今天的眼光来看，"嬉皮"文化带着浓厚的理想主义的色彩，而当年的泼皮玩世之徒们，在今天看来，情感深厚，而那样的时代，还在讨论价值、精神属性，实在是个纯真年代。我能从方力钧的作品里看出特别深刻的悲哀，就是内心深处那种悲剧色彩。当然这是我个人的一种解读。他作品里苦涩的味道是从他貌似那种嬉皮笑脸的画面中透露出来的，所以他不是虚无主义，我觉得这是非常可贵的，个人试图从一个大时代里挣脱出来，构建一个他自己的价值体系，一个精神内核，这是他们早期艺术家的巨大贡献。

说完他的作品，我想说说方力钧这个人。我们认识太早了，八十年代初就认识，那时候我上中央美院附中，他上中央美院，央美附中和中央美院就两站路，他经常来我们学校玩儿，一来二去，我们就这么认识了，但也不是特别熟的那种关系。

我记忆中比较深刻的一个交集是 1995 年，我大学毕业前夕，我和另外 3 个女孩在附中的美术馆做了一个展览，那也是我人生中的第一个展览。我印象中方力钧带着栗宪庭来看我的展览。后来，我人生中几乎每一个比较大型的展览，以及阶段性的个展他都会来。

最早期他还是寸头，但我举办个展的时候，他已经剃成光头了。他给我一个很强烈的印象就是特别亲切。因为我们都是艺术院校的学生，比如像我这种属于高冷范儿的，不大会跟别人打招呼啊或者热络聊天啊，他属于艺术院校里比较少有的那种很热情、嘴比较甜的学生，跟他一起就自动感觉没什么太大的距离和交流障碍，甚至我一直回忆不起来我们啥时候第一次见，好像认识的时候就已经很熟了。这也是一个人的天分。我觉得他人真是好，一点儿也不势利，当年几个小姑娘的展览，他也会来看。

有一个细节，我印象特深，就是他看完展览之后就说"我请你吃饭吧"，那时候也没钱也不懂事，别人来看你的展览，还得请你吃饭。吃饭的时候，他跟我讲了好多在圆明园时期的辛酸苦辣，我理解他说这些的意思可能是让我做一个思想准备吧，教育我人生其实有很多难关，你要能够挺得住，包括他怎么样去思考艺术应该怎么去做，怎么去面对一个展览，他就是这样一点点走出来的……他的这些教诲给我留下了很深刻的印象。那时候我还年轻，没什么经验，对这种人情世故真心不懂。他像一个兄长一样，他也不是故意要这样做那样做，因为他那时候已经很出名了，没必要和我套套磁吧？从这点来说，这是他的天性，他是一个不势利的人。

我每次做展览，不用专门请他，反正每次在现场都能看见他。当然有时候，我也会发个消息诚意邀请他，我是怕打扰别人，会客气地说你看你有空的时候过来看看呗，我自己又做了一批新东西之类的，发个短信给他，到现在我还特不好意思直接打电话请人来看展览。他每次都一定来，而且总是悄悄来，也不是说一定要让你知道，碰巧我每次都能碰见他。但是他的心意并不是说要那种场面的客套，他是很真诚的，他会认真地去看我的作品，而且也不要人陪，这一点真的是挺特别的。

我的性格不是一个特别热络的人，我不太喜欢那种热闹的场面，但是实话说，他一直对我特别好，很关怀、很爱护，而且很多时候他会自己先看一遍，然后他又带个朋友来看我的展览，比如栗宪庭啊、张子康啊，很多人我都是通过他认识的。他就很像一个兄长一样亲切。我一开始做那种小东西也没显出有什么不得了的地方，但他依然还是很热情啊，在他看来我就是一个刚出道的妹妹，他会教给我很多人生道理，告诉我如果碰到艰难，不要害怕，不要放弃，好好做作品，让我感觉非常温暖。

其实我们的交集不是说天天泡在一起玩的那种关系，他永远都跟别人说"这是我妹啊"，他这人看起来粗粗拉拉的，其实内心非常细腻。比如这次我在民生现代美术馆的展览，他跟我说"你这个晚宴我包了啊，这个哥哥我来做主，我来给你做晚宴"。当然后来我也没让他做，他还很不高兴。他有时候与我喝酒，想起这事就说"向京，我跟你说啊，那晚宴我包了啊，说好了啊，我管啊"。我特别相信他说这个话是非常真挚的，他不是那种跟你在场面上玩虚情假意的人，他真的对一个人好，就特别用心。

因为我们俩工作室离得特别近，有时候，他带一些朋友和一些藏家过来遛遛，比如别人问我作品怎么着，我就随口说一句"嗨，我这东西反正也没人买"，其实我是开玩笑，但他有时候会听进去，当时也不说什么，等到下一次他就会跟我讲"我这有一朋友，我们去吃饭，你过来坐坐吧，咱们聊聊天，人家也挺想认识你的，上次听你说你作品卖的不是很好，我把我这朋友介绍给你认识，挺靠谱的。"其实我并不是一定需要他帮我卖什么东西，但我觉得他就是这么说，让我很感动，我觉得我这哥哥太有心了，细腻，也懂得对人好。

有一次，美国的刘虹带着一帮老外来宋庄，看几个艺术家工作室，先看方力钧的工作室，然后就到我这儿来，方力钧就会亲自带着他们过来，然后给大家介绍"这是我妹妹啊，我看着她从小长大的。"他给我的感觉就是那种会时时照顾着我。而我也不善表达，也没啥可回报的，但是他在有些细节上就会让你觉得特温暖。

我觉得我们俩能成为朋友就是彼此欣赏吧，每个行业尤其是艺术圈挺江湖的，有很多人情世故都是面儿上的那些东西，让人不太喜欢。但是呢，有这么一个人，就真的像一个哥哥一样，他看着你从小长大，并且知根知底，这是一种非常有安全感的关系，他总对你好，也不为什么的，因为我也不是一个太懂得给予的人。谢谢你给我这个机会，让我把老方对我的好都一一说出来，也是个表达。

你让我讲方力钧，我觉得他身上有几个品质特别好，他对人的温暖感其实是他性格里面自带的，是人性里面天生的东西。他身边有那么多朋友，这就是他人缘好啊，天性好啊，他总是很感恩，他经常跟我叨叨觉得这个人好那个人好，其实他对别人也特好。他对周围很多人都很好，这是他的为人处事。有一次，我们一帮人在一个城市参加展览，完事之后各自打车，那个时间点车也不是很好打，同行的李兰芳就到前面去帮我们打车，结果我们这边刚好来了一辆，大家就赶紧上车了，方力钧的第一反应是赶紧跑去追前面帮我们打车的李兰芳，他要把她叫回来，这就是很明显的差距，我们只想到自己，没想到别人，但他第一时间会替别人着想。

方力钧很朴素，穿戴打扮就是普普通通的，他的工作室也很朴素，他工作的地方就是干干净净的，不会豪华夸张，他始终保持了一个草根的感觉，这也不是刻意的，这是一种本性，一种对本性的本能维护，他就是普普通通的一个人。他只是喜欢朋友，乐意跟朋友分享很多东西，他有些地方很世故，但有些地方是很真实的，他身上总有一种平民老百姓的质朴，用一种很低的视角去看待生活，我觉得这个真的挺可贵的。艺术在某种时候有种原始的生命力来自生活本身，而在成功学的法则里，中国艺术家早早地被捧上新贵的宝座，其实是特可笑的，因为大家都是从那个大家一样贫穷的时代里长大的，可以说都是穷人家孩子，我觉得扮演成功人士是件很丢脸的事，叫自欺欺人。如果你能欣赏一个人，除了他富有才华，应该还是因为一个人格的魅力，其中重要的一点，就是他得始终知道自己是谁。

我和张晓刚、王广义私交都很好，有时候我觉得他们特别可爱，因为他们的人性是可爱的，这个人性就是他们的那个界限，所以他们不会真正享受那种所谓巨大无比的虚荣的光环。他们永远还是在人性自身的这种困扰里面去创作艺术，我觉得这也是我喜欢他们、愿意跟他们交朋友的原因吧。在他们身上永远有一种普通人的喜怒哀乐、恐惧忧伤。

这些年，方力钧张罗了很多事，他的人缘这时候反映在他能整合很多资源，促成很多的事情，有些我能看懂，有些我也看不懂。我理解每个在这个行业工作的人，一定都明白这个行业的各种短板和硬伤，老方做成没做成很多事，其中的目的应该都是希望能改善一点基本生态，这也是他比很多艺术家站得高看得远的地方，付出都不容易，艺术家是个多容易自我安放的职业啊！

简单来说，我跟方力钧就是属于那种惺惺相惜吧。我能理解他有时候叫几个朋友，喝完酒很黏人，还不让人家走，我觉得这是他感情里特别柔软的地方。我相信他一定是一个对人生、对生命很舍的人。我是那种什么都无所谓，什么也都可以放弃的人，但他一定是恋恋不舍，对感情恋恋不舍，对朋友恋恋不舍，一个很热情、很热爱生命的人。从我们认识到现在，已经20多年过去了，他小时候特别瘦，跟猴子似的，现在他变胖了，性格好像没怎么变，反正他在我心里就是一个特别温暖的人。

039

愿你出走半生，归来仍是少年

★ 人物采访：柴海燕，艺术家
★ 采访时间：2016 年 5 月 19 日下午 2 点
★ 采访地点：北京罗马湖艺术区

> 方力钧是情商和智商结合度最完美的。有人一生可能只做一件事，他一年在做别人一生的事，精力肯定不够使。我也不知道为什么我们能成为这么好的哥们，你问有什么东西相互吸引？我想可能是那个年代我们一起经历的东西是共同的记忆。他成功了，我唯一感觉不好的就是我帮不了他，这挺让人难受的。在他身上，还能捕捉到原来的影子，看到他的眼神就能想到 16 岁的感觉。他本质的东西永远没有变，而且越来越浓重。因为我们出身都是贫民，从小长大吃的是什么，环境是什么，并不会因为自己功成名就或者有钱了，就可以忘本了，他没有，根上的东西还在，而且越来越深，越来越孝顺，那种恩情的东西看得越来越重。
>
> —— 柴海燕

现在开始回忆与方力钧有关的点点滴滴，我的情绪有点激动。一个人的记忆如果没有第二个人碰撞就会变得很模糊，有些记忆可能会随着时间越来越淡，今天接受你的采访，聊一聊往事，互相还能碰撞出记忆的火花。

方力钧是我在邯郸小学读书的同学，我们两家离得很近，都是铁路家属院,他的家是第四排,我的家是第七排。我们家属院基本上是父亲在铁路工作,母亲一般是在纺织厂工作。每个家庭收入都差不多,每一个院子都是平房,互相之间都会有影响。那个年代没有计划生育,我跟他是一样的,也是弟兄俩。我们俩从小就喜欢画画。那时候上学没学什么东西,天天是政治运动,读报纸、抄写毛泽东语录。每天看毛泽东的语录做笔记,写心得。那时候唯一比较快乐的事情就是画画,那一年,我们才九岁,天天都在一起疯玩。其实我们俩真正在一起学画画,是从小学五年级之后开始接受绘画训练。我们学校有一个美术小组,我是组长,他是组员。画画是学校比较有用的专业,学校经常搞宣传,连老师教学也需要配合书本把图片放大,那些图片都是我和方力钧手绘出来的,学校的宣传都是我们一块完成。那是一段特别享受的美好时光。

你让我回忆少年时期的方力钧,先从初中时期说起,我们除了一起上学,吃、住也在一起,每天放学之后,有时我到他们家去住,有时他也来我们家住。那几年,一起上学,一起回家,情同手足,一直从少年走到青年。

方力钧在上初中的时候,他就与一般同学很不一样,他对自己要求很高,这一点表现得挺明显的。比如因为我们画画占用时间比较多,文化课相对要弱一点。有一次,语文老师找他谈话让他提升语文成绩,后来他写的一篇作文在全年级被当作范文。每个班上语文课之前,先念他一遍他的范文。我觉得骨子里面就与同年龄的人不太一样,可以说他对我一生影响很大,人生的每个阶段,他都在影响我。上初中的时候,我们的交谈特别多。那时候他特别瘦,个头挺高的,骑的还是女版的自行车,那是他妈妈的自行车,不带梁的那种型号。曾经很多时候,我们俩在楼下喊一声,就一同骑自行车出去玩,而且有很多行动是没有商量好的,比如我们俩骑自行车去到十五、三十公里以外,骑起自行车说走就走,从小就比较追求自由的感觉。

有一件事他现在都不知道，因为他小时候比较瘦，有一个挺坏的小孩欺负他，好像把他的头打破了，我知道以后就把那个小孩狠狠教训了一顿，警告他再不能欺负方力钧。他小时候从不惹事，特别喜欢看书，基本上是属于低头看书不打闹的孩子，有时候为买一本书跑好远，有时候还借钱去买书看。那个年代书是最好的东西，他只要听到谁介绍了一本好书就马上去找来看，只要听说哪里开了比较好的书店，但凡关于美术方面的书，不管多远都要去买回来看。在 25 岁之前，在钱上面，我们都是混着用。家里人给的零花钱，我们从来不分你我，钱都是混着用。

放暑假的时候，我们一起去涉县写生，拿到邯郸群艺馆的介绍信直接找到乡政府，然后再找到村里面的大队长，给我们安排到涉县农户家去生活，这样的体验我记得去了几十次。那会儿我们才 15 岁，经常就跑到农户家去住，在那里写生、画画。那时候基本同住在一个房间里，每家农户都把最好吃的东西都给我们。然后象征性地收一点费用。那会儿用的是粮票，家里给我们几块钱，能吃一个星期。

方力钧在农村生活，也有与众不同的地方，比如同样是一个风景，同样的局部、磨盘或者是一口老井，他看待的视角与常人不太一样，画出来的画也不一样。那时候我觉得他画得比较丑，现在觉得其实是他比较有自己的思想。当年我画的很俗，就吻合那个年代的审美。有时候，我们在农村可能要住十几天、二十几天才能回家，每天坐在屋顶上，爬到山坡上，从各种不同的角度写生，画当地人。我们在一起相互学习，他画比较好的画我会搁到我画夹子里，经常看一看，他也把我的画拿过去看一看。

我们在涉县写生，有几件印象比较深的事，有一天，我们步行走了大概 40 公里，好像是奔一个村庄去，就为了寻找水，那个地方特别缺水，听说在河南、山西、河北三省交界的地方有一个瀑布，我们一天走完 40 公里，一人拿个小军用水壶，里面放点水。那一年，16 岁。走到傍晚的时候，我们并排行走，途中遇到有两只狼，绿色的眼睛，看着我们。我背着包，包里面有饭盒，饭盒里面有勺子，勺子当当作响，我又不敢跑，害怕跑的话，狼一追赶就麻烦了。狼一直不敢靠前是因为包里勺子发出的声音。我们一直走到傍晚，然后遇到了暴风雨，雨下得特别大，走到村子里，村主任说这么晚了只能给你们安排住到寺庙里。这时候，我们已经摆脱了狼的恐吓，狼看到灯光之后就跑远了。面对这一幕，当时好像也没有感到太害怕。我们住在寺庙里，就好像是住在学校里，习以为常。庙里有一人高的台子上、被子上面布满了灰尘，大概有几厘米厚。那个细节我至今还记得，一抖被子满屋子的灰尘。我不知道他是否还记得这些片段？他特别能吃苦，今年他还说："我回忆起来比较困难、吃苦的时候你都在我身边。"

我们俩与水有关的故事挺多的。有一次，我们俩白天行走在山区里，路过石灰矿，一路上走得特别累，壶里的水也不敢多喝，怕喝完了就没有了。半路上拦截了一辆运送石灰的大卡车，司机让我们俩上车，我们俩当时觉得挺美，但是司机把我们俩的水壶给要过去了，他把我们俩的水喝完之后就说你们下去吧。

还有一次，在山丘上，村民自己挖了蓄水池，是靠天降雨蓄水用的，我们在那画画，用蓄水池的水洗水彩的调色盘，然后我们就听到身后的动静很大，村民们看着我们都惊呆了，他们着急地说"这是我们喝水的池子"，我们知道后非常后悔，那个地方特别缺水。他们的水一般分几个用途，先打回去做饭，然后刷完锅、洗菜、洗脸、冲马桶，吃的油，炒菜的油是用植物油，黑色的，炒的菜都很苦。我想他后来为什么画水的题材，可能也跟这些记忆有关系。我们经常去写生的地方叫涉县，那里到处都是鹅卵石，他画的也是鹅卵石。

为了写生，我们还走过山洞，从山洞这面看那面，亮度就像火柴盒那么大，路是坑坑洼洼的，有的坑至少有一米多深，常年没有修过，走的人特别少，一边走还有石头随时可能掉下来。那条有山洞的路走了很多次，其实每次走那个山洞，挺恐惧的。

记得我们晚上在美术小组画画，画完了就看着夜空的星星聊天，经常看着头顶的星星有一些各种各样的想法。那时候我们看过一些书，就觉得人的一生应该有一些作为。流星只有一瞬间，人的一生也是飞速、飞快。我们十几岁在一起成长，正是人生观确定的时间。我觉得我一直是被他拽着走，我是一个挺笨的人，最后我还是跟不上他的步伐，我觉得我的性格、情商、智商都和他有差距，我们自然而然的拉开距离。从艺术的角度，大约在 19 岁的时候，我跟他就属于格格不入了。我们差距非常大，当时我们俩各住一个房间，在邯郸，有一次他跟李津谈话的时候，两个人谈的特别好，几个小时不停歇地交谈。我听一半就走了，听不进去了，我在旁边觉得他们在谈一帮疯子，跟正常人不太一样。我觉得是我不对，所以没有办法，我后来经商了。

当年，我在保定上中专学的是刺绣专业，我到学校报到已经被分好了专业，我没有选择。每次放假回来，我就感觉和他差距很大。方力钧知道的特别多，他交的朋友比我多多了，而且感情都特别铁，我当时从情感上还很失落，感觉他交了这么多铁的朋友，我就变成不太铁的了。现在我来到北京有自己的工作室，也是被他拽着跑，他在北京，我就跑到北京来，就想靠近他一点，我来北京的那一年，等我在苹果社区安排好了，他又走了。他以前的办公室也在苹果社区，他在 9 楼，我在 10 楼。这些年我一直在追赶他，我已经感觉精疲力竭追不上了。

方力钧的优点是重感情，缺点也是重感情，他对谁都好。我们俩截然不同，是对立的。性格不一样，世界观也不一样。他是追求精神世界的，我是追求财富。他的财富都是为他的精神服务。我可能比较虚荣，他没有虚荣心。我们俩兴趣是一样的，都喜欢收藏古玩，当然他是真正的高手，能够准确地把握。他买东西跟别人不一样，他不会随大流，他只买艺术审美比较高的，他从这种角度去买，现在开始值钱了，这种东西比官气十足的东西要好。我收藏古玩也是潜移默化受他的影响，大概是在 2005 年、2006 年，在关键点上他会间接地影响我，比如说买古董我控制不住，随便买，他就抓起一把黄土说"黄土久远吧，它有文化、有历史吗？"

我们两个人都挺珍惜情感，记得当年报考天津美术学院，在河北只招一个人，我们俩在天津美术学院撞上了，他有准考证，但他看到我起来就走了，他是为了把机会让给我。后来我没有考上天津美术学院，他白让给我了。然后我们考沈阳鲁迅美术学院的时候又碰到了，这次是我主动离开了，因为考天津美术学院是他离开了，考鲁迅美术学院我就离开了。我们两个人的情感太深了，就觉得不应该互相竞争。结果他选择了上中央美术学院。他去到哪个学校都被喜欢，因为考试之前得拿准考证，根据作品发准考证，他的作品让人一看就喜欢，还没参加考试之前老师就喜欢他的作品，那时候他跟大家的距离拉得挺大了。

后来，我 1991 年去了俄罗斯，在俄罗斯挣钱，我是 2005 年从俄罗斯回国。有时候他回邯郸来，我们就见一面，我们之间最长的大概有 5、6 年都没见面。我回来看到他作为一个画家被人家所喜欢，已经很成功了。我挺高兴的。我觉得他把自己一生所有的心血都注入在绘画里面，每一个环节，每一个细节都很用心，他是时刻都想着他画的那些东西。比如说我们开车去瑞丽，一路上，一些细节他就能感觉到，看到马上就拍下照片，他在怒江的桥上停下来了，我想他肯定是有想法才停的，看他表情就知道他大概处于什么样的精神状态。当时就我们两个，他突然把车停下来，拍拍照片，在栏杆那边站一站，看了看江面。我后来知道他为什么在桥上停留，因为我读了一本抗日战争的书，有一个关键的转折点是在怒江，如果日本人过了这个桥，整个中国可能就危难了，当年因为这个桥炸掉以后日本人没有过来。

　　2013 年，我去景德镇看他的时候，天气应该有 40 多度。他在那烧瓷器，现场也没空调，他在炉子跟前站好几个小时，汗哗哗的，也不喝水，就守在那工作，一待好几个小时。旁边有一个空调屋，我们都在空调屋待着，他那种毅力不是常人能有的。去年我去他宋庄工作室，看见地上面放了木板、电锯，想起来大概十几年前他也做过一组版画，用电锯在那刻，要花特别大的体力。他想做新的东西，也不管年龄，更不管体力。我们俩谈过年龄的事，他说到了这个年龄，洗把脸就年轻了，睡一觉就年轻了，跟年轻人就一样了。他的心理一点也不老，他没有年龄，他的思维很活跃，我觉得年轻人思维都没有他活跃。原来说 50 岁就半百了，现在到 80 岁才感觉真正老了。我觉得他该有的经验都有了，现在属于人生新的起点。记得我刚从俄罗斯回来，有一次我们一起去北京图书批发市场，他向我推荐说这本书怎么样，我说好啊，他就给我买了一大堆书送给我，自从出国后，我可能有 20 年没有看过那么多中文书。都是艺术类的、古玩类的书。其实我有个愿望，如果我做收藏家的话，我想收藏他每个时期代表性的画。但是现在晚了，得挣很多钱才能买得起他的画了。我当时在古玩城有三个店，其中有一个店挂的是油画，当时我特别留恋他的一组画，是他第一次参加全国美展获奖的作品，是水粉画，画的是涉县的女人。于是，我就向他说起那张画，我在古玩城开另一个店的时候，他就把这幅画拿过去送给我了，好像是他从花大价钱买回来的。那是他第一个获奖作品，他重新买回来送给我。这幅画其实是当时我们俩在一起的记忆，也是那个年代真实生活的记录。

　　几年前，方力钧给我讲了一件事，他去德国见一个 70 多岁的策展人，等到快见面的时候，那个德国人通知他要推迟两个小时才能见面，因为临时有特别重要的事情。方力钧就在附近咖啡馆坐着等了两小时，这时候，他发现那个德国人跟另外一个岁数差不多大的人在那里聊得特别开心。方力钧看到后有点不太高兴，等两小时过去之后，这个人跟他见面的时候说："实在对不起，那个人是我从小一起长大的朋友。"方力钧听完被感动了，发小的情感是第一位的。

还有一个细节也特别有意思，有一次，我们俩开车从昆明到大理，在路上他就发烧了，我陪着他去医院打吊瓶的时候，有一瞬间我不在，等我追出去找到他，看到那个吊瓶的针在他光头上插着，自己拿着吊瓶到走廊厕所。我从来没住过院，也没打过针，当时看到这一幕真崩溃，我感觉那个动作太老练了，我觉得他是经常性地没人照顾。他总是关心别人，替别人考虑，真正自己病痛的时候，他就远离别人，不给别人添麻烦。人这一生都是需要帮助的，不管从哪方面，他也需要关心和帮助。他经常帮我，他能捕捉到我在想什么，他会提前给我安排。比如我是商人，刚回到国内没有人脉关系，他就给我介绍朋友。我觉得他最不愿意做这种事的人，但是没办法，有我这样的朋友，他也会为了我去做。

他很重感情，在男女感情经历上面有时表现得挺智障的，他处女朋友就喜欢柏拉图的感觉。他是很精神性的一个人，从他画里应该可以感觉到女人在他生活中的影响，从色彩变化也能感觉到他内心的变化。反正我能捕捉到，翻他的画册就能感觉到他在每个时期不同阶段情感的流露。他的画我能看懂，每次看都有感触。我能看出在作品里面有一些纠结的东西，纠结怎么把内心的东西表达得更好，我感觉他挺痛苦的，挺深沉的。去年，他初恋女朋友的哥哥去世了，他发微信给我说她哥哥没了，有些情感是埋在心里面的。他的初恋是以前学画时期的同学，是在另外一个煤炭指挥部中学读书，中学里都有美术组，我们属于铁路，她属于煤炭分部，他和她是画画认识的。

我们俩最有意思的约会是有一次各自开车往成都去，那次走的路线是到了洛阳碰面，大概是晚上 12 点，一起吃一顿饭，然后我有事就返回来了。返回来的路上，我想我们俩跨越一千多公里就见了一小时，也没聊什么，就是互相关心一下。前几年见面，他话特别多。现在他太

1978.10.12，方力钧画
柴海燕

39.2×27.4cm
素描
1978 年

忙了，忙得都没有时间见面了。其实有时候也能理解，他要做的事太多了。有人一生可能只做一件事，他一年在做别人一生的事，精力肯定不够使。我也不知道为什么我们能成为这么好的哥们，你问有什么东西相互吸引？我想可能是那个年代我们一起经历的东西是共同的记忆。他成功了，我唯一感觉不好的就是我帮不了他，这挺让人难受的。

方力钧是情商和智商结合度最完美的。这几年，我们要么是在展览上见面，要么我想见面就直接微信告诉他。不是说有什么事，时间长了，没见面，就想和他见面聊一聊。通常都是我去他工作室找他，在他身上，还能捕捉到原来的影子，看到他的眼神就能想到 16 岁的感觉。他本质的东西永远没有变，而且越来越浓重。因为我们出身都是贫民，从小长大吃的是什么，环境是什么，并不会因为自己功成名就或者有钱

了，就可以忘本了。他没有，根上的东西还在，而且越来越深，越来越
孝顺，那种恩情的东西看得越来越重。

老方画海燕
2007.8.1
——
60×50cm
布面油画
2007 年

040

金镶玉是一种契合

★ 人物采访：萧昱，艺术家
★ 采访时间：2016 年 5 月 19 日下午 4 点
★ 采访地点：北京罗马湖艺术区

> 我跟方力钧是这样的，我可以一年不见他，再跟他在一块还是好哥们，或者两年不见面，再见面看着还是觉得挺亲切的。我是个活在当下的人，过去的事就很少去想，如果不是接受你的采访，你不问我，我都不愿意去想着。我没有自我历史观，但是，我是一个尊重有历史观的人的人。人就是宇宙的精灵，有没有今天这个大生态，精灵飘在地球上，以前的古人对于你今天怎么活着是起作用的，但是跟你一毛钱关系都没有，未来的人类怎么活也跟你没有关系。你之所以尊重古人是因为他们的历史可以给你参照，如果你有责任心，像方力钧这样的人，尊重自己的历史，希望给未来的人一个参照。他更像一个老师，一个历史老师。我不太在乎，我觉得人，现在特别流行一句话，你划的这一道满意就行了。我觉得方力钧的成功和他个人的素质、个人的修养、自我的克制有关，他的天赋和自我克制有点像金镶玉，是相辅相成的。
>
> —— 萧昱

你在方力钧的画里看到我，这不奇怪，如今，画我的人都成名了。因为他早期的画就是画于天宏和我。那时候，还有一个叫刘炜的也画我，后来也出名了。

1986 年，方力钧同邯郸市群艺馆业余美术班的同学们在一起。左二为萧昱

我和方力钧在中央美术学院是同一届的，我比方力钧年龄小，我们认识是因为他的工作室就在我的工作室对面。那时候，他跟杨茂源是一个工作室，那个工作室是属于违章房，特别狭窄，也就 3、4 米那么宽，是中央美术学院后排接出来的小房。他们俩一人一个办公桌，正好就在我的工作室对面。我特好奇他们成天在小黑屋里面干什么，有一天进去一转，看方力钧正在画水墨。

我们俩亲近也不知道是从什么时候开始，也许是挨的近，互相看着顺眼。我闲的时候也画水墨，对水墨有情结，他画的铁线描的罗汉，我一看觉得有意思。我喜欢那种思路与众不同的人，和他一聊天，发现这哥们爱看哲学书，我也有这个爱好。我的特点是看完记不住，这是我的长处，如果记住的话我会有负担，会被各种牛的书控制。但是方力钧太牛了，他都能记住，他就是这样一个特殊的人，但是像我这么记性不

1988 年，方力钧和萧昱在中央美术学院
——

好的也挺特殊的，我想也不多。我这人对所有的苦难都会瞬间就忘了，所以我过多苦的日子也都觉得很快乐，就跟我喝醉的时候，别人以为我没喝醉，因为我喝醉的时候说话也是有逻辑的，大家说你装呢，肯定没醉，但我真不记得喝醉的时候说过什么。

读大学的时候，我就是一个浪荡子，根本就不知道这辈子该怎么活。我小时候考上了中央美院附中，当时能够上中央美院附中，我就觉得自己是天之骄子。在美院附中读书的时候我也比较用功，入学的时候不知道这个地方那么牛，一入学以后才发现我的同学都这么棒。在我们学校，刘小东比我高一届，我一看我们班的同学都这么牛，高我们两届都很牛，压力特别大。因为我学画的时间很短就考上了，属于特别幸运的。画画这个东西就看直觉，必须感觉好。后来我当老师以后也明白了什么叫感觉好。有的小孩能教出来，有的小孩画得特别溜，你告诉他新的知识很难灌进去，那种就很难教。我可能属于偏白纸类的，老师比较喜欢，这个纸的质地也不错，就被选进去了。

我读附中时特别努力，至于平时考分怎么样，一般，但是我知道我要面对这种困难，必须得拼命的积累很多很多的知识。后来我上大学一直到现在，我就觉得知识过剩，我所知道的事情对现在的日常生活有点多余。但是，我觉得对我个人来讲还是很重要的，因为又不是给别人活的，又不是单纯为了生存，来到这个世界上是为了度过一生的。如果这么想问题的话，就觉得你所认知的世界，一直到今天都是一个很有乐趣的事情。你需要认识生命是怎么回事，生存和生命感觉是不一样的。艺术是一个手段，我觉得我来到这个世界上，通过践行艺术这种方法体会生命存在的意义。这不是大话，这是活到了一定的年龄真实的感受。

上大学的时候，我过得挺好的，我是壁画系的，那时候我还能挣点钱，给《走向未来丛书》当过戴士和老师的美编助理。大学毕业以后吧，那时候大家都穷，谁也富不到哪去。大学毕业第一份工作是当老师。我分到单位上班，拿到的第一月工资是 168 块钱人民币，我说这日子怎么过。

大学时候的方力钧，我觉得他特别勤奋，我到了大学以后就自信多了，熬过四年附中以后，我看大学的课程就一目了然了，在美院附中，国、油、版、雕，我都学过。那时候学校很自由、很开放，所以我们那几届出的人最多。像方力钧、刘炜、王玉平、申玲、洪浩，这是跟我关系比较好的几个同学。

那时候罢课也不会觉得是闹事，学校要听听你是不是有想法。学的文化课像政治、经济，从小学到中学再到大学又学一遍，就觉得很浪费时光，学校觉得我们的提法合理，就同意了。当然，我们也不是说不参加考试了，也有学分，我们可以不去听课，老师照样正常上课。但是这样做也有一个缺点，就是我英语没学好，英语需要花时间背。但是大学对我来讲更重要的是艺术实践和生活体验，我从大学就开始玩，没白天没黑夜地玩，我印象中大学就是玩，还有上课画画的时候比较过瘾。

方力钧勤奋在哪呢？我看到他有时候早上起来跑步，我上大学开始也跑步，慢慢就没有那个毅力了，人就懒惰了，人的心也变了，对世界充满好奇，有各种可以玩的，经常熬夜，人只要一熬夜就没有奋斗，贪图享乐，就很少早晨起来跑步了。在附中，我还每天早上起来跑步，那时候我还管广播室，我得比同学早起一会儿，提前按照那个时间点放音乐，叫醒同学。

在我的印象中，我的那些同学大学都爱玩，美院就是玩，我们画室一星期有两个舞会，礼拜六、礼拜天都有舞会。我们班8个男生全是"神经病"，一个女生都没有，我们老弄舞会，方力钧有时候也过来参加黑灯舞会。

八十年代太好了，那时候对我们年轻人来讲真好，无忧无虑的。老师睁一眼、闭一眼。那时候老师还这么说"年轻人就这样"。

在美院，我看方力钧是顺眼的，我这人比较温和，跟谁都不错。有时候我们俩在一块待着一天也不说话，看他在我眼前晃来晃去，我也不觉得难受，他不烦我，我也不烦他。两个人不说话，我觉得也挺好。我跟方力钧，就是互相看着顺眼。有时候他说点事我还真认真听听，时间长了，我就发现他的说服力很强，我是很难被人说服的，可能有时候就方力钧说话我还能听一点。反正那时候我属于比较自由的，我怕老师，骨子里面实际是尊重老师，我毕业以后不敢去看老师，不是没礼貌，把老师当家长的感觉让我到现在看到老师还有点害怕呢。

大学时期和方力钧一起做的印象比较深的事是去唐山烧陶瓷。方力钧喜欢折腾事，他大学2、3年级就在外面弄美术班，出去烧陶瓷、考察什么的，我就跟着他去河北他的老家。他跟王文生两个人弄了一个美术班，那时候他最能挣钱，我们去给美术班上课，他给我们发工资。

那时候对我们来讲也不是什么工作，就是觉得挺好玩的，那时候学画画的小孩更可爱。但是，我不太爱教课，方力钧跟我说你是去上课还是烧陶瓷？我说烧陶瓷吧。烧陶瓷很好玩。

大学毕业以后，我们俩好久没见了，因为大家为了生活疲于奔命，每个人毕业以后突然被甩到社会上，不管了，都各自奔命。有一天，我在街上骑自行车，突然间看到他了，我相信那时候大家都蓬头垢面的，为生活所迫，我看他也是蓬头垢面的。他那时候不是长发，留长发已经不流行了。我们上大学的时候思想波动大，比如说发型，方力钧剃光头有他的想法或者是含义，我上大学也剃过光头，是因为什么？我留什么发型都不好看，因为我中间的头发长到 1 寸半到 2 寸的时候都会立着，不像别人的头发都趴着，我就是怒发冲冠的样子。到理发馆我试过各种头型，后来想算了吧，没发型适合我，干脆剃秃子吧。后来他剃光头，我也剃光头，表面上一看我们俩是一伙的，其实我是什么发型都不好看，而且我不合适戴帽子，只能就这样了。所以我的头发跟他不一样，他一天不刮都不行，他永远是亮亮的，我的头允许长到半寸长。我也自己剃头，但我不像他那样，他那是符号，像他自己的符号，他剃一个光头就是否定，对这个发型事情的否定，他是一个象征。我就可以容忍它长起来，所以剃光头不太一样。

我们在街上互相看见了，是巧遇。那会儿我大学毕业没地方住，一开始回美院住，正好有一个宿舍是空的，我人缘好，就老在那住，实际上也没人查我，我在那住了一年。央美离我上班的学校太远，那时候我每天骑自行车快一个小时才能到单位，太辛苦了，有时候迟到，每天早上 7 点多就得到学校。

我那时候也想在外面飘来着，因为我们家上面几辈，包括我父辈都是老师，他们觉得老师这个职业是最安全的，我爸希望我当老师，就怕我不去上班，他真去学校查我是不是上班。我觉得我从来没怎么听我父亲的，这次听老头一次，别让他一辈子对我提心吊胆的，所以从美院毕业就上班了，老老实实的在学校当老师。后来我发现当老师是事业，我那时候觉得当老师是比艺术还伟大的事业。

我在学校当老师的时候就跟着方力钧去过圆明园了，因为那时候他在圆明园，我就一直当老师，我也不羡慕他们的自由，我觉得我也挺自由的，因为找到自己的理想了。我觉得我的一生可以默默无闻地当老师，这是一个事业，可以为之奋斗。后来失望是另外一回事，发现这个理想不对了。我当了半年老师，突然有一天，我觉得必须离开这个工作，这不是事业，这是一套体制，这套体制由不得我，我连个润滑油都不算。也不需要我为之奋斗、为之献身。于是新的问题就出来了，我到底喜欢什么？我发现我还是最喜欢艺术，只有艺术值得我去献身，我当时就想找个什么事献身人活着才有价值。

我当老师的时候因为迟到，有一天在楼道口碰到书记，被书记给堵住了，我不耐烦了，他也不耐烦了，他受不了我迟到。我就说我没地方住，住得太远了。书记一下子变得特别人性化，他说咱们学校后面有违章房可以住，然后就把副校长叫过来，说我们学校后面有一个地比较湿的低矮的违章房，是以前地震棚改的，把个地震棚加固一下就变成房子了。书记说你就住那行不行，我进去一看觉得行，这样我就在学校有房子了。面积有30多平方米，两间屋子，有厨房，还有一个小过道，外边有一间房子，里面还有一间房子，后面还有一个小仓库，外面是公厕。

我在学校有了房子，没过多久，就在街上碰到方力钧。他说"你干吗呢"，我说"我在中学当老师，你干吗呢，你不是分配北京了嘛"，他说"我没去上班，飘着呢，你现在住哪呢"，我说"学校给了我一个房子"，他说"你那能住吗"，我说"行，你什么时候来都行"，他说"我过两天就搬或者明天就搬"，我说"行"，就这样把钥匙给他了。那时候我们一穷二白的，我们那种私交还用说什么废话吗，根本不用说

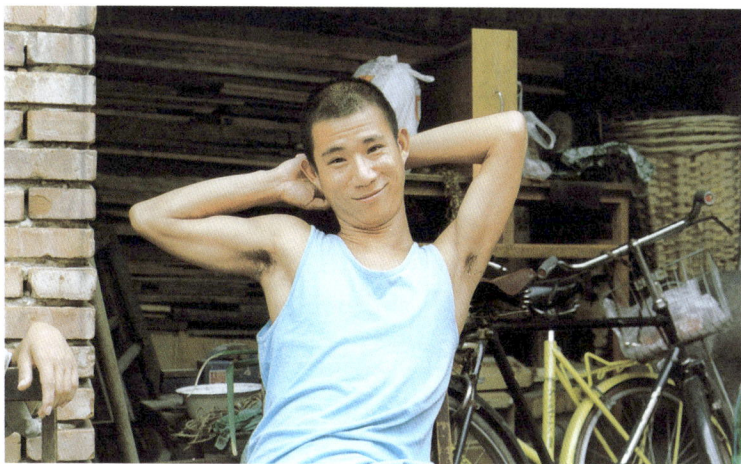

1990 年，方力钧借住萧昱家

什么，直接说来住吧。[1]

---

1 《方力钧：编年纪事》，吕澎、刘淳主编，文化艺术出版社 2010 年出版。

方力钧自述：我不可能得到从容地追逐自己的梦想机会。当我再度陷入困境，萧昱收留了我。他当时分配在一三二中学教书，不宽裕，但是稳定。更幸运的是他拥有两间平房；假如在另一时间另一地点，也许那根本不应称作房子，简易地用砖头砌起，四面露风，房顶露雨，也不隔音，旁边紧挨着比这两间房大得多的公共厕所。

但我还是当即搬了过来。一样的从北大租了三轮车；所不同的是，现在我只需一车一次就搬完了，不尽的迁移，令我没选择地抛下一切可以抛弃的物品，只剩一个床板、一床被褥、几件衣服、那几幅搬来搬去尚未完成的作品。同样地用两层砖头将床板垫起；同样地偷偷地为了使用电炉子改到电表；但我得到了一种保证：萧昱不可能看着我一天一斤面丸子苦撑着。

乐趣随处都有。我找了一个白色的玻璃瓶子，每发现一种未曾见到的虫子，便抓了来放进去，不几天便积了十来种。到了冬天，买了塑料布，将窗户、门上的各处都封好了。将电表摆弄地说停就停，说走就走，说倒着走也便倒着走；都是老套路。把电炉子插了电，六平方米的小屋暖洋洋的；早晨爬起来，穿着衬衣就可以画画了。大概过了半个月光景，我感到有点头痛，时有时无，也并不很厉害；再过一个星期，头像要裂开样的疼；我问萧昱，他也不知所以然。两人只好大冷天里打开窗，换换空气，不料果然好了。于是，这头疼便周期性发作，每一个星期，头感到剧疼，不得已打开窗户，好了；下个星期照旧如此。隔壁是一对青年教师。每天早晨六点多钟，一家人在我窗后的院子里洗脸涮牙；孩子上小学一年级的光景，两口子一边鼓励孩子坚强勇敢地战胜寒冷，一边教他算术或英文。每天听到这家人亲切温暖习以为常的一切，总会令我感动和愤怒。感动是因为在如此寒冷恶劣的环境下的和谐和亲情。愤怒是因为我们的世界充满了冠冕堂皇，却对这世界的主体，人的需求充耳不闻；而这主体，也觉得一切均属正常。到了夏天，地下的小虫们活跃起来，潮气也越来越大；房子不时漏水，我们只好用塑料布左一块右一块地接或堵，地下放满了各种容器，大小轻重缓急不同的水滴打在不同质地的容器上，发出一种堪称悦耳的共鸣。假如不是身居

　　他在我那住的具体时间好像是 1990 年，住了一年多，我觉得他能熬一年已经不错了，但是他在我那生活确实很艰难，应该也是他生活最艰难的时候，在那个期间他画画成了名，所以我觉得那是他的福地。

　　方力钧住在我那里的时候，我知道他吃苦，但是他每天都干吗我也不知道，因为我要上班。那时候他好像没去圆明园画画，他租不起房子，他就在我那画画，他最早画的成名作都是在我那画的，黑白系列的那批作品就在我的屋里画的，而且老栗（栗宪庭）要做展览的时候，就是在我那个屋开这个展览的会。而且他在我那屋里画了他人生中最重要的一批画，方力钧是谁的主意都听不进去的。

　　方力钧是典型的 B 型血，跟我差不多，他的理性完全是靠自我修养，不断地自我教育。方力钧是自我教育出来的，但是他贴近自由，应该跟我是一类人。他照顾那么多人，纯粹是一种自我教育，他自视比较高，他觉得自己是有担当的人，所以他就不断地克制，实际上内心也很压抑。我觉得他像 B 型血，B 型血的人就是游牧民族血液，生性比较自由。他是射手座，我就觉得我的性格跟他有类似的地方，只不过他生性自由一点，我比较固执，我们对事物都很敏感。

　　方力钧自我教育的方式和我自我教育的方式不一样，我自我教育是我的存在感，让我自己怎么活？他是在教育自己怎么活的有尊严，但我们对尊严的认识不一样。他觉得照顾好大家伙儿，应该把自己塑造成一个比较成功的人，这是活得有尊严，这是一个公共关系里面大家公认

其中，也许我会有心情慢慢地听，然后细细地记述那种美妙呢。气味也很糟糕，厕所的味道和在潮气里，和缓却从不间断地渗进来；只是我早已习惯了养鸡场的味道，没有旁人提醒，是不会自己发现的。

两块砖头垫起的床板不足以隔绝地下的潮气，我的肩膀很快出了大麻烦，有时，手臂居然没有力气举起画笔。那时候不到 30 岁，拿着铅笔画素描，举起手的时候，铅笔从手里掉下来了，想抓都抓不住。再举胳膊举不起来，当时吓坏了，觉得自己还不到 30 岁，胳膊怎么就抬不起来了呢，心里特别害怕。还好，后来朱惠平从丹麦回来，我就拉着他去以前住的洗澡堂子拔火罐，跟师傅说肩膀有毛病。师傅给拔火罐，用蒸桑拿，经过一段时间拔火罐治疗，情况逐步好转。

的了不起的人，他按照那个标准塑造他自己。他很早就有这种意识，应该是大学毕业以后或者上大学的时候就开始有了这种意识，要说他小时候就有，我觉得那有点夸张了。他也是爱读书的人，喜欢思考，很注重自己的形象，注重自己的言行，以及跟别人的关系，他比较注重这些。他在这方面都比我擅长。我觉得我挺傻的，因为能被人看出来，老是被别人说这人挺聪明的，我不爱听，我觉得被人看出聪明就是挺傻的，因为聪明人太多了。

方力钧和我不一样，他可能更喜欢操心，想得更细，会把所有人都照顾到。我有时候光顾着自己爽，因为我没那个能力，我也希望大家都过得好，但是我照顾不到，只能说我不会让人讨厌。我清醒不喝酒的时候，我的原则是与人为善，我不怕强烈冲突，但是我不愿意跟别人有冲突。争论我也不怕，但是我不愿意，我觉得麻烦，不愿意跟人家发生什么不愉快的事情，也不愿意得罪人，我希望别人好。但是，我觉得方力钧很牛，他很小的时候就有历史感，有这种意识，自我历史化。我很小就知道人不是永恒的，宇宙早晚完蛋。所以我就觉得这辈子除了生存下来之后，得考虑怎么渡过，得让自己像一个人一样渡过。如果我赶不上好时代，被别人当畜生一样对待，我也没办法，但是如果我赶上这个时代，如果有机会要像我喜欢的人那样去安排我的人生，我想的是这事。所以我特别知道我什么时候该努力，什么时候该体验生命。

其实，我对我自己要求不高，我的艺术都是讨论生命怎么体验的。比如说竹子，你能感觉到无形的力量在外面控制，你自己无能为力，但是你是这样鲜活的东西，哪怕被拧碎了，也是特别璀璨的人生，或者是特别璀璨的世界。所以，我才能不太在乎美院和附中一共学了 8 年正统的手底下的活，有时候我需要画，但是我觉得我学的这些技术是为了让我活的有劲，有意思。因为最终这些名利都不是你的，人类再过一万年灭亡了，你这些画有什么用？你来到世界上怎么渡过才最重要？有时候我看小猫、小狗，那么短的一生，它也有快乐，万一下辈子我投胎成为别的动物，我该怎么渡过？

我在学校的房子有两间屋，他住在里面那间屋，因为我在外面那间屋已经安营扎寨了，另外，外面的屋有一个小窗户，里面的屋的确挺委屈他的，没有窗户，当时的条件就是那样，我变不出来一个窗户。那是1990年，房子比较潮，我那屋有虫子，他那屋也有虫子，有虫子是不可避免的事。我们那时候房子小，没法支床，就打地铺，他弄几个破木板往地上一放，我也就是放上一个床板。我估计监狱里也就是那样，就睡一个床板，我们就是那样度过的，当时，我还有女朋友跟我一起住，我的前女友也挺不容易的，居然跟我耗着。方力钧也有女人缘。我觉得都挺好的，他到哪都像明星似的，很多了不起的女人会喜欢他，我属于那种不起眼的，对生活没什么奢望的人。

1992年，老栗做完那个展览以后，方力钧和刘炜都出名了，那个展览完全是开天辟地的感觉。其实我早就隐约感觉到他俩会成名，那时候我是不是说过这话不知道，但是我告诉自己，这两人成功了。反正那个展览圈里的人都去了，那时候盛况空前能有多少人，圈里就这么点人。方力钧那时候也认识很多人，总之很重要的人都来了，那时候画廊都过来了，连香港人都过来了。

我们俩住在一起，其实见面都很少，别看他住我这，我白天要上班，那会我是中学老师。他有时候也不回家，有时候回来，我不知道他每天搞什么。我俩太熟了，跟自己家人似的，进屋都懒得打招呼，就说一句"哎，你吃饭了吗？"

你让我回忆与方力钧的往事，有一件事让我觉得特别内疚，一直没跟他说提过。他当时有一辆很时髦的自行车，那时候很贵的，估计要700块钱。我平常从来不碰他的车，每次都推到屋子里面，我也不借他的车。有一天，我前女友在美院出了一点事，call我BB机，叫我马上就过去，那天还下雪，路上很远，我自行车也不在，我就跟方力钧借他的自行车，平常不会借，我知道那个车贵。然后，我就骑他的车去了美院，他告诉我那链子怎么锁，一定要锁到什么地方，一共两道锁，一道锁锁不住它，还有一个链子锁要锁到柱子上。我到了美院的教学楼下面有一个电线杆子，电线杆子有一个斜的钢索，我把车链子拴到钢索上了。上楼去 20 多分钟下来车就没了，美院的大院里面，下着雪就给偷走了，因为雪太大，出来以后新的雪就把脚印给盖住了。我看着茫茫的雪地，我再潦倒也不会偷自行车，那种感觉太恶心了，然后我就想各种办法找，一直找到很晚也没找到。我想怎么面对方力钧呢？看到他就实话实说"车丢了"，他说"在哪丢的"，我说"美院丢的"。他没说话，也没问任何细节。我不知道他是故意的，还是不是故意的，他就不追问，也许他也不想听那些难受的事，因为一说细节他肯定难受。那时候我赔不起，一个月工资还不到 200 块钱，加上后来授课的奖金，教课多会有提成，那也不行，撑死了一个月 700 块钱，经常领不全，扣掉一半，因为集体学习老不去，那个扣的特别狠，加上基本工资一共可能 700 块钱。

现在接受你的采访让我想起来了，这些年，我跟他在一起有什么难受的事，可能就是这件事。我是不以物喜、不以己悲的那种人，但那车是方力钧当时唯一有面子的一个东西，当时我们多穷啊，只有这个东西骑出去特有面子，我在大街上碰到他的时候他就骑这个车，就是那种可以趴在前面骑的赛车。那个年代就有赛车，很酷的。这是他当年身上可能最值钱的东西，相当于现在有一辆很漂亮的汽车，我给人家丢了。他肯定很难受，但是他这人厉害，一口气咽下去了。他转换痛苦的能力特别强，天生就有一种消化痛苦的能力。其实我比他还难受，因为我不知道怎么面对他，不知道他会怎么想我。这种事就怕胡思乱想，我是最怕这种事的人，我有时候交朋友特别谨慎，弄不好他乱想，还不如半生不熟的，挺好的。我想我该怎么面对方力钧？说什么他信吗？因为这车对他来讲是太有面子的事，他特别喜欢，经常擦那个车，到哪都要骑这个车，在我们屋里住的时候都要放到过道里。那是他身上唯一的大宗财产，我借一次车就给弄丢了，太倒霉了。当我把女朋友的事很快就办完，20分钟后就下楼了，就这么一会儿他的车就被偷了。

你问我见过方力钧痛苦吗？我觉得他应该低落过，他的高昂都是表现出来的。当年我们住在一起的时候，他有时候会在自己屋子里不出来，有时候我去后面仓库拿东西，就看他在那写东西，他每天那个时间都写日记。他经常很难过，写了很多本日记，后来我们不生活在一起我就看不到了。搬家的时候，他首先都把日记收好，他有很多笔记。方力钧从我这搬走的时候，我帮忙搬家，那时候我开始知道自己身体不行了。搬家就我们俩，挺多东西，他书多。他搬出去我才知道，这屋子这么破破烂烂，装这么多东西，就我们两个人，楼上楼下的搬，真累。等全部搬到楼上，我记得最后一箱子书往地上一放，眼前就开始冒金星了。我才知道以前上大学这点活对我来说不是事，或者说搬得太快了，那时候雇了车，司机师傅催促快点卸车，那时候觉得自己年轻，干活跟小老虎似的。才20多岁，我意识到自己体力不行了，干粗活不行了。眼前晃了一下，但是对我来讲，那个很重要，很震惊，怎么会眼冒金星了呢？从来没有的，你说这种事能说吗？

圆明园时期，方力钧的状态是最好的。他精力旺盛，比较勤奋，每天像上班一样固定时间开始工作。我去看过几次，我不太愿意去，因为我觉得跟我没什么关系，我还是想当一个好的老师。他和刘炜已经很成功了。有时候会到我那玩，我家里小，但是我跟学校争取了一个画室，他们在我的画室里面打麻将，到我那喝酒，刘炜天天来我这，有时候经常睡在我这。

我走出这个体制开始做自由艺术家是在1998年。我当了八年老师，突然觉得再不能这样过下去了，刚有这个念头就下楼去找校长辞职，连辞职报告都没有，所以我觉得校长和书记对我真挺好。我跟我爹都没说，辞职之后告诉方力钧的。我们那个岁数谁做点什么，没有人觉得有什么了不起的，辞职这事有什么好说的，该干吗干吗。那时候我出去感受到的第一个问题就是我没有积蓄就辞职了，那时候真的不想没有积蓄，没有人给你开工资怎么活，要这么想就不敢辞职了。辞职后，因为我是北京市户口，享受北京人的公租房，房租很便宜，一个月大概 40 多块钱。辞职以后反倒好，在外面接点杂活，辛苦一点，酒吧里接个壁画，能挣不少钱。

方力钧喜欢大包大揽，经常买单。他走哪后面跟着一大帮人，那帮人到饭点去他那看看，实在没饭吃就到他那里，他就跟以前土财主大善人似的，晚上肯定在一起聚餐，来一帮奇奇怪怪的人，都是他买单。反正我去圆明园的时候，他带着我转一圈，然后去参观岳敏君、杨茂源、王音的画室。那时候，岳敏君跟着方力钧比较多。岳敏君是王文生的学生，虽然岳敏君岁数比我大，从个人私交说等于我们跟岳敏君是同辈的人，都是玩伴。他们都比我大，可能我和刘炜是最小的，我们俩都是属蛇的，那时候总在一块玩。

我不愿意老跟方力钧在一起，有时候我看他会感觉压力特别大。我们天天喝大酒，他喜欢张罗事，张罗很多人，朋友来了无话不谈，畅所欲言，有多少酒喝多少酒，喝光为止，喝得大醉。第二天早上起来 7 点钟，他又在楼下画画，我还在房间里睡觉，上厕所的时候大概 9 点钟，看到他发来的短信，"什么时候下来？我在楼下，什么时候吃早饭？"他对你照顾的特别好，但是你一看人家同样喝大酒，第二天他先下楼。他在景德镇有一个房子，楼下可以画画，我下去一看他都画一张画了。那是 2014 年，我在景德镇也租了工作室，在那待了几个月，后来没再去，白白交了两年房租。因为我没找到感觉，我看他做的陶瓷，感觉就完了，暂时超越不了他。我在那住的时候，他有时候不在，他在景德镇的时候也不会超过一个月，他到处跑。

我跟方力钧是这样的，我可以一年不见他，再跟他在一块还是好哥们，或者两年不见面，再见面看着还是觉得挺亲切的。我是个活在当下的人，过去的事就很少去想，如果不是接受你的采访，你不问我，我都不愿意去想着。我没有自我历史观，但是，我是一个尊重有历史观的人的人。人就是宇宙的精灵，有没有今天这个大生态，精灵飘在地球上，以前的古人对于你今天怎么活着是起作用的，但是跟你一毛钱关系都没有，未来的人类怎么活也跟你没有关系。你之所以尊重古人是因为他们的历史可以给你参照，如果你有责任心，像方力钧这样的人，尊重自己的历史，希望给未来的人一个参照。他更像一个老师，一个历史老师。我不太在乎，我觉得人，现在特别流行一句话，你划的这一道满意就行了。

你要我讲述细节，还有一个小细节，他从我那搬走，有些画没拿走，说是送给我的，后来我就借用杨茂源的地方，把方力钧的那批画放在杨茂源仓库了，心想早晚他得有用。我开始用老人的心态，辗转不同的地方搬家，我的画有些都丢了，他的画都没有丢，我是怕他哪一天又想起来用得上。因为那时候我知道方力钧要整理文献资料，这些画方力钧当初都送给了我，现在我再还给他，这不是打脸嘛，我让杨茂源给送过去，这样他脸上好看。杨茂源送过去一大捆子，还有几张小油画。他一看蒙了，很久才反应过来，后来他给我打电话说"杨茂源给我拿了一大批画，怎么跑他手里了。"我说"是从我那拿的。"这就是发生在我们两个人之间的故事。

你问我们之间有没有发生过争论？肯定有，我俩有过艺术的争论。那时候他到辅仁大学画画。我就特别佩服他，我要画画后面坐个人我肯定画不了，他就能画，跟我聊着天，画笔一点点地蹭着画。他说你觉得怎么样？我说你要非让我说，你可以不接受，但是因为我们受的教育油画有油画的那一套感觉，他用的是油画，底子是丙烯，他用油画画的那些光头，颜色很鲜艳，其实可以不在乎是不是油画，但是他非说这是油画。我觉得油画本身有自己的趣味，油画的颜色，方力钧的作品跟这个没关系，但是你让我当油画来看的话，我说你可以不写油画。他觉得我不在乎这个东西，为这个事情我们俩争论过，他好像也有意见，但是这个争论没有对错，我也没有说他一定得这么做。他既然问了我怎么看这事，我就肯定要说我的看法。他也告诉我他的立场，我就知道他的立场，其实他这个立场也挺重要的。我觉得什么形式不重要，你的表达恰当，你觉得合适就行了。我跟他想不起来有什么矛盾，这些年，我们俩都没红过脸，我觉得他就是经常避免发生矛盾，我能感觉到，但是我不会想那么细。我们可能都不愿意跟对方红脸，不知道为什么，或者他比我大。

他的缺点就是爱买房子，就跟他买瓷片，看到好的就买。我觉得他一开始不是这么想的，他一开始就是喜好。我觉得我的精力有限，在同一时期只能干一件事，比如说玩游戏，我只玩儿一种游戏，可以玩2、3年。我交女朋友直到分手，我没法同时跟两个人交往，我特别佩服同时交2、3个女朋友的。我就是一个插座，我根本就不是开关，有的人就是开关，可以左掰右掰，我就是一个插座，要么你拔了，要么你就插上。

我要受伤真的很重的，包括友情和爱情，对我伤害都特别大，属于断裂的。他好像都伪装得挺好的，只能隐隐约约感觉到，不深问的话就不知道。我不爱问别人难过的事，我情绪特容易被感染，我不爱追究别人的伤感，也不爱问别人挣多少钱，因为我特别爱移情，我要知道别人的痛苦我也难受。我是被别人感染了，情感上很容易难受，替人家想半天，人家不需要，人家跟你说完了就倾诉了，可我还要难受很久，然后还不好意思。比如说我去天津，只要待上三天，我回来就有天津口音，我很容易被别人感染。

我觉得方力钧比较尊重我，有时候很保护我，有时候感觉他比我大很多，虽然我们年龄相差2、3岁，他可能觉得我很多的行为都很幼稚，所以要保护我。他就是这样，但是我们俩好在没有什么本质上的依赖，有时候他对我有很多的帮助。他这个人很牛的，他知道你什么时候最难过，他是吃过苦的人，能知道你什么时候是最需要帮助的，他一旦伸手帮你，一定是帮你最关键的时候，这个还是挺神的。

2006年，方力钧给我租了一个工作室，他给我打电话说"你来宋庄吧"，他带我去看了一个院子说"你觉得怎么样，给你租的，半年房租都交了"，这就是友情啊，因为我一直没有工作室。大约有200平方米，我待了一年。离他在村里的南院很近，在南院后面。

我俩的关系处理得比较好，可能因为我们事业上没有太多的交集，我们虽然一起做展览，但是我们探讨的事业方向不太一样。比如说我自己弄一帮年轻艺术家通过两年的讨论我们做装置，研究的是另外一个思路，跟他成名的年代一下差了很多年，几乎是隔了两代。所以一代人干的是两个时期的事，我觉得都对中国当代艺术有重要的贡献，但是两个时期，所以我特别尊重他的工作，他也很欣赏我，他很重情，欣赏有才的人，我也欣赏有才的，我们俩有点像。

我认为成功对他来讲特别重要，成功特别养他，而且他早一点成功更好。一个克制的人，如果自我克制的时间太长了，人就废了。年轻的时候，这个世界给他很多帮助，对他的克制进行了肯定。方力钧以前对自己很苛刻，比较克制，锻炼身体，每天给自己安排活儿。他从上学的时候，待人接物就特别注意，他很在意老师喜欢他，要想让老师喜欢的学生得特别克制。我当过老师，知道老师喜欢什么样的人。而且他成功的年代对他的艺术是最好的时候，是他精力最旺盛的时候，可以出一大批作品。如果成功比较晚的话，有点精疲力竭了，绘画需要很多时间，需要大量的工作。如果成功晚了就很可惜，所以老天对他很眷顾，成功对他是个鼓励，而且放大了他的精神。一个人克制的时候，虽然觉得自己很了不起，但是有时候会感觉自我渺小，但是如果他很早就成功的话，他能意识到自己的可贵之处，对他特别好。不像我这辈子是自大狂，不管我自己生活好坏，我觉得自己是最棒的，就是不成功，我也觉得我应该是这么渡过的。

接着再说方力钧，我觉得方力钧的成功和他个人的素质、个人的修养、自我的克制有关，他的天赋和自我克制有点像金镶玉，是相辅相成的。一定要给他成功，这一点对他特别好，中国能够有这样很不错的、很优秀的人，应该成功。我觉得他也在乎历史，对他来讲，他的人生很完满，外界的肯定跟他自己的努力合二为一，我形容叫金镶玉，是一种契合，特别重要，所以他也比较完整。

方力钧老提醒我："你胡思乱想，你怎么不想想孩子和老婆怎么活？"所以他更了解我，他有时候会提醒我怎么照顾生活。他会安排得很好，他知道我的缺点在哪？他是很害怕有缺点的人，所以他把事情做得很完美。他是一个自我塑造的人，我是一个自我放纵的人，我们是相反的，他把自己当雕塑塑造。所以这种行为就需要修养，修养对他来讲更重要，虽然他说他是像野狗一样生活，其实像野狗一样生活，对他来讲要有很好的修养才能跟人打交道，你在野狗群里混的像狗王，一样是不容易的。你要梳理皮毛，要在狗群展示自己的强壮，展示自己的智慧，这是一个自我塑造的过程。

我就是一个独狗，就是尽情释放的那种人。我考虑的首先是人生，通过锻炼心智养心去理解人生。我觉得人生就是一堆柴火，有些人瞬间就烧完了，比如说自杀比较早的，但是无论怎么烧就是这么一堆，不可能多，也不可能少，不用担心你的能力。比如说方力钧的行为方式是自我塑造，我的行为方式就是瞬间燃烧，有机会的时候再往里扔木头，再着一把大火，平常你最好看不见我，我就温火待着。温度到一定时候再着一下，我属于这种。所以我没耐心修理我自己，修理自己修理多了我都害怕。我有社交恐惧症，我为什么会喝醉了？因为平常我清醒的时候有点恐惧，为什么恐惧呢？因为我属于那种释放型的，社交不适合我这样的人，社交适合自我塑造的人，我这种人就不适合在舞台上。平常对我来说，社交就是很恐怖的地方，但是我又不得不去，我喝多了酒就麻烦了，所以我特别担心，很害怕社交。我现在特别喜欢猫着，因为我觉得累嘛，一出去就需要自我修剪。我觉得他擅长社交都是表象，他是有自我修正的人格。方力钧其实是很传统的一个人，就是我们说的克己复礼，怎么要求自己，善待他人，这种伦理道德他身上都有。

方力钧画萧昱
————
作品局部
纸本水墨
2018 年

萧昱发福啦
方力钧画
————
60×50cm
布面油画
2007 年

71×71cm

纸本水墨

2016 春

041

一

我
叫
他
老
力
钧

★ 人物采访：王文生，艺术家
★ 采访时间：2016 年 5 月 16 日上午 11 点
★ 采访地点：宋庄王文生工作室

方力钧身上最珍贵的两点品质我刚才讲过了，他跟别人不一样的地方是从那么小的年纪就知道尊重、谦虚、包容，那是很多孩子不具备的，更多的孩子都是以自我为立场的一种判断，他当年那么小的年纪就有了一个高度，这是他和小伙伴不一样的地方。但凡这个世界上有所谓成功、不成功都是有原因的，从细节来体会能感悟到的首先就是态度，就是你干事情表明的立场，这是很重要的。再加上你心中的格局、你的眼界。你的眼界怎么打开呢，你必须要跟这个世界沟通，你要掌握大量的知识信息才能有大格局。你什么都不知道格局再大，最多是宽容，你只是有了一个容器，但是你没有东西可容，所以质量就不够高，当这个容器有足够知识以后，它会加大容量，所以他的格局就会越来越大。这些年，从我认识他到现在基本没怎么变。也年轻过，也没年轻过。好像一步长到位。我们这种朋友可以 40 年不见面，见了面还一样。

—— 王文生

我叫他老力钧，他喊我老文生，名字前面一定要加老字。我们都是邯郸出生的人，邯郸方言很有意思，前面必须加老字才能讲出口的，他喊我老五，因为我在家排行老五，或者是老文生。像老栗（栗宪庭）

比我大十岁，我也喊他老栗。邯郸方言还有一个特点，比如孔子的这个子，孩子的这个子也是没有的，是不读的，都变成"的"，比如老子就叫老的，桌子叫桌的，椅子叫椅的，孩子叫孩的，总之没有子的发音。

我是 1979 年在邯郸群众艺术馆学画遇见了方力钧，我们除了白天去群艺馆跟老师画点作业，主要是一起在火车站画速写，虽然他家在铁路部门，但去火车站画速写跟他家没有关系，那时候是哪的流动人口多，哪有形形色色的人，我们就去哪里画速写，一个是汽车站，一个是火车站，所以我们经常去那里。而且我是从邯郸的肥乡区城过来画画的，后半夜在火车站画累了以后，可以躺下就睡觉了，这样可以省钱。那会儿学画也不觉得苦，就是纯粹喜欢画，通常都是晚上去火车站里画速写，感觉很幸福。

我跟方力钧年龄一般大，都是 1963 年出生，但是我画画比他早。我从 6 岁就开始画画。1970 年，有一个老师给了我一张白报纸让我画一张主席像，我就画了。画完以后他就把我送回家说我教不了你，比我画得好。那时候才 7 岁，半身的主席像，让我画素描，那时候就已经没有问题了。画画真是需要天赋，你天生能不能干这个与天赋是有关系的。方力钧不仅仅是有天赋，他是必须得干这个的料，好像老天爷绕不过去他似的。

首先是他与众不同。我记得 1980 年初，因为我画画比他们早，就在邯郸当地画画的小圈子里还有一点小小的知名度，方力钧拿他平时画的速写素描给我看，给我看的其他同学也是和他一起学画的，他们都是拿着画夹子打开就给我看，我这一辈子都忘不掉的就是方力钧是用塑料袋把画装裱得好好的，每一张都像现在密封东西似的去保存。从这个细节我就知道在画画这条路上他是必成的，因为他对这个事情的严肃和认真的态度，当时是没有任何人能做到的。

一开始，我们家人不反对我画画，后来开始反对了，到了 1979 年彻底反对了。不让我搞这个，那年代音乐、美术、体育是小三门，都是不被人重视的，是没出息的人才干这个，但是我就爱好这个，家人也没办法。16 岁那年，我就为画画跟我们家决裂了，我妈妈把我从 1969 年的画到 1979 年的画全给烧掉了。我是因为要与家人决裂以后，他们受到威胁才同意我来群艺馆学画，反正就是管不了我了，就同意了。

人以群分，物以类聚。我在群艺馆学了三个月。那时候的小朋友只要一看到画画，大家就会混在一起，画在一起，也没有什么特殊的原因，因为大家都很简单。我印象很深的是所有知名的画家都是与众不同的，要么很孤僻，或者很高傲，但是方力钧的特点是从那时候就让我在他身上看到了最优秀的品质，这不是我夸他，他真的跟别人不一样。不论高低、贵贱，只要他认为好的、优秀的人，他一定要去拜访，不需要通过别人介绍，骑着一辆自行车就蹿开了亲自去找，他很会学习。这是一种能力，也是一种品质，有的人有这种能力，但是不见得有这种品质。

1980 年，我在邯郸市肥乡区文化馆做个展，那时候没有那么正式。方力钧骑自行车就跑过来了。他很认真过来看画、看我、看展览、拜访朋友。他很懂得向人学习，这一点方力钧绝对跟别人不一样，既谦虚又会学习，这两种品质就很难得，他对自己作品那种认真的态度，是我一生都不会忘记的。所以后来我教育我的学生，我说你们画画的态度是很重要的，对它重视不重视，这个态度从一开始就决定了你的未来。

1980 年，方力钧考上了唐山的河北轻工业学校，我就在邯郸市肥乡区文化馆工作，开始当美术辅导老师，那是 1981 年的事。

接下来，我还是顺着 1980 年的回忆说，1980 年我还没有想考大学，还不知道有中央美术学院呢，到了 1981 年，我和张林海一起去中国美术馆看展览，张林海有一个亲戚在北京，看完展览以后，我们就住到他亲戚家里，那是我懂事后第一次单独来北京。

第二次，我又去中国美术馆看展览，那是我第二次单独来北京，一个人到处逛，发现有一个中央美术学院附中，很好奇这是干什么的。

1981年，与王文生、康乐在
唐山凤凰山公园
——

确实，我那会儿对考学也没有奢望，但是知道方力钧考上中专了，那已经在邯郸是很大的事件了。我也想考学试一试，于是就报了中央美术学院附中，先是交绘画作品，交完作品等通知，很快就来了通知，专业课考了第一，我又跑到北京来，开始文化考试，结果文化课有两门没考好，所以就没录取。那是1981年的事。

参加完中央美术学院附中的考试以后，我就跑到唐山河北轻工业学校去看方力钧。去他们学校跟杨少斌也认识了，在学校看他跑步很快。那时候，我跟他们班一起上写生课，就住在他们宿舍，住了两天，又跑到秦皇岛去玩，从秦皇岛回来以后又从他们宿舍里拿上我的行李才回到家。

1981年之后，我开始知道上学很重要了，1982年就开始考中央美术学院，结果去考的时候那年中央美院不招生，后来我就上了河北师大。只要学校放暑假、寒假，我和方力钧还是经常在一起，我去邯郸住在他家里，而且他家的钥匙都在我兜里。他爸爸人很好，老给我做饭吃，老爷子走得太早了。

方力钧身上最珍贵的两点品质我刚才讲过了，他跟别人不一样的地方是从那么小的年纪就知道尊重、谦虚、包容，那是很多孩子不具备的，更多的孩子都是以自我为立场的一种判断。他当年那么小的年纪就有一个高度，这是他不一样的地方。但凡这个世界上所谓成功、不成功都是有原因的，从细节来体会能感悟到的首先就是态度，就是你干事情表明的立场，这是很重要的。再加上你心中的格局、你的眼界。你的眼界怎么打开呢，你必须要跟这个世界沟通，你要掌握大量的知识信息才能有大格局。你什么都不知道格局再大，最多是宽容，你只是有了一个容器，但是你没有东西可容，所以质量就不够高。当这个容器有足够知识以后，它会加大容量，所以他的格局就会越来越大。

1982年，我考上了河北师范大学，方力钧来学校看过我很多次。他读完了三年中专，我大学还没读完，然后他就毕业回到邯郸了，回去在一家广告公司画广告。我认为他在广告公司的这段经历对他后来的创作很重要，每天画巨大的广告，都是需要亲自手绘的，这是一种历练。我觉得画广告奠定了他后来做大画的把控能力。那时候，他也想多挣点钱，想生活得好一点，想买颜料，因为画画的材料是很贵的，所以画广告的那个阶段，他过得应该还算好了。

到了1986年，我毕业留校当教师，然后就直接报考中央美院油画系搞的研修班。上了中央美院以后，我就跟方力钧又汇集在一起。因为他是1985年考入中央美院版画系，我是1987年9月份入学。

在学校见到他的时候，我们一见面他就知道我入学了。我们说怎么办，走，撮一顿去。那时候，他带着我和萧昱，一直走到北京火车站，找了一个快餐厅的小店，我请他们喝点酒，因为我有工资，那时候我比他们富裕得多，生活条件比他们好得多。那时候坐车不像现在这么方便，都是步行跑过去的。

这次与方力钧见面，我看到了从群众艺术馆到陶瓷学校再到中央美院的他有了些许微妙的变化。一开始在群艺馆的时候，他是一个非常听老师话的孩子，脸会红的，到上完中专以后就不会脸红了。到了中央美院的时候，我们在一起他已经脸皮很厚了。等到现在又会脸红了，只是他现在会掩饰，他掩饰的手段很多，我很了解他。

我去中央美院之后和他在一起，第一天就出事了，我们三个喝得太晚进不了学校，因为学校是 11 点关门，我们一高兴在外面待的时间长了，往回走的路上就被联防队员给盘查了，他们问，"你们到底是哪的？半夜跑什么？是不是盲流？"那时候联防队员把我们包围了，让我们三个人扶着墙，搜身。幸好我随身带着学生证，刚发的学生证，我拿出学生证说我们是中央美院的，校长是靳尚谊，这些都说了，联防队员总算是放过我们，说你们可以走了。

那时候方力钧还不是光头，留的是寸头吧，那时候我的头发还稍微长一点，萧昱的头发也长一点。我们从学校正门是进不去了，我刚入学不懂，他们俩很熟练的就教了我一招，从美院的大楼顺着上下水道最粗的管道爬到二楼餐厅钻窗户回宿舍。我入学第一天就知道这个通道。到了中央美院上学后，我和他交集就太多了，经常在一起吃吃喝喝。我经常去他们班找他，突然我发现到了中央美院以后有很多的朋友，比如他的同学我全部都认识，像杨茂源、洪浩、刘炜、萧昱、扈海峰等，那时候扈海峰是班长。他们班是最众口难调、个性最鲜明的一个班，与其他班都不一样。

方力钧是尺度把握很好的人，他不是不坏，因为不需要那么坏，他长的已经够坏的了，一看就不是好人。我身边很多人都对我说看你这个同学长得怪怪的，一看就不是好人。因为我们班的同学都是年纪比他稍大一点，他们说这小孩长的坏坏的，贼眼冒光芒，得提防着。我说这是我们发小，你知道什么，他不是坏，他们班刘炜长得贼眉鼠眼的，洪浩长得跟小耗子似的，方力钧长得还算善良的，就杨茂源长得稍微伟岸一些。杨茂源是另外一个性格，特别直、特别实，你说今天哪有什么，他马上就相信了，立即就过去了，要骗他很容易。

还有一个细节也很难忘，1986 年我毕业留校以后，要准备去读中央美院的学费，就在邯郸搞了一个美术班，招了一些学生，结果招了这些学生的学费全部就让方力钧给支配走了，支配给杨茂源 800 多，给了萧昱 800 多，又去新疆玩了。他们都说不清这笔钱都给谁了，实际上我把办培训班所有赚来的钱都给他们了。后来 1987 年，我上学以后就把这个培训班交给方力钧了，他又在这个班赚了钱，又给他们几个同学，他也不是自己花了。

在中央美院读书的时候，我跟方力钧交集最多。关于他的情感经历我就不说了，这个留给他自己来说。总之，他的女人缘一直都很好，从小到大都在谈恋爱。

1989 年，我就被家人硬逼迫着回到河北师大美术系当老师。方力钧留在北京，那一年他过得很困难。1990 年，他就到了圆明园了。我去圆明园看过他几次，觉得当时的条件太苦了。他们吃水煮白菜帮子，我觉得我过不了这种日子。他倒没那么苦，他还有茶喝。因为他爸爸太好了，省下来的钱都给了他，为了他的成长，老爷子起了很重要的作用。他爸爸是我们新中国成立以后第一批火车司机，毕竟也是有文化的人。

记得第一次去圆明园，看他画了很多画。他在圆明园里面是精神领袖、领军人物，他画的东西已经与众不同了，那是奠定他真正创作的高峰，已经形成了他的思想和绘画风格，这一切后来都成就了他。方力钧也算是成名比较早的，还没有考上中央美院就已经参加 1984 年第六届全国美展，还获了金奖。全国美展在那个年代是很重要的展览，那是当时最高级别的展览。当年能够考上中央美院在邯郸当地都是殊荣。

我觉得从方力钧上完中央美院以后，包括他的毕业创作，虽然理念都是一脉相承的，但是形成高度是在圆明园时期。这对他来说很重要，但是圆明园对我来说，我不喜欢，这是每个人的选择。因为我觉得我不用那样生活，也不用那样创作。

方力钧在圆明园时期当然是吃过苦的，其实大家支持他的时候也很多，从上美院的时候，反正他跟我借钱是太正常的事了。300、500、50，饭票什么的都借过，后来没钱卖画，我帮他卖素描。在中央美院上学的时候，因为他爱买书、买资料，一买就买了很多，向我借钱不是借一回两回，实际上不叫借，但是总要有一个君子之间的说法，他自己拿一个笔记本写今天借了30，昨天借了50。有一次，他到我的宿舍拿着一个记事本说老五，借的少的可以不算了吧。我说好，抹了。他自己经常抹的，对着我抹。借了从来没有还过，也不需要还。那时候我已经帮别人画插图、画连环画，只是不署自己的名而已。那时候我的稿费每个月平均有3000左右。那时候中央美院的正教授，我们导师也挣不到200左右。我是属于比较刻苦的人，一边吃喝，一边手不停地画画，到1989年加上卖画，所以过得还可以。

1990年，我去了广州，在广州大概待了大约3年，每个冬天都在广州度过，那边热了就回北方，其实我过得很舒服，风调雨顺，所以我们俩过的日子是不一样的。我去了广州以后与方力钧的交集就越来越少了，后来我又出国了。1998年以访问学者的身份先去俄罗斯，然后在意大利定下来了。说游学有点太高看自己了，实际上是旅游，看看博物馆、美术馆，看看西方人历史怎么回事。在国外前前后后有5年，等我从国外回来的那一年是非典。这期间我在国外到处瞎跑，方力钧也在国外、国内瞎跑，我们没有见面。

1999年，我父亲在北京301住医院，我们又开始有交集。1999年他已经搬到宋庄了，我来村里看他，喝了一通大酒，差点把我的车给砸了。很多年没见，大家聚在一起，首先是心情很高兴，敞开了喝，我醉得不省人事，像个雕塑似的在车里睡着了。车还一直发动着了，时间长了人在里面肯定要窒息而死的。当时喝完酒，我要回医院去，就先走了，结果没走成，喝得太多了。等他们发现这有个车一直发动着，亮着灯，一看是我！为了救我，当时把我的车玻璃砸坏了。第二天，方力钧陪我开着车到4S店维修，就把修车的费用买单了，2千多呢，钱不少。他买单我也很坦然。当时我也没钱了，车砸坏后就那么放在院子里，我车上的钱全不翼而飞了，很多东西都丢了，我就是这么一个人。前几天，在民生美术馆参加"线索"展览，晚上在那家小馆吃饭，方力钧还在说你还欠我钱呢，我说欠了，就是不还。

方力钧到了宋庄以后，我每次来北京就来村里看看老爷子，不怎么看他，他也很忙。那时候他爸爸还活着，我有时间就来看看他爸爸。那时候，他开餐馆，他的餐馆里经常给我留一个包间，我经常在那里请客、吃饭，我们俩的感情不用他讲，也不用我讲，属于我们的这种感情是别人不可能替代的。

2004年，我安排老栗、方力钧、岳敏君到河北师大搞了一个月的讲座，大家一来就是一个礼拜。老栗对我说要在宋庄搞一个艺术区，问我对出让土地有没有兴趣。我就马上报名买了块地，2005年就到了北京，先是在798环铁那里有一间工作室，因为宋庄的地是2006年才批下来，宋庄工作室是2008年才建起来的，我是2010年正式搬进来的。来宋庄之后，大家各忙各的，我和方力钧的交集少了，我这个人不爱串门，不爱主动走动。但是，他的展览，只要我在，我有时间肯定会去现场。

现在看他的作品已经形成他自己的个性了，他作为中国最典型的艺术的高度，不用我说，这是毫无疑问的，我说他好，好像锦上添花，没什么意思。跟他比较起来，我的低谷都是自找的，没有老天爷天灾人祸强加给我的，所以我们俩的成长虽然在很相像的时间隧道里面，其实命运是不一样的。我们相同之处是大家都从事这个行业这么多年来，其实也不是为了梦，也不是为了理想，就是为有这么好玩的事可以玩，各玩各的。不同的是，他比我有抱负，我这个人没有大的抱负，只有小抱负，画一点我自己喜欢的东西，首先是要让我自己能够特安心的东西。

　　方力钧对我帮助很多。比如我刚到北京的时候，他帮我在 SOHO 他的"茶马古道"做过一个展览，那是 2007 年。展览没有销售，那时候也不想卖，但是他买了我的作品。他很懂得做人，也很会做事情，这个聪明是艺术家很少具备的。

　　作为一个有才华的艺术家，我觉得天赋、才华、努力和机遇都很重要，缺一不可，但是首先要努力，这是第一位的，不努力哪来的机遇呢，没有空穴来风。方力钧是一个特别勤奋、努力的人。这些年，从我认识他到现在基本没怎么变。也年轻过，也没年轻过。好像一步长到位。

　　最近一次见到他是前几天在民生美术馆参加方力钧、萧昱、杨茂源、王音四个人的"线索"展，我们一起吃饭时我看他老了。展览上，他的腿都一瘸一瘸的，痛风犯了。我们这种朋友可以 40 年不见面，见了面还一样。

方力钧画老五王文生

60×50cm

布面油画

2007 年

方力钧画王文生

作品局部

纸本水墨

2018 年

042

三重人格,一种文化精神

★ 人物采访：黄燎原，北京现在画廊创始人
★ 采访时间：2016 年 9 月 5 日下午 2 点
★ 采访地点：北京望京小区

1999 年，我在《南方周末》写过一篇文章，我说九十年代，我认为在中国文化圈有三个象征，一个是王朔的小说，一个是崔健的摇滚乐，还有一个就是方力钧的光头。

—— 黄燎原

小时候，我是在诗歌圈儿里长大的，诗歌圈儿、戏剧圈儿、摇滚乐互相之间都有点儿联系。艺术圈里我最早认识的是王劲松，后来才认识方力钧。我印象里是 1992 年，那时候我还在《桥》杂志做编辑，方力钧和刘炜在万寿寺举办展览，我去了现场。第一次看方力钧的展览，当时看完后觉得特别好，因为他画的那几幅光头作品跟我们平时看到的包括我们媒体报道的那些东西不太一样，当时就觉得中国人还可以这样画画，挺感动也挺激动的。

我们俩真正有深交是 1998 年，我从《桥》杂志到《音乐生活报》。那时候，我们曾经有过一个固定活动，那几年，方力钧组织我、杨少斌、岳敏君每年都去杭州炒茶，说是炒茶，其实就是去那儿玩。我记得第一年去杭州特别逗，那天方力钧在杭州突然给我打了个电话，他说："你

要不要来杭州吃个饭？"我当时觉得这想法挺疯狂的，但我想都没想就说："成啊！"然后就买了一张机票，当天就飞到杭州跟他们汇合。那时候，我正在追李虹。有一天，我去上海找李虹，我跟方力钧和几个朋友说："我请你们去上海看个电影吧，我来报销机票。"然后，他们一帮人就飞去上海，方力钧、岳敏君、张晓刚、孟京辉、张元，等他们到了上海才发现原来我是去追一个上海女孩儿，他们就没让我报销机票，我们一帮人在上海混了几天，又一起跑到杭州去玩儿。

有两三年时间，我们都会一起去杭州玩儿，就是在一起吃吃饭、打打牌，还去中国美院找张培力，他会带我们去吃各种杭州小吃，那时候基本上是杨少斌和岳敏君睡一个房间，我跟方力钧睡一个房间。给你讲一个小细节，方力钧睡觉特好玩儿，他从来都是趴着睡，身体弓起来，屁股撅起来。而且我们一帮人，在一起都抽烟，就他从来不抽烟。

后来，我在做摇滚乐，大家又都忙各自的事儿，所以我和方力钧来往得相对就少了一些。有一次，我们俩在湖南卫视做了一个节目，我说："这几年我们疏离来往了，但其实我还是一直都挺想念你的，如果有时间的话我们还在一起玩儿。"我当时说得很动情，都有点流眼泪了。我做这么多电视访谈节目，只有两次流过眼泪，一次是跟曾子墨做一个关于中国摇滚乐的节目，还有一次就是跟方力钧做湖南卫视的节目。有时候，方力钧即使感动也不会表达出来，但他永远会在背后说别人好。

关于那几年我所参与的一些艺术活动，还有跟一些艺术家的交往，我当时写了一个很详细、很长的文章，大约有两三万字左右。后来朱其跟我要这个文章，我就给他了，结果被他弄丢了，因为我是手写的，没有备份，现在想想还挺可惜的。

1999 年，我在《南方周末》写过一篇文章，我说九十年代在中国文化圈有三个象征，一个是王朔的小说，一个是崔健的摇滚乐，还有一个就是方力钧的光头。那时候，我帮《南方周末》开了一个艺术版，记得有一期的头版有一张方力钧作品的照片和预告，那期艺术版有他作品的介绍。当年《南方周末》是非常有影响力的纸媒，那个年代特别好，当代艺术跟摇滚乐一样都是特别先锋的东西。

　　那两年和方力钧在一起玩儿的时候，我也没什么钱，跟方力钧在一起玩儿，我也没花过什么钱，基本上都是他来承担我的各种费用。我很感恩方力钧，因为我一直觉得他的作品很好，当时我想做一个画廊展出他的作品。1999 年，有一个人愿意给我投资 100 万做一个画廊，我就跟方力钧说了这个事儿，他当时劝我别做，因为那时候艺术品没什么市场，做了以后艺术家的作品也没多少人买，会很快把朋友投资的 100 万用光，这样朋友也没法做了，艺术家的事业也不见得能好得了。后来，张锐又来找我做画廊，我又跟方力钧说了这个事儿，这次他说你可以试试。做画廊这个事儿我都听了方力钧的意见，所以他是对我人生中很重要的一个人，在事业上对我有很大的帮助。我事业的转折点上要感谢两个人，一个是张锐，一个就是方力钧。

　　我跟方力钧的关系特别好，因为我们俩太熟了，所以我又很少对他开口。我一直认为方力钧是我的恩人。2008 年，我带着他的作品代表"北京现在画廊"参加瑞士的巴塞尔博览会，当时我是中国第一个本土画廊进入巴塞尔博览会的。那时候方力钧一直在跟"亚历山大"合作，后来可能是因为他要把作品给我，所以他们之间有点不愉快，我知道后也挺不好意思。后来我听别人说，方力钧跟"亚历山大"讲"我认识黄燎原的时候，还没有你呢。"那时候市场也不好，方力钧能够有一个长期合作的画廊其实是很不容易的一件事。这事儿我觉得挺对不起方力钧的。后来他给我的那幅作品被我的家人收藏了，后来我也陆续帮别人买过一些方力钧的作品。至今我还保留了一件方力钧彩色光头的那个作品。2000 年，我收藏过一件他转型时期画的小昆虫，是在拍卖行买的，买下来是 13 万，那时候 13 万也不便宜。

现在，我美国的家里摆了一个方力钧给我做的头像雕塑。方力钧问我："你要3万块美金还是要一个头啊？"我说："我肯定要头啊。"因为我觉得这个东西不管它现在是值30万还是值3000万，我都不会卖掉。他给身边的这帮朋友做了一批头像雕塑作品，我觉得特别好。当时他给我说这个想法的时候，我觉得很牛。他说他会在每个头像雕塑下面添一段文字，这段文字是描述这个人都做了些什么，朋友一直做，他就一直添，一直添到他去世或者朋友去世。这个想法特别好，就是永远在继续着，他不仅延续了自己的生命，也延续了他所做的这批朋友们的生命。

我眼中的方力钧是一个很有意思的人，他豪气，对朋友真是侠义，你根本挑不出来任何毛病。别看他和朋友在一起整天"嬉笑怒骂"，他想问题又是一个心思极其缜密的人，包括后来他跟我讲过在20世纪90年代，他给自己规划的路，他的策略等等，所以他又是一个很有谋略、格局很大的人。我们都喜欢那种聚啸山林，呼朋引类的感觉，但我觉得他比我更豪气、更放得开一些。

1990年到2000年初，我们俩应该算是形影不离，那段时间，方力钧有什么活动几乎都会叫上我，我觉得我跟他在一起也挺好，吃饭喝酒我也不用花钱，大家又聊得很尽兴，特别开心。还要特别强调一下方力钧的妩媚，他翘起的兰花指，有时候说话还老梗着脖子，其实我也爱这样，我从小这脖子就老这么转个不停。我们俩有很多相似的地方，比如都喜欢朋友，都属于挺豪气的那种人，而且我们俩也都是精力充沛的人。别人说我身上有很阴柔的地方，其实方力钧身上也有，但他的阴柔不容易被发现，如果你跟他天天在一起，你就能够体会到他的这种阴柔。他特别会关心人，他关心到你的时候，表面上让你觉得他一副大大咧咧的样子，实际上他关照到了每一个细节。有一回，我们一起去大理玩儿，我当时觉得大理的那种棉布衣服挺好看，就准备买。方力钧说："别买了，我给你定制一身。"他带我去工厂量尺寸，后来给我订了20多件衣服和裤子，有各种颜色和样式，这些衣服我到现在都留着。

那几年，我们在一起玩儿的趣事很多，方力钧爱给别人讲关于我在大理玩儿的故事，有一次，我掉进水里，记得是 2000 年，我带唐朝乐队在楚雄参加音乐节，演完以后，我就带着他们去了叶永青的艺术会所。方力钧也在大理，我后来又带着唐朝的贝斯手去大理找方力钧玩儿。那天晚上黑灯瞎火，我们喝完酒以后，方力钧给我们安排住处，一帮人一起进了一个院子，我们都有说有笑地走着，突然他们发现我不见了，这时候有个声音说黄燎原好像掉进水里了。大伙儿一回头，我已经在水池子里泡着了。那个池子跟地面是平的，我也没注意就自己走到水里去了，我还不会游泳，还好抱着两个大枕头把我给浮起来了。

现在回忆起那个年代，好像我什么事儿都跟方力钧有关，那时候，他还一直想培养我玩古董，因为他当时就开始迷上古董了，所以特别希望我能跟他一块玩古董。他当时送了我 4 个小雕塑，说："这 4 个小雕塑也不是什么特值钱的东西，但还是有一些年代了，有两个真的两个假的，你自己去辨别。"后来我为了这个还去买了一大堆关于古玩的书，但看完以后实在对古董没什么兴趣。

方力钧为人特别慷慨，他经常帮助周围的一些朋友，这是一个本性的东西。他是一个影响我一生的人，我能够做到今天，要特别感恩于他，他对于我来说已经超出了一个普通朋友的界限。其实我跟方力钧老在一起的那段时间，我甚至都觉得自己有点像个孩子，他永远像个长者一样关心我，那种感情特别美好。其实在那个年代，我啥也不是，啥也没有。2003 年非典的时候，方力钧给我打来电话，说："走吧，咱们到南方玩一阵子。"我当时没跟他一起去，因为我想记录一下北京这个城市。当时虽然没跟他走，但还是很感动，因为在非典时期，作为朋友他还是能想着我。

我写过很多关于方力钧的文章，我觉得他是一个有着双重人格、

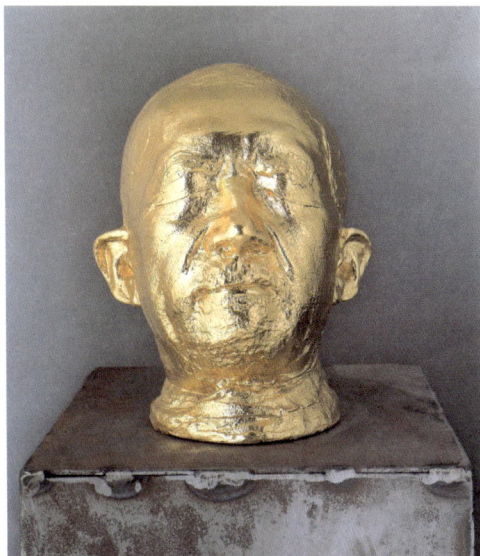

方力钧作品 黄燎原头像
————
真人原大
铜、金箔
2006 年

甚至三重人格的艺术家。我对他的解读是一个直观的解读。词语芬芳里带着一种香气，一种身体的气息。因为我对他的感受不仅是透过理论，完全是一种亲身的感受，一种最亲密的感受。有时候，我可能会用山去比喻水，我觉得这样更有意思。当然，从学术的角度来说，可能不需要我这种解读，但我觉得学术可以改变，也应该改变，应该容许更多元化的东西存在。实际上，我给方力钧的历史定位不是美术史上的定位，而是一种文化的精神。我觉得这个定位其实更好、更有意思、更有分量、更有价值。

今天，你来采访我讲述方力钧，我突然觉得他又回到我身边了，他的形象一切都历历在目。有时候，我跟一些外国人聊天，他们问我："中国最重要的艺术家有哪些？"每次我一定会提到方力钧，在这个问题上，方力钧一定是绕不开的代表人物，无论他现在的市场好或不好，都不重要。

方力钧画黄燎原

40×30cm

布面油画

2010 年

圆明园的一条主线

★ 人物采访：陈逸青，艺术家
★ 采访时间：2016 年 5 月 10 日下午 2 点
★ 采访地点：北京顺义陈逸青工作室

方力钧是一位真正的艺术家，他的内心永远沉浸在艺术中，他是一个为了艺术而活着的人。他具有艺术家特质，是个非常清醒、理性、成熟和具有前瞻性的人。这些年，他的精神状态和形象面貌以及气质都没有过大的变化，但是作品却是在不断地变化着，无论他在艺术上取得了多么高的成就，他永远还是平和、谦逊、温暖的样子，即便再过 20 年，我依然相信，他还是我认识的那个方力钧，以真实来面对艺术与人生、成功与失败。方力钧有相当高的修养与智慧，认识他的人都会认为自己是他最要好的朋友和最被重视的那个人。他就是在尊重着每一个人，这就是方力钧的魅力所在。

—— 陈逸青

突然接受您的采访，我得好好回忆一下。记得那是 1986 年，施本铭的太太孙敏过生日。当我拎着生日蛋糕来的时候，已经是满满的一屋子人了，当时，方力钧就在其中。在好多艺术家都留着长发来表现自己的个性的年代里（我也是长发），他却是留着很短很普通的发型，直到现在也没见过他留过长发，但也不是光头。后来，陆续在施本铭家里，遇到过几次方力钧，和他也渐渐地熟悉起来。

八十年代，施本铭是一个很活跃的艺术家。他跟栗宪庭有着较深的交往，当时栗宪庭和几个志同道的同学们成立了一个"中立美术工作室"，他们提出一个主张：艺术家应该走职业化的道路。这对当时依赖各种分配生存的艺术家，是一个全新的概念。我认识施本铭大概是在1985年的"中立美术工作室"的展览上，他年长我几岁，为人随和，知识丰富，兴趣广泛，绘画意识超前，他的太太孙敏更是央美的高才生，他们的优秀吸引了我，于是，我们成了很要好的朋友。

我和方力钧同为八十年代就读北京地区高校的大学生，那个时代，刚刚改革开放，国门打开，先进的文化和进步思想的涌入，给禁锢多年的中国社会带来冲击，年轻人的思想活跃，掀起了"'85美术运动"。那个时期，大家就像饿急了的婴儿，疯狂地吸吮着各类营养，汲取着各类知识。校园里到处都是书摊，所有想要看的书都能买到。到处都能看到抱着书看和抱着整摞书的同学们。我就是在那个时期，阅读了各种类型的书：叔本华、尼采、萨特、罗素等等，讨论这些书是那时最流行的事情。对我影响最大的、最深刻的是弗洛伊德的《梦的解析》，深刻理解了什么是意识形态、内心解读和表达形式，加上还有新思潮时期的文学与诗歌等，对我的艺术表达有很大的影响，使我在那一时期绘画都是以梦为主的超现实题材，大多数内容是我大学寝室上铺同学的梦境，梦他在做矿工的时候，井下遇到矿难的遭遇，他把已经死去的好友背出矿井和惨烈场景。每天晚上他都会被梦魇惊醒，他的痛苦无人能懂，我是他唯一的听众，聆听着他的故事，用心解读着他的内心，用我的理解创作出了那一时期的作品。

离开学校后，我立志做个职业画家。首先是要有地方住下来，那个年代没有商品房，没有现在这样的工作室，没有市场经济。没有工作就意味着没有住房和经济来源以及社会定位，做职业画家的确是一件很艰难的事情。幸好我的父母是高级知识分子，尊重孩子的选择，他们用稳定的收入支持了我的选择。于是在 1988 年初，我去了圆明园，很严格地说，我的确是第一个住进圆明园的职业画家，来圆明园福缘门村一年后，伊灵来拜访我，他那时住在圆明园附近的娄斗桥。圆明园后来之所以能成了中国当代艺术史上的一个标志性的里程碑，是很多历史时代各种因素交汇的结果。

我去的圆明园福缘门村时候，仅仅是要作为职业画家一个能生活和创作的房子而已，从小在城区长大的我，特别喜欢闲逸安静的居住环境，并且离学校（中央民族学院）很近，那附近最有名的地标是"达园宾馆"，是一个很大的中式庭院，像庄园一样，和村子正好形成了一个强烈的反差。我在村里的第一个工作室是有着两个小房间一个小厨房，没有厕所的小院子。

再次见到方力钧是 1990 年，在圆明园福缘门村的一条街上，我骑自行车路过一个卖菜的农民拖板车时，突然看到了正在买菜的方力钧，吃惊的同时才知道他也来这里居住了。

方力钧的工作室也是一个独立的小院子，面积比我的大一点，他在西村，我在东村，说起来是一个村，距离也就是几百米，由于那时候住圆明园的艺术家比较少，再加上我们是旧识，所以，一下子就很亲密起来，他经常来我这，我也经常去他那。

记得第一次去方力钧的小院，是在一个阳光暖暖的上午，阳光斜洒在方力钧的身上，地上长长的他的影子一直拉到了具有他独立风格的没画完的画下面，令我吃惊的是他正在读《彭德怀西进》这本书，后来才知道，其实他什么书都读，这个时期，他的绘画早已有了自己明确的风格。

圆明园福缘门村的艺术家，越聚越多，村里也热闹了起来，大伙经常在他那里聚会吃饭，后来，居然有了"方氏招牌涮锅子"的品牌，其实就是蜂窝煤炉子上面放了一口夸张的大铝锅，大半锅白开水里边放点盐，煮着两块带皮大肥肉块和大白菜帮子，铁炉子的边沿上放着火烧烤着，大家围着炉子聊着、喝着、捞着、吃着、乐着。没煮熟的大肥肉，咬一口还可以再扔回去继续煮，白菜帮子不够吃就喝汤，对于出生在牛羊肉遍地青海的我，这方氏火锅的独特味道给我留下了深刻的记忆和美好的回忆。

还有一个特别有意思的记忆，就是他在开始画大画的时候，刚刚刷过的大画框放在小小的院子里，那个时期，他的画面是一些大脑袋下怒放的玫瑰花，红红绿绿的，特别鲜艳的，其中一幅的画面是一个斜着个眼睛、嘴里叼着花、皮笑肉不笑的特别中国风的老头，我说：你这个老头画得好邪恶啊。他立刻回应道："那是我爸。"当时我们在一起经常讨论关于材料的应用，他不停地尝试着用各种颜料进行绘画。后来，我带好友西安美院的青年教师景柯文来拜访方力钧，景柯文对于他画的感受就是"无聊"，我肯定地说，他画的就是"无聊"！若干年后，景柯文告诉我，那次对方力钧的拜访，给他的触动极大，让他领悟到，方力钧对"无聊"表面的描述却是有很深刻的表达。

在圆明园的那几年里，方力钧经常来我这边串门，由于我的工作室在小院子的最里面，他在大门外敲门屋里的我根本听不见，他有好几次都敲不开门，于是他再来的时候，买了一卷门铃线送给我，刚好有人送了我一个门铃，从此，方力钧再也没吃过我的闭门羹了。

方力钧是个特别讲究礼节的人，对朋友特别好，每次来我这都要带点东西，他太太是个记者，德国人，她乐观知性，他们的家住在友谊宾馆专家楼，他是白天来圆明园画画，下班就回家了。那时候，电话基本没有私有化，可他们家就有一部电话，由于我的女朋友在外地，我便常去他家煲"爱情长途电话粥"。一打就好几个钟头，他偶尔进来给我送杯水或者酸奶，从来没有和我要过电话费。我在圆明园的画家里面交

2006 年，陈逸青个展开幕期间，与陈逸青

集最多的就是方力钧。

方力钧是圆明园的一条主线，也是最早被国外媒体报道的艺术家，圆明园正是由于方力钧等几位突出的艺术家的艺术成就，引起了国内外艺术界与媒体对于圆明园的广泛关注。1991 年，方力钧和刘炜在西三环万寿寺做了一个双个展，我们圆明园的艺术家倾巢而出了，他们的作品反响非常好，展览吸不仅吸引了很多中国人，还有很多外国人来参观。2006 年，我被他邀请参加他在今日美术馆的个展开幕，也是今日美术馆的开馆展。2007 年，他邀请我去参加他在上海美术馆的个展开幕式，展览现场盛况空前，人山人海，非常震撼，展览的规格很高，他细心安排接待了每一个被邀请来参加他展览的朋友，开幕式后，他陪着我们到处参观，并且去苏州游玩。

记得 2006 年，北京画院的美术馆刚落成，王院长给我做了第一个画展，我就给方力钧打电话希望他能来现场。那天，他在现场待了很长时间，最后说我得走了，我那边还有人等着，得回去安排工作的事，然后没吃饭就回宋庄了。我都能想象到他有多忙，包括这次让他给我的展览写文章，本来我是不愿意麻烦他，但是主办方希望能够请方力钧为展览写点什么。而且，方力钧写一手好文章，他一直有写日记的习惯，我还曾经在杂志上看过他写的生活日记。

对朋友来说，他这个人就是特别仗义，特别哥们义气，也特别善良，特别重情重义。我儿子在宋庄那边上了一学期的课，刚去的时候被几个孩子欺负，我儿子回来跟我讲，后来我去学校，在那边碰到方力钧，学校离他们家很近。方力钧就直接打电话给我儿子说你以后每天中午到我们家来吃饭吧。他在那上了一个学期后来转到顺义这边来了，那时候我还老往那边跑去看儿子，我其实真的不想打扰方力钧。

在我看来，方力钧是一位真正的艺术家，我觉得他的内心是永远沉浸在艺术之中，他是为着艺术而生的人。虽然他非常具有艺术家的特质，但是他又是清醒的、理智的、成熟的、有前瞻性的人。这些年，他的精神状态和形象面貌以及气质都没有大的改变，但是作品却一直在不断地变化着。对于他，无论他在艺术上取得了多么高的成就，他永远不会表现的过分与夸张，永远是一副很平和达观的样子，永远不会有膨胀的状态。我相信，即使再过 10 年、20 年，我想他还是会这样真实地面对艺术与生活。我见过太多艺术家轻易地就飘起来的样子，方力钧能够平淡地面对成败也在于他具有的学养与智慧。在方力钧的各个展览上，你能够感受到到场的所有的人都认为自己是方力钧最好的朋友，我觉得方力钧就有这个魅力。

方力钧是一个表里如一的人，他不做作，温和谦逊，是名副其实的学者，是非常有思想的艺术家，他把自己浸泡在艺术的哲学世界里，

2016 年，与陈逸青在北京
民生现代美术馆 "线索·3"
展览现场

对事物他有着敏锐的洞察力，并且深刻思考解读其中的含义，他清醒、理智、成熟，他的作品不断地在变化中升华，他对于推动中国当代艺术的作用是巨大的，他不仅是圆明园时期的标记，也是中国当代艺术的标记，更是世界认知中国艺术的标记。可以说，他是中国艺术家的榜样，更是世界艺术家的骄傲。谢谢你的采访，让我回忆起与他在圆明园的难忘记忆。最后我想说：方力钧是完美的！

044
他是人气王

★ 人物采访：魏光庆，艺术家
★ 采访时间：2018 年 8 月 7 日晚上 9 点
★ 采访地点：湖北美术馆咖啡厅

> 方力钧是人气王，他很仗义、很敏感、很智慧。我能读懂他。方力钧是一个有格局的人，他到任何一个城市，任何一个地方都能铺得开，这也是他的人格魅力，别人能接纳、认可他，所以说他才是真正的人气王。我崇尚有格局的人，给后来人带来无限的可能性。
>
> —— 魏光庆

我从小学画画是因为我的父亲，他在湖北黄石当公安，后来"文革"中受冲击被发派到煤矿，七十年代"文革"平反以后，他被安排在矿区当保卫处长。因为我家兄弟姊妹一共六个人，姐姐是老大，几个哥哥都集体上山下乡，我在家里是最小，那会儿经常去矿区玩，正好矿区工会的美工老师易发生是我们的街坊。那会儿我就觉得画画很有意思，那会儿骨子里只有一个最简单的想法，将来长大了可以在父亲退休后顶一个职位，起码我不用当矿工。当时学绘画，就想有个一技之长，可以在矿区工会做兼职。我小时候学画画和石冲是同一个启蒙老师，他叫蔡二和，我和石冲在一个美术组。

2001年，于湖南岳阳。左起：方力钧、魏光庆、莫鸿勋、李路明

　　1981年，我是湖北省考上浙江美院油画系两个学生之一，当年只有17岁。那一年，我同时考上三所大学，拿到了三个学校的录取通知书。1985年，大学毕业后回武汉工作也是一种机缘巧合。那一年正好是赵无极到浙江美院来开一个月的赵无极培训班，当时这是文化部的一个任务，我们班正好在搞毕业创作，我们这个班在浙江美院非常活跃，赵无极就非要带我们这班，于是我们就把毕业创作停了一个月，上了他的赵无极培训班。我就在赵无极培训班认识了从湖北美院来的尚扬老师，尚扬老师当时是湖北美院美术系的主任，他希望我毕业以后去湖北美院工作。我大学毕业到湖北美院当老师的时候才满22岁。

　　1986年，我们年轻老师在湖北美院成立了一个部落群体，其中有我、方少华、田挥，当时尚扬老师为了打造油画系的年轻师资队伍，把我们三个人同时召回武汉。我们三个年轻人都在湖北美院油画系，那时候有人给我们仨起了个外号叫"三杰"。当年选择回武汉工作还有一个主要原因，就是觉得想离家近点，想离父母近一点，没想到这一待就是 30 多年，从 1985 年到现在应该有 33 年。

我和方力钧是同龄人，都出生于 1963 年，他比我月份还小一点，我生日是 9 月，他生日是 12 月。我们最早认识是在"后 89"的展览，严格地说，比"后 89"还早，应该是 1989 年"中国现代艺术展"，当时我们俩都参加了这个展览。我记得方力钧的参展作品是最早画的那个大脑袋的素描，那时候他还没有大学毕业。

1989 年以后，湖北美院把年轻教师下派基层锻炼，我去了湖北一个县级市：武穴。1990 年，我在武穴一个师范学院的中专里面待了一年，于是产生了我的红色框架综合材料的那个系列，同时包括红墙系列也是从那个时候产生的。我从武穴回来以后，1991 年至 1997 年，基本上就是北京和武汉两头跑，这些年，我一直是走动的状态。1991 至 1993 年先是租住在北京方庄城乡接合部农民的私房，1994 年至 1997 年又租住在甘家口费大为岳母的房子。那个房子当年张培力、王广义都租住过，就是一个筒子楼里面两间房，两家共用一个卫生间和厨房。我在北京停留的时间不是很长，在那期间我经常参加一些外交公益活动，比方说外交官买了一张画，就在外交公寓搞一个 party，我和薛松也是在 party 上认识的。

在北京期间，因为参加外交公寓的 party，就经常遇见方力钧，还有一位叫皮特的德国记者，他曾经听杨述介绍过我，就专程来武汉采访我。九十年代早期，那个时候我们很多社交都在外交公寓。其实当时艺术圈的外事活动基本上就是一个很默契的状态，我认为那个状态是最好的时代。其实在我和方力钧早期接触中，我觉得他是一个比较内秀的人，他表面上的东西和他真正内心的东西是不一样的。他作品很"泼皮"，但他做人其实是一点都不"泼皮"。我认为他是一个极度理性的人。他示弱不示强，但他不会给强者示弱，他会给弱者示弱，他很会关心人。比如说有不成功艺术家的展览，饭局他会买单，这种事情他经常做。他如果到一个餐馆吃饭，旁边也有一桌人在吃饭，只要这当中有一个人是他的朋友，他就会帮着一起买单。他在哪永远都有一个大哥的形象，只要有机会，他就会照顾他的那些兄弟，绝对不会独自霸占。这就是做大哥的格局。方力钧永远不欺下、不霸上，他永远是在别人最需要的时候帮你一把。这就是大哥。

方力钧让我特别佩服的还有一点，他永远是一个愿意帮助别人的人。记得有一年，我和方力钧还有李路明一起开车去岳阳玩。李路明有一个原来在长沙学美术的发小在岳阳，他请方力钧帮着看画，方力钧在他的工作室是一张一张亲自动手看，方力钧对人的那种状态就是真的很乐意帮人。应该说他扶持了很多的年轻人。在我们去湖南的路程中，我发现他在旅游的过程中随时带了很多书，他也是一个很喜欢阅读的人。平时从他的言语中，听他谈到很多历史，我发现他除了从书本中了解历史，同时他会去考证，直接去认知，他很注重自身各方面的修养，我觉得他是不断地在给自己找各方面的营养，他需要什么，他自己都清楚，而且他也是个很善良的人。

在任何一个聚会上，方力钧永远是不会让人扫兴的。他很会捧场，在朋友的活动里面，他可以把平常的气氛升华到一个高度，然后可以说产生非常巨大的意义，甚至留下非常重要的历史痕迹。比如说每一次展览，他最喜欢玩的游戏是做主持人，让每个人谈这个艺术家，谈得很真实，都是有文献价值的内容。方力钧这种文献意识，包括这种痕迹意识是特别强的，他考虑的问题是比较深远的，他看重的是将来，他是有历史观的人。他出现在任何场合，看上去那么潇洒，其实他眼神里在观察，这个场合怎么照顾他全都清楚。而且任何人的展览活动，只要他参加绝对是要陪到最后，绝对不会提前离开。在饭局上，我就没见他彻底喝醉过。即使他醉了也能扛得住，我比较欣赏方力钧这一点。他永远把痛苦的事情自己消化，让他不愉快的人和事也有，但是他从来不会说一句。

2017 年，与魏光庆在北京民生现代美术馆"一个人的艺术史：方力钧"个展现场
——

假设别人说的话，他也不会在背后说别人一句话。

我每次跟方力钧在一起都很开心。方力钧的名言是：用快乐把生命撑满，让烦恼挤不进来。快乐的方式不代表不辛苦，他是个正能量的状态，他永远不会搅局。他表面上让你觉得他是自娱自乐的那种，他永远不会拿自己的喜怒哀乐把这个气场给破坏掉。他传达的都是正能量，真、善、美、和谐、平等。方力钧说他是一个运气很好的人，他在各个时期卖画都很有运气。其实人的运气是跟着格局走的，就是因为他有这种气场，他的好运气就会跟着他走。

2015 年，他来参加我在湖北美术馆举办的个展，后来我跟他说谢谢，他给我回了一句话是"我要做成你这样我早就骄傲了"。这就是方力钧的调侃，他经常调侃一下我。其实我觉得他这么调侃给人很幽默、很舒服的感觉。他懂得世俗的智慧。世俗这个概念在我的理解下就是现实是垃圾，世俗的智慧就是你能在垃圾上舞蹈，而不变成垃圾。为什么很多人读了很多书，是书痴，根本就没读懂这一点。

方力钧是一个有格局的人，他到任何一个城市，任何一个地方都能铺开，这也是他的人格魅力，别人能接纳、认可他，所以说他才是真正的人气王。我觉得他有一个大艺术的概念，包括他现在所做的事情，比如出任宋庄美术馆的馆长，那是个多累的事情，他能接下来。包括他做当代艺术档案库，这都是在做一个大事情，他这是一种大我的状态。

方力钧是人气王，他很仗义、很敏感、很智慧。我能读懂他。他对老师、对朋友，对别人都比对自己好，我对他的判断，他宁愿让自己家人受委屈，或者让自己最亲近的人受委屈，他也不会让朋友受委屈。

今天跟你讲述方力钧，我发现他的整个轨迹有一种系统性。早期的时候，他出国比较多，比较注重国外的一些展览。后来他很重视在国内的展览，甚至在全国很多高校举办他的文献展，这其实是一种传播，也是一种文献意识。所以我觉得他是一个非常综合的人，他很早就在建立一个很强的综合系统。我崇尚有格局的人，给后来人带来无限的可能性。

方力钧画魏光庆
——
作品局部
纸本水墨
2018 年

045

—

张
飞
绣
花
，
粗
中
有
细

★ 人物采访：薛松，艺术家
★ 采访时间：2017 年 9 月 12 日下午 2 点
★ 采访地点：西安美术馆

> 方力钧是一个很出色的人，他的综合素质太高了，他有大哥风范，有时候，他会直接批评人，是用那种调侃式的语气，他说话非常的犀利，但他内心又非常细腻。他属于那种张飞绣花、粗中有细的感觉，外表像张飞，可是绣花绣的很好，我们在一起主要是投缘。
>
> —— 薛松

今天在西安美术馆，跟你聊方力钧的故事。你知道吗？西安美术馆举办的第一个当代艺术的展览就是方力钧的个展："从符号到解析—方力钧作品展"。第二个展览是"竹马—郭伟、郭晋双个展"。第三个展览就是我的展览，2013 年 4 月 28 日，我在西安美术馆主办了"碎片时代——薛松作品展"。他的展览，我来西安参加了开幕式；我的展览，他也来西安参加了开幕式。和方力钧在一起，我说的少，主要是听他说，因为我不爱说话，他就会一直巧妙地逼着我发言。我跟他对不上话，他对话太厉害了。

回忆和方力钧的交集，要从 1993 年说起，当时我在北京参加中国油画双年展，这个展览就办过一届，是在中国美术馆，由张晓凌策划的展览，他是中国画研究院的博士。我们举办完展览，一帮同学约着一起去圆明园画家村看方力钧。他那会在圆明园有一个小院子，我们去得也不是时候，当时也没有电话，没有任何预约，就是直接跑过去找他，他正睡眼蒙眬的，被我们一群人吵醒了。这是我和他的第一次见面，那个时候我们也没有多少交流，后来我们又有很多接触是在1997年至1998年，他经常来上海，我们参加朋友的聚会经常见面，一块吃饭喝酒，就这样，我们就熟悉了。那时候，我们也不像现在有这么多的事，经常约着从上海一起去杭州玩，去杭州就是坐在船上喝喝龙井，打打牌，喝喝酒，聊聊天。我们跑到山上的龙井村喝茶，在我的印象中，大家都在喝茶，无论去到哪里，只要一空下来，方力钧就掏出一个小本的古书在那里看，就是那种可以装在口袋里的古代线装小书。他坐在那里，也不抽烟，只是喝口茶。我们就在一边抽烟、吹牛、聊天。他爱看书这一点给我留下的印象比较深。

事实上，早在八十年代末期，我就看过方力钧几张光头素描，是在1989年1月份中国美术馆举办的"'89现代艺术大展"上，我专门去中国美术馆看了这个展览，我印象比较深的是方力钧的几张素描，那时候我刚大学毕业，看到好的画就印象很深。当年那个大展里面各种各样的作品太多了，什么刺激的、热闹的都有，就他的画跟别人还真就不一样。方力钧是一个很敏感的人，他特别早就抓住了那个时代的中国人的生存状态，他的画很有新意，那时候他的画里就有光头。

1993年，我去圆明园看方力钧的时候，他已经过得很好了，有一个独立的小四合院。圆明园时期，两个过得最好的人，一个是方力钧，一个是丁方。那时候，方力钧不住在圆明园，他和米莎住在友谊宾馆。

我记得1992年，我在英国大使馆文化处做个展，在使馆区做展览，使馆区的墙是不能钉钉子的，基本上都是用桌子铺上白布，把作品放在桌子上摆一圈，就算是做展览。展览的前一天晚上，英国皇宫失大火，第二天来展览现场的英国人脸色都很难看。那次我就卖了一张画，还有几张纸上的作品，一共 1000 美金，回到上海，我就有钱租工作室了。当年 1000 美金换成人民币不到一万元，但感觉还很有钱。那会儿，一个月的工资才 70 至 80 元。

关于方力钧，难忘的细节挺多的。还有一次印象挺深的，好像是2012 年，我们在一起吃饭。那天我正好从杭州过来，带了 4 瓶白酒，他们把我带的白酒全喝完了。等我到的时候，他们几个人已经喝不少酒，据说已经把别人带的两箱红酒全喝完了，还把饭店里的黄酒也喝完了。方力钧喝到开天窗了，第二天他在民生美术馆还有个讲座，最后因为喝多了也没做成。后来他老赖我，说我带的是假酒，让他喝醉了。

方力钧的大型展览基本上我都去了现场，印象比较深的是他在今日美术馆的展览，本来我是提前已经安排有其他的事，他邀请我参加，然后我就改机票往后推了两天。记得深刻的是他在今日美术馆的展览盛况空前，现场人山人海，美术馆门口的广场都站满了人，可以说我从没见到过有这么多人参加的一个个展，我印象最深的是挂在门口的十几米高的没有画完的一张大的黑白的画。今日美术馆的晚宴挺好的，我们是到 SOHO 他的餐馆里吃的饭。后来大家都走了，他让我留下，我专门为他改了机票。等我走的时候，他给我拿了一套大书，重几十斤，就他的那一套文献丛书。后来他开车来上海，他的后备厢里装着酒，是他在四川做的"水井坊酒"。他知道我喝酒，卸下来一箱酒送给我，我一看这是好酒，也不舍得喝了，就当收藏了。我们俩的共同点是喝酒，酒能够促进人与人之间的交流。我们一般是从晚上六点钟喝到凌晨一两点。喝了酒之后，大家绷着的神经就能够放松下来。我平时不爱说话，喝酒话多一点，因为放松了一些。

和方力钧认识这些年，我觉得他变化不多。他是一个很出色的人，他的综合素质太高了，他有大哥风范，有时候，他会很直接地批评人，是用那种调侃式的语气，即使是很尖锐的批评完了以后，私下还是会让人觉得很亲切。他说话非常的犀利，但他内心又非常细腻，骨子里特别会关心人。他属于那种张飞绣花、粗中有细的感觉，外表像张飞，可是绣花绣的很好，我们在一起主要是投缘。他很念旧情，我欣赏他的韧劲和包容度超出常人，你看他不管三教九流的人，都能和各路人打交道。他什么事情都会，什么重要什么不重要，他的感受很准，他能抓住脉搏，在这方面，他是很敏感的。他是很够朋友的一个人。

方力钧画薛松
——
作品局部
纸本水墨
2018 年

046

他有北方士大夫的气质

★ 人物采访：张骏，艺术家
★ 采访时间：2016 年 11 月 30 日晚 11：00 点，
　　电话采访

> 我觉得对方力钧来讲，他是邯郸人，是北方那种士大夫的感觉，他身上有这样一种气在里面。比如说我第一次到他宋庄工作室去的时候，应该是 2010 年，给我印象最深的是除他以外还有很多他的同学，当时萧昱也在他的工作室做作品。还有一个导演魏晓平，也住在他的工作室里面，魏晓平跟姜文是同学，从法国回来。我记得当时突然看到这个场景感觉像是古代士大夫的文化。方力钧特别喜欢有朋友在一块，他觉得这个人很有能力，或者欣赏他的艺术就要请他到家里来，有点像门客的感觉。如果你非要让我用一句话来概括他，我认为他是绝顶聪明的艺术家，而且这个聪明是一种智慧，很睿智，他是有大局观的人。他也很谦虚，可以跟别人交流他的想法。方力钧是一个有魅力的男人，他会成为一个场合的中心，有一种吸引力。

—— 张骏

　　我是方力钧画朋友水墨系列的第一张。他把我的那张画拿出来跟我讲这张画是整个系列的第一张。画面里，我一个头，旁边还有很多小的光头，大概几十个光头围着我，那光头就是他的符号。后来他又画了一张我一个人的肖像，画得挺生动的。

　　手稿这部分作品是方力钧最近这两年画的新东西，都是以笔墨为主的表现方式，我有一种感觉，他在"开悟"群里也发过一些手稿，我在"开悟"群里讲过一句话，其实很多人对当代艺术有一种误解，以为当代艺术是观念先行，说要不要技法、要不要手上功夫是非常次要的东西，很多人有这种看法。但是，通过看方力钧这批手稿，我觉得这种说法完全是不对的，应该说当代艺术不仅是有观念，同时作为艺术家手上要有非常硬的功夫。

　　方力钧这批手稿是一蹴而成的，因为我看过他画画如何勾线，作为成熟艺术家，他对艺术的把握非常厉害。曾经，他跟我聊画的时候交流了一下这些手稿，我说这个头特别好，看着这么饱满，我特别喜欢。他说他也觉得挺好的，但是，他有点害怕画"油"了。所谓"油"就是圆滑，因为他越画越顺。后来的画，他用线、用墨都非常成熟。我觉得那种自律的东西是很难体会到的，所以，他当时有点害怕会不会太"油"了。他的手稿有一些表现形式，包括笔墨的线和染色。他后来画得非常顺，顺了以后他开始就往回走，他说我还是担心画得太"油"了。他有警惕心，对这种东西的度他有一个把握，我觉得这很厉害。手稿就应该有一定的随意性在里面，但这种随意性反而更考验人。

　　我觉得方力钧这批画绝对不是"正面"的画，我指的是他的描述方式，很多人都说怎么不见方力钧画女的，画的全是男的。我的理解是画一个女的时候，一定是带漫画性的，因为他的画有点漫画倾向，脸也比较夸张，人物比较生动。可是画女的，我觉得女的要求不一样，必须要把她画漂亮才满意。方力钧跟我讲他画我的那张是有一个探讨性的，实际上，他觉得画得坑坑包包，毕竟是第一张，但我觉得很有意思，而且那张画已经送给我了。

　　我与方力钧认识应该是在九十年代中期，在成都的一个酒吧"12橡树"，周春芽对我说一会儿方力钧要来，是他约方力钧来酒吧，这是我第一次见到他。当时对他的印象就觉得这个人挺特别的，因为他的画我看过，是最早那批光头打哈欠的画，就是"玩世现实主义"的代表作。当我看到他本人，给我感觉很随和，那时候他跟成都的艺术家还不是特别熟悉。在此之前，我们没有见过面，但是我已经知道他，因为那时候我还在画画，所以比较熟悉他。

九十年代初期，看到他的作品感觉很有冲击力，就很喜欢他的作品，当我后来看到这个人，除了光头的符号以外，第一眼感觉跟他的作品好像不能特别对得上，因为他的画面冲击力太强。但是，后来就对上了，刚开始还不太熟悉，他跟周春芽稍微熟一点，其他艺术家如果不太熟的话，在一起好像就不会放的很开。

九十年代末期，成都地产商陈家刚在成都做了上河美术馆，这个美术馆应该是中国第一家私人美术馆。陈家刚请周春芽和张晓刚帮他选一批艺术作品，严格地讲，他作为开发商对当代艺术不是特别了解，只是喜欢艺术，通过身边的这些人，他就慢慢掌握了艺术的脉络，就有了很多优秀艺术家的资源，包括方力钧、岳敏君、叶帅等，这些艺术家后来都在他的美术馆做过展览。相比其他艺术家，方力钧来成都要多一些。那时候成都有双年展，而且1998年、1999年，张晓刚还在成都，后来因为离婚离开成都了。

我们俩真正开始交集多了起来应该是在2009年我做五彩基金的秘书长。2009年，周春芽成立五彩基金就找到我，让我来负责这个机构，我跟方力钧真正熟悉起来是在这之后。他来了成都，周春芽、杨凯约大家一起吃饭，我们在一起聊天比较投缘。我感觉那段时间方力钧在成都相对多一些，因为那时候成都有一个蓝顶的艺术群落，周春芽建议方力钧可以在成都有一个自己的工作室，希望他能够到成都来画画。在几次与方力钧的交流中，我感觉他是一个非常质朴的艺术家，他在中国艺术圈也算是大艺术家了，但他和朋友交往的时候是非常质朴的，而且很诚恳。他不会拒人千里之外，一般有一定的学术地位，在社会上影响比较大的艺术家可能会有很难接触的一面，但是我发现与方力钧在一起完全没有这个障碍。我们俩在一起非常谈得来，而且关系很近。

我作为五彩基金的秘书长，肯定希望像方力钧这种有影响力的艺术家能够支持五彩基金，因为五彩基金是用艺术的方式帮助残疾人，当时周春芽有这种考虑，他说我们还是尽量让艺术家参与慈善捐助，让更多的艺术家能够参与进来，毕竟五彩基金是以艺术为主体帮助残疾人的公益基金，也有其他方面的人来帮助残疾人，但是艺术家来帮助意义就更大。

方力钧曾经参与了汶川地震公益活动，他还通过艺拍捐过画。五彩基金第一次举办晚宴活动，他正好到成都来办其他事情，当他听说我们在香格里拉做慈善晚宴，用一桌卖多少钱的方式筹款，一桌可能要几万块钱，这个钱全部是捐给五彩基金的，方力钧也买了几桌。陆陆续续的，他也以其他的方式帮助过五彩基金。

方力钧经常来成都，我从朋友的角度建议他在成都买房，我觉得他每次来成都住酒店很麻烦，成都的房价相对便宜，不如买房居住更适宜。有一次，我邀请他到家里玩，他觉得我家小区的环境挺好，当他听说刘家琨跟我住同一个院，比较相信刘家琨这个建筑师的判断，就在我们院买了房子。我和方力钧成了邻居。后来，他把父母接到成都住了一段时间。当时，他在成都买了房子后特别高兴，就把我带到超市，他给自己买了一辆自行车，也给我也买了一辆自行车，我要给他钱，他不干，他说可以骑着玩，因为他觉得成都不大。

我觉得方力钧这个人很特别，我曾经在其他地方也说过这件事，有时候方力钧在饭桌上的表现是嘻嘻哈哈的，给人感觉好像有点反文化。那种泼皮形象，乍一看感觉什么事都无所谓。我作为他的朋友，非常了解其实他不是这样的。比如说他到成都来买房子、买了车，我们俩一起做的第一件事情就是他问我成都的书店在什么地方？有一天，我陪他骑自行车至少逛了两个新华书店。由于买了太多书，我们俩的自行车根本装不下，后来我找了一个朋友帮忙，让朋友开车过来把我们买的书全部装走。方力钧在书店买了特别多关于历史的书，他的阅读方向比较明确，有关历史的书他都要大量的阅读。当然也有艺术类的书，艺术家买艺术类的书很正常，除此之外，他买了很多跟历史有关的书。

方力钧这个人有非常睿智的一面。他到成都来，那时候我们已经是非常好的朋友了，我非常希望让他能到成都来定居、生活，为此，我还想了很多的办法，包括介绍茶馆让他去掏耳朵，茶馆是成都人的休闲方式，跟全国其他城市有区别，他们的工作就像玩一样。成都唯一不好的就是雨水和阴天太多了，阳光比较少，如果阳光充分一点的话，这个城市就非常适合他了，因为他是北方人嘛，我对他说你肯定就会非常喜欢。他一句话就给我回复了，他说如果都跟北京一样有太阳，那么成都就是另外一种文化了。他判断一个事情很准确，包括成都的文化，当时我跟他讲如果成都像北京就好了，你肯定愿意来了，有太阳，加上休闲。他说恰恰相反，如果真是像北京那种天的话，成都又是另外一种文化氛围了。从气象就能感觉到地域文化的特殊性，他有这样一种判断力。他觉得成都的绿化好，因为它的气候比北京暖和一些，方力钧觉得这一点挺好的，而且成都各方面又新鲜。

我认为方力钧在成都买房子不一定跟我有关，但确实是他到我家里来做客，他觉得周围的环境挺好的，因为成都绿化好，还有房子的价格跟北京比特别便宜，不是因为我跟他讲才在成都买房，我觉得他应该是有自己的考虑。当时他父亲还在世，他就把父母、小孩都接到成都来住。印象里应该是 2010 年。后来，我们的交集就更多一些，那时候他在成都还没有蓝顶工作室。

他在成都住了一段时间，蓝顶艺术区正在修第二期，有很多人请他去看，因为他跟蓝顶的艺术家都比较熟悉。他刚刚在成都买了一套房子，那时候还没有蓝顶工作室，他想画画，于是又在同样的单元买了一套房子，专门画他的小画，在这个过程中间蓝顶开始修第二期了，他就在蓝顶买了新的工作室。他买了工作室后我们的交集肯定就更多了，因为他来的时间就比较多了。他这个人有一个习惯，每次来都发一个信息"到了"。

方力钧从不愿意麻烦人，比如说来成都了提前打招呼，让我们去接他，我们这里离机场近，但他很少让我们接他，除非有小孩或者是有其他人，没办法了，他会委托一下，一般他不会这样，所以他很少麻烦别人。他来了成都以后大家聚一聚，在一起喝大酒很开心。

说起来挺好玩，他在成都有两套房子，包括后面他在蓝顶有工作室，但他还是常住酒店，酒店离他住的地方走路都不到 5 分钟。我都不理解他的这种习惯，可能他觉得比较麻烦吧，也可能跟他常年在外的艺术生活方式有关，包括他参加自己的展览、朋友的展览，到各个城市、各个国家，都是住酒店，我想这也是一种生活习惯吧。也许如果家里长期有人住，有人打扫卫生，可能会不一样。后来因为他父亲不在了，房子就空起来了，他也不想租出去给别人住，一直就那么空着，钥匙交到我这里。我们俩是两个隔壁单元，他家的钥匙一直放在我这里。当时他买两套房子，配的就是两套钥匙，每套房子的钥匙都交给我一套，一直都是这样。我也觉得挺正常，我想他在成都买房子肯定也考虑到了如果有朋友来成都可以借住在他家里，我们都住在一个院里，万一来个客人想住在他的房子里，他不在的情况下我也可以替他接待一下。

每次他来成都，我们就约在一起吃饭。在艺术圈，方力钧喜欢喝酒是出名的，他这么喜欢喝酒，但我没有见过他喝醉过，我觉得这也是他的本事，我都醉过好几次。通过喝酒，我发现他是一个非常有分寸的人，一般人喝酒是很放肆的，他是非常有克制力的人，在喝酒上从来不误事。

我觉得对方力钧来讲，他是邯郸人，是北方那种士大夫的感觉，他身上有这样一种气在里面。比如说我第一次到他的宋庄工作室去的时候，应该是 2010 年，给我印象最深的是除了他以外还有很多他的同学，当时萧昱也在他的工作室做作品。还有一个导演魏晓平，也住在他的工作室里面，魏晓平跟姜文是同学，从法国回来。我记得当时突然看到这个场景感觉像是古代士大夫的文化。方力钧特别喜欢有朋友在一块，他觉得这个人很有能力，或者欣赏他的艺术就要请他到家里来，有点像门客的感觉。那一年，方力钧在望京还有一家很大的海鲜店，我去的时候他请我到他的海鲜店吃饭。

方力钧在蓝顶有工作室不久，然后又在景德镇有了自己的工作室。那是 2013 年了。景德镇工作室弄好了以后，他专门邀请我去过景德镇。我们俩一块去的，在景德镇玩了几天，那个地方非常好，他经常到小镇上去玩。我在景德镇待了一周，每天早晨起来以后就到陶瓷市场看看做陶瓷颜料的东西，我也不太懂这个，但是我陪着他去看一看，我也想拍几张照片，所以就跟着他看有什么细节可以拍。如果需要有什么东西要买的，他记下来助手就帮他买下来。有时候去看看土窑，就是老的窑。我们开车去到郊外，还专门跑到做砚的小镇，他去专门买笔砚。我们一家家的去看制砚，都买了一些。有时候我们就到处吃吃，方力钧很会吃。这可能跟他做过餐饮有关。比如说他到成都吃的东西，你感觉他不讲究，实际上确实很好吃。他吃上了就不换了，每次来都要到这个地方吃。他所有吃过的餐厅绝对不高大上。我印象最深的是知道他的这个习惯以后，我带他去吃好吃的基本上都是很破烂的小餐馆，离我们住的地方不远。他喜欢吃小餐馆的豆瓣鱼，做得特别好。他到景德镇也是这种习惯，景德镇的朋友也都知道他的这个习惯，他吃的餐馆肯定好吃，但是环境绝对不会是高大上。

很多人不理解方力钧一年怎么做这么多的展览，他哪来的时间画画，一会儿在北京，一会儿在成都，一会儿在武汉……感觉他老是在各个地方走动。但是我看到他特别勤奋的画画，比如说他在成都，白天的时间，如果没有其他的活动，他一般是不见客的，每次到成都来也不跟谁打招呼，就是跟一两个人讲一下他来了，也是为了一起吃饭嘛，他巴不得天天在他的工作室画画，要么画一个小画，目前在成都画的水墨多一些。而且他起床的时间特别早，他是一个很勤奋的艺术家。我听郭伟说过一句玩笑话，方力钧对他说："郭老师，你不要太辛苦，要玩，天天画什么画。"郭伟说："方老师叫别人玩，他自己一直画。"

我觉得方力钧一年展览量是非常大的，实际上他是一个很勤奋的人，我经常在他工作室看他画画。没事的时候你跟他聊天也可以，跟他喝茶也行，没关系，这都不影响他画画，再多的人在他周围也没关系，他画他的画。有时候大家觉得不好意思打搅他了，他觉得一点影响都没有，

方力钧画张骏
——
35×45.5cm
纸本水墨
2015 年

身边有多少人都不会影响他画画，他也不会因为你来工作室坐着非要照顾你，他也不是那种人，他是该画就画，我觉得这点比较好。去的人也觉得挺轻松，到他那坐一坐，聊一会儿天，又不影响他工作，这是最好了。

　　如果你非要让我用一句话来概括他，我认为他是绝顶聪明的艺术家，而且这个聪明是一种智慧，很睿智，他是有大局观的人。他也很谦虚，可以跟别人交流他的想法。方力钧是一个有魅力的男人，他会成为一个场合的中心，有一种吸引力。

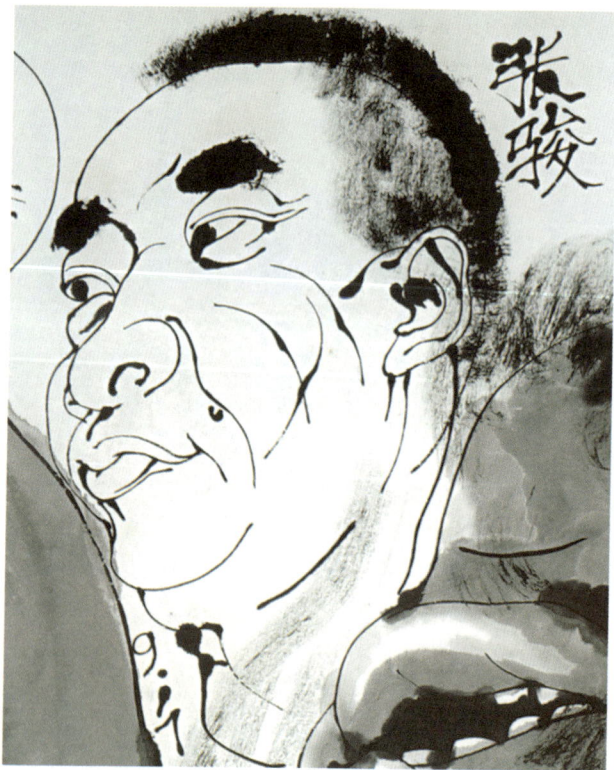

方力钧画张骏

作品局部
纸本水墨
2018 年

春江水暖『方』先知

★ 人物采访：游佳，重庆商报汇融拍卖，总经理
★ 采访时间：2018 年 8 月 1 日上午 10 点
★ 采访地点：北京四季酒店行政酒廊

在我的眼中，方力钧就像乔布斯一样，是先知先觉的人，我们普通人是要通过非常努力地学习才能做到后知后觉。所以，春江水暖"方"先知，他是我的超级偶像和学习的榜样。

—— 游佳

我以前说过，一个人的人生：文凭是铁牌、知识是铜牌、能力是银牌、德行（人脉）是金牌、思想是王牌。我说方力钧获得了五张牌，人生大满贯，所以说他是"大牌"方力钧。我还说，有思想是方力钧的最大王牌。

我记得 2007 年 7 月 4 日，第一次拜访宋庄方力钧的工作室，是和老爸（栗宪庭）一起去的，我们在一起不仅聊艺术、聊古董，更多时间是在看方力钧的各类收藏品：有宋画、有官窑、有古代饰品等等。那个下午，很享受、很高兴、很幸福而且大饱眼福。我同方力钧一直聊天，欣赏、把玩他的各类收藏品，不知不觉就到了晚上，直到老爸（栗宪庭）打电话来叫我们吃饭，才结束了我们在艺术品中的探讨和交流。在我眼

中，他读了很多很多书，涉猎很广、知识渊博。

之后，我拜读了方力钧《像野狗一样生存》。我觉得他是一个非常有风骨、底线、原则、包容、宽容、正能量满满和有一颗强烈爱国之心的人。看完这本书，我非常感动，写了一段很长的读后感发给方力钧，他看了后，非常幽默地对我说：你应该去外交部工作。可见，身怀绝技的人，都很谦虚。

我三岁时，爷爷送了一双象牙筷子给我，就开始喜欢上了艺术品，从小就喜欢去看书画展和泡博物馆。2003年9月30日由《重庆商报》发起创立了重庆汇融拍卖有限公司，同年我便进入了拍卖行业。在我看来，艺术和拍卖本来就是相互融合、相辅相成的。艺术来源于生活，艺术低于生活，所以不要把艺术想得那么神秘和高大上，拍卖也不是人们想象中的一群社会名流在五星级酒店里面玩的游戏，艺术品的艺术价值和经济价值绝大多数时间都是统一的，拍卖场上的竞买人都是收藏家，其实商业气息并不浓，竞拍艺术品是土豪们做不到的，因为他需要非常深厚的文化底蕴和艺术修养。如果不是行家里手，谁敢花成千上亿的钱来竞拍艺术品！

见了方力钧，拍卖场上价格飙升的方力钧与现实中有血有肉的方力钧逐渐重叠在一起了，我再一次理解了艺术价值与经济价值的关系，藏家与方力钧之间一定是惺惺相惜的。美学是哲学范畴的东西，大画家一定也是文化大家，方力钧是很有文化的。

艺术离不开文化的土壤，更离不开社会和"人"，美学也是人学，艺术家的艺术格局离不开他的社会情结，人文情怀，甚至人情世故，方力钧的格局是让我叹服的。

2008年1月20日，我们汇融拍卖要举办一场"汇融艺术进我家"的拍卖会，面向千家万户，面向人民群众。我特别邀请了方力钧和岳敏君来参加这次拍卖会，他们俩非常支持我们，各自拿出了自己的代

2010 年，游佳与方力钧

表作品。岳敏君是丝网版画作品《鹤》，4/60，创作于 2000 年，规格 75×56 厘米，表现一个嬉皮笑脸地作鹤形状的男人。方力钧是木刻版画作品《2000.5.10》，40/65，创作于 2000 年，一光头男人，自画像，规格 122×80 厘米。《重庆商报》在 2008 年 1 月 11 日第 24 版做了专题报道《两大"天王"版画亮相重庆》，盛赞了两位艺术家的亲民之举。

还有两次亲民印象，一次是 2010 年 11 月 22 日晚，方力钧大型个展"偶发的寓言"在四川美术学院的坦克库重庆当代艺术中心隆重开幕，来自全国各地的大咖相聚在四川美术学院坦克库。方力钧带着栗宪庭、罗中立和我一幅幅地观看，一幅幅的讲解栗宪庭和方力钧非常激动地讨论着展览中的作品，每件作品都深深地触动了在场大咖们的灵魂，这让我非常的感动和感慨。看完展览，方力钧邀请了所有的朋友们去吃重庆火锅，大家意犹未尽的边吃边聊到天亮，这是我印象中和他吃饭吃得最嗨的一次。

另一次是 2013 年 10 月 20 日，"方力钧 2013"在泉空间开幕，让

2018 年，游佳与方力钧

我吃惊和感动的是，晚宴上我见到了他的启蒙老师、小学老师、初中老师、中专老师、大学老师、发小、小学同学、初中同学、中专同学、大学同学、圆明园时期的朋友……他很容易与人打成一片，广交朋友，在他的朋友圈子里没有年龄、没有性别、没有国界……之分。现场嘉宾的阵容让我觉得他同时也做了一场人的行为艺术文献展。

方力钧爱心满满的社会情结，我也有切身的感受。2015 年 1 月 15 日，中国拍卖行业协会在北京举办"拍卖基金暨 2015 年公益拍卖会"。在拍卖会上，中国拍卖行业协会会长张延华女士宣布了中国拍卖行业首个行业基金"拍卖基金"的成立。拍卖会前夕，中拍协秘书长李卫东先生想通过我征集一幅"四大天王"的版画作品，我马上想到了方力钧，于是得到了他的大力支持，当我从方力钧众多版画作品中选出了我喜欢的作品后，我向他要汇款账户，他说：不用，这是我献给中拍协慈善基金会的一点爱心。方力钧的版画作品在本次拍卖会上，从无底价拍卖开始，抢到了五万元人民币，买家是上海拍卖行业协会会长、上海国际商品拍卖有限公司董事长徐勉之先生。事后，中拍协的领导和徐勉之先生让我一定转达对方力钧这次社会公益支持的感谢。

一个艺术家有文化、有思想、有格局，但又不拘泥于固有的思想文化，不囿于固有的人际关系，才能不断地创新突破，方力钧就是这样不断给我们惊喜的人。

2010年11月22日晚，在四川美术学院的坦克库重庆当代艺术中心隆重开幕的方力钧大型个展"偶发的寓言"，展出了200多件作品，都是那几年方力钧的最新力作。这些作品反映了方力钧那几年新的思考和创作角度，与之前的艺术风格一脉相承的同时，又给人眼前一亮的新鲜感，仿佛出现了一个不一样的方力钧。在画面上各种各样的动物和婴儿、孩童的出现让人印象深刻。展厅的大屏幕上还播放着方力钧可爱的小儿子的画面，看得出来作为父亲的方力钧从孩子身上得到了很多的快乐和灵感。我还记得，有一组装置作品中，透明的大圆球里面，婴儿躺在棉花上，圆球的表面有苍蝇聚居，而小婴儿好似浑然不知，还是那么纯洁、宁静、美好。方力钧突破了咧嘴大笑的"笑脸"符号，后来他的"符号"更为多元。如果"光头""笑脸"是活在当下的符号，那么后来的符号就对未来有更多的意义。

2013年10月20日，在泉空间开幕的"方力钧2013"，陶瓷雕塑、水墨和油画展现了一位全面的方力钧。他提前一个月邀请了我，我特意从重庆飞过来参加他的展览开幕。在这个展览上，他向外界展示了更多的艺术尝试。我第一次看到了他的陶瓷雕塑作品，非常震撼。我知道，方力钧对中国瓷器迷恋很深、研究很透、收藏很广。但在方力钧这批最新的陶瓷作品中，熟悉陶瓷制作全部过程的他却反其道而行之，通过湿烧而打破陶瓷的完美。本来，陶瓷是通过拉坯、描绘、釉彩、炉温、辅助工艺等一系列因素的有机把握，追求偶然所得的完美瞬间。但方力钧的陶瓷雕塑中，偶然所得的不是瞬间的完美，却是坍塌的过程。通过各种自然的烧制力量破坏掉完美，却妙手偶得另一种浑然天成、野趣盎然的美。我觉得他能做出这么牛的"否定"作品，进入了一个艺术的新大陆绝不是偶然的。

2018 年 7 月 26 日下午，中国国家画院当代艺术档案库入驻宋庄美术馆，暨宋庄美术馆重开首展"湖南：当代艺术出版索引 1985—2017"与"李路明：艺术时间 2005—2017"在北京宋庄美术馆隆重开幕。当我知道宋庄美术馆由方力钧接棒后，宋庄美术馆就进入了方力钧的新时代。我觉得这事他一定能做好，而且会做得很好，会给全世界带来无限想象的空间和惊喜。他做档案库不是给现在的人们看的，是留给未来研究中国当代艺术的人们查阅和收藏的。他非常有眼界、心胸和格局，中国国家画院当代艺术档案库会为我们这个时代留下弥足珍贵的文化艺术的记录和一笔巨大的文献财富，这件事情很有前瞻性。

一个时代的进步是需要许多先知先觉的人来推动的。牛顿在苹果树下发现了万有引力，开启了人类的科学时代，一个行业的进步也需要这样的人，没有乔布斯就没有互联网手机行业。在行业巨变时，往往会出现一群这样的人，各领风骚，他们都有一个共同的特点，善于学习，对自然或对人有洞悉力，善于总结与否定，勇于创新，对未来充满了希望，触角很发达，在寒冬将尽时，能提前感知某些春的信息。

在我的眼中，方力钧就像乔布斯一样，是先知先觉的人，我们普通人是要通过非常努力地学习才能做到后知后觉。所以，春江水暖"方"先知，他是我的超级偶像和学习的榜样。

他的气质和／素质都是天生的

★ 人物采访：何多苓，艺术家
★ 采访时间：2016 年 4 月 21 日下午 3 点
★ 采访地点：成都蓝顶何多苓工作室

你让我谈方力钧，我跟方力钧见面很少，有事才通电话，我们平时都不聊天的。他成名前我们还不认识。九十年代中期，他让人送了一本画册给我，那个时候他已经成名了，要不然我怎么知道方力钧呢。他送画册给我这一点就说明他情商高。虽然我没教过他，但我听说原来他喜欢过我的画。他是情商很高的人，这一点可不是谁都做得到的，这是天生的。包括为人处事，跟人的关系。一个成功的艺术家，天赋、努力、才华是最重要的，但是，现在情商排在很前面，情商不高的话不容易成功。社会人际交往是很重要的东西，与人交往不好的话，尽管你很有才华，成功也很难。

—— 何多苓

　　我是一个没有档案、没有历史的人。平时，我在成都，不在北京，从来不喜欢去拜访谁的工作室。成都很方便，不像北京那么大，找个人都要花一天时间，很麻烦。我觉得成都这个尺度更合适我，节奏很慢，懒人天堂，我很喜欢这种懒人天堂的感觉。

　　我现在的休闲方式就是参加朋友饭局之类的活动，吃个饭、泡酒吧，我也经常参加的。我觉得我是一个很粗糙的人，不会喝茶、品酒，也不

103

会打高尔夫。我觉得我享受不了这种生活，因为时间确实是太少了，有点时间画画已经就不错了。不画画的时候我还是爱玩的，只是不太喜欢一帮人到处跑的那种玩。

我跟 20、30 岁的时候差别还是很大的，现在我觉得什么事情都变得很虚无了。每天时间过得很快，总是觉得一天又快过完了，赶紧做自己想做的事情，除了画画，没有什么其他的事情是非它不可的，因为不画画不知道干什么嘛。这一点跟年轻时候不一样，现在什么都看开了，什么都放得下，其他的事情我都不去考虑了。

我是 1973 年开始学绘画，如今已经 43 年了。可能我跟你的父母年龄差不多。你让我谈方力钧，我跟方力钧见面很少，有事才通电话，我们平时都不聊天的。他成名前我们还不认识。九十年代中期，他让人送了一本画册给我，那个时候他已经成名了，要不然我怎么知道方力钧呢。他送画册给我这一点就说明他情商高。虽然我没教过他，但我听说原来他喜欢过我的画。

他是情商很高的人，这一点可不是谁都做得到的，这是天生的。包括为人处事，跟人的关系。一个成功的艺术家，天赋、努力、才华是最重要的，但是，现在情商排在很前面，情商不高的话不容易成功。社会人际交往是很重要的东西，与人交往不好的话，尽管你很有才华，成功也很难。

方力钧还有一件事也让我印象很深。有一年，他在上海美术馆举办个展邀请我去参加。我的飞机晚点晚到了一个小时，等我到了上海美术馆，展览现场人太多了，从我到美术馆门口，就被一拨又一拨的人围住打招呼，都是一些很久没见面的熟人，在方力钧上海的展览现场见面了，那天下午，至少被六、七拨人围着说话，几乎不能挪步，一直到展览结束我也没挤进现场看他的作品。这个细节还是很难忘的。

后来，方力钧画过我的一张肖像，这个作品在 K 空间展览时我才看到。展览完了之后 K 空间给我送过来了，说是方力钧送给我的，刚送过来不久又拿去参加其他展览了。

我和方力钧见面从来不谈艺术，在一起就是喝酒。男人都不表达感情，不像女人有闺蜜，男人有哥们，但也不会好到无话不谈那种程度，也不会分享各种秘密。通常，我的负面情绪都自己消化。我觉得我不强大，但是好像不需要人去分担。比如说有什么事并不想找个人说，这是男女之别，因为也从来没有男人找我说。

你说画如其人。方力钧有点像，他的画老是哈哈大笑，他本人就是这样，因为他的个人符号就是他那张脸，这是他经典的个人符号。我的画比我的人要好一点。我是太正常的一个人，缺乏强烈的个性。一幅画的好坏的标准是相对的，它不像体育比赛，跑 9 秒肯定比跑 10 秒的要好。人都有各种各样的弱点，人的个人魅力有固然好，没有的话也不妨碍他的作品。

当然，外界的声音我也会听，但是我不会在乎，我也不会引导外界的声音，人家怎么看我都是他的权利，你既然把画挂起来了，人家怎么解读，喜不喜欢都是人家的权利，你没必要自己在那解释。其实每个艺术家都是这样，每个人都按照自己的想法画。

我成为艺术家的过程非常的枯燥，也非常的偶然。说出来你都不相信，当年偶然的机会可以让我学画我就学了，没有第二个可以选择，画画不是我主动选择的，我没有办法才学了画画。我们这辈子不能选择自己的命运，画画是被动选择的，完全是靠运气，正好遇到有这样一个学美术的机会我就学了，不然我会当音乐家去了，这本来是我最想做的事情。

当艺术家不是我的第一理想，我的第一理想是当音乐家。最小还想当科学家呢，小男孩都想当科学家，因为我从小就喜欢科学。自从我学画以后，我发现我必须做这个事了，后来发现运气好是我做的这个事情非常适合我。通常有人运气好，有人运气不好，我正好遇上这样一个好工作。

但是方力钧和我不同，他可以自己选择，可以去考央美。我们当时是川美招生，是我自己选择的报名，但是恢复招生不是我选择的，因为恢复招生那一年我已经到了临界点了，再不报的话我的年龄就过了，于是就赶紧报了名，从此走上这条画画的路，要不然就走不上这条艺术的路，这事就这么怪。

那个年代你可能不太想象得出来，有个口号叫作"一生交给党安排"，你没有听说过这样的说法吧。我们这一代人没有选择自己职业的可能性，只能是靠运气。其实我是一个建筑爱好者。我很少思考一些大的问题，都是思考具体的问题，比如像这个房子今天怎么装修，明天要做什么，做一些非常具体的事，也不想大的哲学方面的深度的事情。画画主要是享受过程，尤其我不是观念艺术家可能跟这个很有关系，我觉得每一幅画都是很享受的过程，而不是画画的本身呈现的样子，我觉得那是次要的，而且我也不可能找助手画，都是自己亲自画，这是很大的乐趣，这种过程不能交给别人，自己要享受它。

我觉得方力钧做得很不错，因为他的作品都还站得住，虽然可能没有原来的作品那么强的符号化了，但是他是站得住的。他能全面开花，油画、版画、水墨、陶瓷都在做，我听说他经常跑景德镇做作品。我认为当下对方力钧很重要的是怎么样继续往前走，或者还包括其他成名的艺术家都是这样，怎么样继续往前走，怎么样在保持自我的同时继续提供一些新的东西，这些东西有些人做得好，有些人做的不好。但是方力钧很全面，做得很好，我觉得他的人生已经不需要任何人的建议了。唯一的建议是希望他少喝点酒，喝太多了伤身体。他理性得很，虽然爱喝酒，但是他很理性知道他需要做什么，这是学不来的。方力钧的气质和素质都是天生的。

方力钧画何多苓

101×102cm

纸本水墨

2018 年

何多苓，2012

24.6×33.5cm

纸本水墨

2012 年

049

看上去很潇洒，实则很细腻

★ 人物采访：庞茂琨，艺术家，四川美术学院院长
★ 采访时间：2016 年 7 月 12 日上午 10 点
★ 采访地点：武汉合美术馆咖啡厅

> 你问我对方力钧的第一印象？90 年代初，我和他刚认识的时候还没怎么说话，他那时还挺瘦的，细细的手臂看着也不粗壮，那会儿他就光头，很喜欢笑，他的样子看着很小，那会儿他还是小方，和现在一样也很能说话。

—— 庞茂琨

　　2016 年 7 月 23 日，我在武汉合美术馆举办"手绘之谜——庞茂琨手稿研究展"，事先并不知道方力钧能来武汉参加我的展览，因为他那几天正自驾车在西藏，他很不容易抽出时间陪孩子出行一趟，得知他特地从藏区赶过来参加我的展览开幕，在现场看见他，我感到很惊讶。他说来是为了给我一个惊喜，他就是这样一个人，处处为朋友着想。

　　在武汉做展览，看到他能来我还挺激动的，我前几次的展览他也都来了，包括在上海美术馆举办的个展、中国美术馆举办的个展，他都来现场参加展览开幕，就连我在今日美术馆的展览开幕当天他来不了，还专门提前来了，他跟我解释说开幕当天临时有事来不了，但是在展览开幕的前一天，他来布展现场跟我提了一些很好的建议，当时已经很晚

2017 年 10 月 27 日，民生美术馆举办的"一个人的艺术史—方力钧"开幕式上，与庞茂琨

了。我接受了他的建议，改动很大，他提到的那个作品用了半天时间才布展出来的。

我们是同龄人，都是 63 年出生。我以前不认识方力钧，没有见过他，只是知道他画光头。第一次见到方力钧是 1991 年，他带了一大帮人到川美来，我们聚在一起聊天，那时候他可能对我没什么印象，但是我记得他。

你问我对方力钧的第一印象？ 90 年代初，我和他刚认识的时候还没怎么说话，他那时还挺瘦的，细细的手臂看着也不粗壮，那会儿他就光头，很喜欢笑，他的样子看着很小，那会儿他还是小方，和现在一样也很能说话。

我们之间真正有来往是 90 年代末，那是 1997 年和 1998 年，四川美术学院开始聘请他来做讲座和学生交流，那时候他就经常到油画系来，我记得是王广义把他带到我的工作室来转转，我们开始稍微有点交流了。

其实我们两个很少交流，真正交流是从这几年开始的，包括我和 K 空间合作以后，每次 K 空间的杨凯约我去北京参加各种活动，包括 99 艺术网的晚宴，经常跟方力钧碰在一起，而且他也经常来成都，我们也能碰得到。

我们真正接触多起来还是从这几年开始吧，他来我们学校做过讲座也做过展览。他从 2010 开始被四川美术学院特聘为教授，我们就把品学兼优的学生分给他带研究生，其中有一个女生，当时把她分给方力钧带研究生，她很羞涩，也挺害怕的，觉得方力钧太大腕有点不好接触，当时我们就做她思想工作，跟她说方力钧人很亲和很好相处，后来她就适应了，经常往北京方力钧工作室跑。

我和方力钧性格很不一样，他是北方人，为人处事潇洒、洒脱。我是南方人，不熟的人很少说话，除非很亲近很熟的人可以说很多话。我觉得方力钧的为人确实很棒，比如说很会照顾朋友，处处为朋友着想，关心朋友的生活，包括对我们四川美院上一任院长罗中立。

有一次，在成都见到方力钧，他说要去重庆看罗院长，罗院长刚退休，方力钧说要专门去看他，罗院长正巧要外出，不能见他，但方力钧还是一直很关心罗院长，这是一种很细腻的关心，平时你看方力钧表现得很潇洒、很粗狂，实则很细腻。

方力钧确实和罗中立一家的关系都很亲近，罗中立是很严肃的一个人，只有方力钧可以和罗中立很轻松地开玩笑。只要方力钧来重庆，罗中立请他吃饭。罗中立不喝酒，一看到方力钧，脸上的表情就笑得很放松。

关于绘画，我跟方力钧是有区别的，他是不讲究画的本身那些技术的，他可能把技术推得很开，来强调绘画的观念性。方力钧的专业学的是版画，他的手稿的确有很多版画的东西在里面，而且他的符号性很强，做版画的确实有这个意识，比如怎么把线描转换成别的形式，这种形式很敏感。我受了古典主义的熏陶，还是迷恋技术。我是很直接地面对自然的感受，可能我的绘画更传统。

上次我在中国美术馆举办完展览，又把很多人请到我的工作室，来的大多都是艺术评论家，只有方力钧一个艺术家，大家在一起谈论我的绘画，相当于一个艺术交流的座谈会。一般的艺术家会避免去这种场合，因为来的都是评论家。每个人都在谈论我的作品，方力钧是作为艺术家来谈论的，我觉得他那次说得非常中肯，他说艺术家的艺术就像做爱，是自己的事，只有自己才能体会。我认为他的观点是对的，强调每一个人的自我体验。他说我的画画得太完整、太完美了。怎么才能打破？他提出了这种破坏性的观点。

与方力钧认识这些年，他让我印象最深的是有一次，我们学校油画系举办年展，邀请岳敏君、方力钧、王广义、张晓刚来重庆参加这个活动，我们一群人到南滨路吃完了晚饭，我记得方力钧悄悄把单给买了。他以实际行动来减轻我们单位的压力。方力钧就是这样一个处处为别人着想的人。

050

他的内心很平民化

★ 人物采访：伊德尔，艺术家
★ 采访时间：2016 年 10 月 23 日下午 3 点
★ 采访地点：北京好苑建国饭店咖啡厅

方力钧其实是一个心很软的人。内心冷静的人未必就是一个不动情的人，这是两个概念。这跟他的修养、学识和文化是有关系的。我觉得他的感情挺细腻的，因为如果他不是一个细腻的人，不是一个悲悯情怀的人，就不会能照顾那么多人，有那么多的好朋友。他身边能聚集起那么多的朋友，首先这是他的性格魅力。还有一点，他可能觉得他处在这个位置，应该像老大一样，得照顾这些兄弟，得有所担当。这也是我第一次见到他的一种感觉。大家都叫他"老大"，这个"老大"不同于"江湖老大"，后者更多是按规矩办事，原则性不是很强。但方力钧这种"老大情怀"还真是挺有原则的，他的朋友都很有质量，应该跟他这种原则有关系。

—— 伊德尔

1983 年，我毕业于内蒙古师大油画系，毕业后在大学教油画，当了 6 年老师之后，1989 年又调到内蒙古大学艺术学院。现在工作室在北京，到宋庄应该是 1996 年年底，我住在老栗（栗宪庭）的西边。因为画画的关系，所以很早就知道方力钧。那时候我还在内蒙古，《中国美术报》推出了几期关于现代艺术、人体艺术的内容，我看到其中也有方力钧的介绍。"'85 美术新潮"以后，通过老栗做的"后'89"展览，从那时候起就开始关注方力钧了。我是先知道老栗这个人，因为看他写的文章里有介绍方力钧的内容，对他当时的那些作品印象很深刻。他画里的那种符号性，只要见过他作品的人，应该没有人会不记得他。

我第一次去圆明园是在 1992 年，其实我 1987 年来北京中央美院进修时就知道圆明园了，那时候圆明园已经形成气候，很多艺术家都要往那里去。我去看了觉得那种环境对我没有什么特别大的吸引力，因为那样的环境放到我们北方遍地都是。而且像我这一代画画的人对农村还是挺熟悉的，所以圆明园那个环境对当时的我没有什么太大影响。我去的原因主要还是因为要去见一些艺术家，看看他们的工作室，当时就觉得原来这些艺术家是这么画画。他们完全和我当时对绘画的观念不太一样，当然我也很喜欢他们那样的状态。

1994 年，我又来北京玩，那时候祁志龙住在圆明园，我就老去他那儿玩。我跟祁志龙是发小，我们同一个城市，从小一起画画。有一回，他说要去宋庄，我就跟着他，还有一个同行的人也是中央美院毕业的内蒙的同学。那次去宋庄让我印象挺深的，我们先去岳敏君那儿，中午吃饭时，刘炜过来了，吃完饭又去了刘炜那儿，那时候刘炜刚盖好房子。那天方力钧不在，应该是出门了。

我是 1996 年搬去宋庄，当时我觉得在内蒙古画画没啥意思，尤其是在内蒙古画那种比较乡土风情的东西，我实在是不愿意在那儿待了。所以从 1992 年开始，我就在内蒙古和北京之间来回跑。我最早认识的是老栗，一直到了 1996 年，我才决定来北京画画。刚来北京时在一所大学教课，住的是一个地下室，房租太贵，而且也没地方能画画。我有一个学生在通州区南边买了一个院子，后来我就搬到那儿去住了。有一天，廖文要看我的画，来我那儿看了之后说你这也太远了啊，搬到小堡去住吧，反正我那儿有一个旧房子也没人住，不过你得收拾一下。我去宋庄看了看，把破了的窗户纸粘一粘，把院子收拾一下，就住进去了。住进去了才知道有好多艺术家以前都在里面住过，我是最后一个在那儿住的，在那儿住下之后，1996年冬天我就搬到宋庄了。

真正见到方力钧应该是1997年。1997年一开春，在老家过完年我就回宋庄了，回来之后，老栗约我一起吃饭，那时候宋庄只有一个饭馆，方力钧也过来了，还有一些老艺术家，我们就这么认识了。那时候大家都很年轻，一个个都是热血青年，在一起挺高兴的。那会儿方力钧才三十几岁，第一次见他觉得他的画和他的人是相吻合的。与他见面之前，我印象中更多的是看老栗写他的文章，还有看他的画的印刷品，再加上我老婆跟他是校友嘛，平时也跟我讲他们的很多故事，所以好像并没觉得有特别大的距离。后来与他熟识起来是因为大家都住在一个地方嘛，所以见面的次数也越来越多。每次方力钧从外地回来，总是要招呼大伙儿一起吃饭，如果饭局上有老栗在，他一来，好多人就都来了，然后一大帮人就经常聚在一起吃饭喝酒。

2000年，我跟方力钧经常见面，那时候我跟老栗都住在一个院子。那一年，老栗修房子，方力钧就总是过来看看，有时候缺料就直接到他家去搬木头，基本上就是老栗所需要的东西，只要有他在场，二话不说就能即时解决。当时我就觉得方力钧真是够意思，他属于那种心特别善，而且对朋友特别关怀和大度的人。

我们真正交集最多的时候应该是从2007年以后，这一年，我搬了工作室，之后他也搬过来了，自然交集就多了。其实我们之间有点君子之交淡如水的那种感觉，就算是不常见，但一见面也不会觉得隔阂。这么多年，那种语境没有丢掉，无论谈什么问题，包括每个人的表情，多少年都一样，总是很亲切。那时候，他对蒙古族文化又特别感兴趣，我们都喜欢历史，慢慢地交往就越来越频繁了。

方力钧对蒙古族文化、历史很感兴趣，我还真没想到他读了那么多的书。战场上怎么打仗呀，几个帝国相互之间的关系呀，后来的历史发展呀，部落是如何迁徙的呀，他都特别了解。尽管我是蒙古族，我都没他读得多。

关于艺术方面的交流，我们不会特别刻意去探讨一个什么问题，应该是在平时的言谈举止中，或者是在喝茶聊天中，就自然聊出事儿了。我觉得可能还是彼此熟悉的缘故，就像你跟你特别好的闺蜜，你们不会刻意去谈论一个文学现象或者文化观念。自从我们工作室搬到一块儿，就开始频繁往来了，而且我们都挺喜欢历史，只要他一回来，我们总是要见个面聚一聚，都是小范围的喝喝酒，聊聊天。我们之间好像有一种天然的联系，不是说刻意地必须要怎么样，就是挺自然的交往。

前两年，我画了一批特别小的铅笔画。他看到之后就觉得哎呀特别好，非常喜欢，然后他就收藏。我画了大概五十几张吧，他就收藏了40张，这件事挺让我感动的，我真的是特别感激他。还有一个细节值得你记录下来，去年春节的前一天，方力钧在工作室策划的春晚主题是"换画"，这个主题很有意思，这个活动当时去了20多个人，后来朋友们也在微信上到处转发这事儿。

我觉得方力钧做这个事情可能有好几个方面的考虑。第一，朋友们都各忙各的，平日里很难有机会聚在一起，而且这种更加细微化的小聚会更是难得；第二，大家各有各的市场，每个人作品都有一个价格，就算自己的一张小画被人拿走了，都会追老远把那张画追回来，倒不是说像守财奴一样把自己的作品看得那么紧，而是因为那种方式其实对艺术家这个工作是不尊重的。第三，那天来聚会的20多个人，不是所有人的作品都是有市场的，这些作品的价格其实是不对等的，反正抽签抽到谁就是谁。方力钧为什么要这么做呢？实际上，他是想通过这种方式打破因为艺术市场带来的老朋友之间一种内心的距离感。当时在吃饭的时候，方力钧的一些只言片语实际上也是在传递这个意思，现在这个市场跟我们没有关系，大家都是艺术家，朋友这种关系是更重要的。

方力钧其实是一个心很软的人。内心冷静的人未必就是一个不动情的人，这是两个概念。这跟他的修养、学识和文化是有关系的。我觉得他的感情挺细腻的，因为如果他不是一个细腻的人，不是一个悲悯情怀的人，就不会有那么多的好朋友，能照顾那么多人。他身边能聚集起那么多的朋友，首先这是他的性格魅力。还有一点，他可能觉得他处在这个位置，应该像老大一样，得照顾这些兄弟，得有所担当。这也是我第一次见到他的一种感觉。大家都叫他"老大"，这个"老大"不同于"江湖老大"，后者更多是按规矩办事，原则性不是很强。但方力钧这种"老大情怀"还真是挺有原则的，他的朋友都很有质量，应该跟他这种原则有关系。

我选择朋友的标准是不斤斤计较的人，我比较喜欢那种大气一点，格局大一点的人。我觉得方力钧能让宋庄的这些艺术家最尊重他的一点就是当年宋庄交通很不方便，艺术家有车的就那么四五个人，只要方力钧在路上看到哪个艺术家要进城，百分百要停车，然后问你去哪儿，你说要去公交站，他就给你送到公交站，你说要去大北窑，他就给你送到大北窑，在这一点上，我觉得他做得特别好。包括杨少斌，刘炜他们都是这样，只要他们有车的在路上看到你，就捎你一段路，方力钧更是这样，因为他认识的人更多嘛。

有一年夏天，我老婆带着孩子来宋庄，好几次我们一家三口去公交车站，他停下车来问我们去哪，然后把我们捎到城里。我觉得只要朋友有困难，他能用自己的力量帮助他们或照着他们，这一点真的是特别仗义，但这个仗义也不是说毫无原则，方力钧就是这样的人。

以前只要他回村，就要叫上大家一起去吃饭，而且肯定是他买单。因为那时候大家过的都不怎么样，宋庄周围又没什么饭馆，我们都自己做饭，艺术家相互之间到谁家吃饭，拎点菜过去就已经很好，那时候好多人都 100 块钱的生活费要过一个月。所以，方力钧只要从外地回来，肯定就是连着请十几顿饭，解决了大家好几天的饭钱。这个其实真的挺重要，你现在觉得请顿饭是很稀松平常的一件事，但那时候吃饭是大事。

今年八月十五，方力钧在宋庄搞了一个中秋节的聚会，应该有五六十号人参加吧。他的家人、城里的艺术家、宋庄的艺术家，还有一些他认识的老一点的这些艺术家全都被请来了，大团圆，很热闹。我不知道你们南方人怎么看这个事情，我们这代北方人，特别是这种靠近西北的就很重视过节这种事情。我不知道你有没有体验过那种农村生活，一到过年过节，或者某一家办什么事儿，一定要搭一个特别大的棚子，再把全村人请来吃饭。可能这是从小由文化带来的一种情感表达方式。

方力钧爱喝酒，艺术家相对要比常人更性情嘛，经过酒精一催化就更性情、更兴奋、更愿意表达。那种酒精刺激下的情绪可能更容易达到艺术家想要的一种状态，所以艺术家愿意喝酒，这跟他喜欢表达有关系。如果大伙儿都喝的话，大家会在同一个语境里，你的某些表达就是对方相对可以接受的。他是太喜欢吃了，你从他在"开悟"群里晒的美食就能看出他的内心是一个特别朴素的人，他一定是要在一个特别接地气的生活环境里才是舒服的。他太有条件可以高大上了，他可以一天24小时在高大上的状态里，他完全可以这么做。但是你看他跟朋友交往，跟朋友吃饭，反正这么多年，我们吃饭好像也有很共通的一点，就是根本不动那根"弦"。那根"弦"就是说我们去一个什么高大上的地方，一定是去那种特别朴素，特别好吃的地方。因为大部分艺术家都馋嘛，而且都比较讲究那种身体的体验感，所以我想这可能也是他不太愿意去高大上的地方的一个原因，因为身体的那种舒服程度，一定要是接地气的、是带有自然的东西。你看他这么多年，他身边有那么多高大上的朋友，到宋庄也是在同样的环境下吃饭。可能对方跟他个人的那种体验能到达一个特别融洽的氛围里，特别平等。他接触所有的人都是以一个

　　"真人"的状态去接触。这么多年，就包括每次饭桌上有一些完全不认识的朋友，他都是这么一个状态，永远是这么一个状态。现在，有一些著名的艺术家，在公众场合永远都是西装革履，红酒摇半天，但我觉得方力钧还是一个内心很平民化的人。

　　有一次，大家在一起吃饭，吃完了之后，方力钧就建了一个群，叫"开悟"，然后就开始在群里讨论手稿，后来吴鸿就率先策划了一个"倒叙的美术史"手稿展。说到他的朋友圈，我觉得有一点还是特别难得，现在很多艺术家作的展览都是用微刊的形式来通知大家，只要微刊里有他的朋友，他就会把内容转发到朋友圈。他特别能体会朋友对待自己艺术的那种情感，他就觉得我们是朋友，应该帮他推一下，这一点真的特别让人感动。有一年，我在呼和浩特一个非常小的画廊举办一个图片作品展览，他不知道从哪儿看到，然后就发到朋友圈了，而且那天正好是他请一帮朋友在一起吃饭，他就直接举杯祝贺我办展。

　　我很喜欢他画的我，他每次都画朋友的那个角度跟别人看的就是挺不一样。还有一个是作为绘画语言的生动性，也是他特别高的地方，他能表现得极其生动。他画很多朋友，对朋友又特别了解，我觉得他可能画之前，就已经把对这个人最生动的、最有意思的那一瞬间存在脑子里了，所以他画的时候就是奔着那个形象去画的。你看他画的每一个朋友都特别经典，就那一瞬间的感觉太像了。这种像的感觉是只可意会不可言传。这种感觉你要把它写出来好像挺难的，就算写出来之后好像也没那么生动，不好玩了。还有他的雕塑，我特别喜欢那种脆弱性、那种挤压感，实际上就是因为受到挤压，所以同时还要释放，一挤压一释放，肯定人就变形了。

　　方力钧外表看着一直不变，但是他的作品还是变了。你别看他外表那样，整天嘻嘻哈哈，好像任何一个人都可以跟他坐在一起，谈天说地什么的，实际上他的内心是非常冷静的一个人。我个人觉得，他对事物的判断，对整个世界的这种穿透力，是非常敏感和有力的，用艺术家的眼光去看待世界，用艺术的方式去表达的时候是很冷静、很准确的。有些人的作品你觉得特别奔放、特别调侃，实际上那些东西仅仅就是一个调侃，调侃完了呢，人们就没有想象空间了。方力钧的作品是调侃完了之后，后面的这个想象空间是非常大的，就是你可以根据自己的生活经验和阅历去读他的作品。

这些年，方力钧给我第一感觉就是一个劳模。他太能干了，创作出那么大量的作品。以前老去他的工作室，他的作品都待不住，基本上刚做完，就运到外面去做展览了，一年光个展就十几个。

去年，我跟他去唐山参加他在华北理工大学举办的文献展，那个展主要展览的是关于他以前学画画的那些故事，以及还有很多学画画的经历，包括他小时候跟谁学画画呀，参加的一些展览呀，还有一些动态的影像呀，展出的是一些作品的复制品，这些东西实际上就是他从艺的一个历程。我觉得这个文献展跟其他的展览不同意义在于这个文献展在那个学校引起了很大的反响，这个展览对那些孩子们来说最大的意义就是让他们看到作为艺术家的方力钧的成长绝非偶然，方力钧的成功也不是偶然，它并不是说你年轻时候刻苦，就必然能成功；也不是说他有多好的一个机会，或者天时地利人和了，他就能获得成功。一定是经过他后天的努力和他的这种勤于思考的能力，包括他对艺术的这种文化观念的把握能力，这些都是一脉相承的。不是因为你年轻时候画得好，你后来就必然能够取得成功。

方力钧的影响力，作为当代艺术的符号性，这在中国当代艺术这个领域里是不可替代的。作为一个这么有影响力的人物来说，他的文献、他的史料、他整个的艺术经历，都是很有意义的，对一些非艺术人士来说，应该是更大的一种吸引力，更能引起一种共鸣，因为那都是生活化的片段，是真正的生活。尽管他是一个画画的，是一个成功的艺术家，但他在整个的艺术历程当中还是一个非常生活化的进程。

方力钧是一个有心人，当我看了这个文献展之后，我们都觉得哎呀，这个人不成功都不应该。因为他真不是一般人，很多东西他都非常完整地保留下来，起码是他对自己负责任，但凡他觉得随手画的东西是有用的或者是感觉好的，都不会轻易把它剔除掉，或者把它丢失掉。反正我看了那个文献展之后就觉得哎呀，挺受触动的。

这个文献展实际上构成了一个人的历史，因为一个人的生活就是他的历史，他的点点滴滴，构成他以后生活的全部容量，这个容量是由特别丰富的那些细节所构成，只有这样一个人才是丰满的、有意思的、才是可控的。当每一个艺术圈之内的人或者艺术圈之外的人阅读他的时候，才觉得这个人是值得我们去阅读，值得我们去了解的艺术家。

除了这个文献展，2010 年方力钧在今日美术馆的个展我也去了。个展和文献展两者肯定不一样。看他的个展，就是把方力钧作为一个艺术家在观看他的作品。作为多年的朋友，再从头阅读他，像读一本书似的，再看他以前的那些东西，那是一种对艺术的欣赏判断、评价审美。但是看他的文献展，那就是完全在读他这个人，我们更多的是带着特别强烈的那种生活的情感在看，就像你在抚摸着什么东西一样的那种感觉。

我觉得作为一个艺术家，他有一条主线非常清晰，这是特别了不起的地方。因为很多艺术家，他会随着自己思考问题的角度不同而转变，包括技术手段都会转变。把社会问题用艺术的一种语言去表达的时候，他从一开始到今天基本上都有一条主线，并且就他所要探讨和关注的问题一直坚持着一条主线，基本没有太大的变化。

中国的社会涉及很多传统的东西，这些使得一个人会变得很复杂，在今天的社会，尽管物质跟以前相比有很大增加，但实际上作为一个中国人，内心最本质的那个东西可能还没解决掉，就是这种惶恐呀、不安全呀、有时候飘忽不定呀。方力钧的作品就是在关注这种作为一个真实的、普通的人，在中国当下的语境中内心所反映出来的东西，其中也包括他自己的感受。实际上只要翻看他最早的一些作品，也还是在关心人是怎么回事，那是每一个中国人都会有的一种感觉。我觉得在整个当代艺术历史上，他肯定是非常重要的一个艺术家，特别是在 20 世纪的当代艺术，他代表着中国当代艺术的一个方向，就是他真的是把中国精神的这种面貌，呈现在了这个世界文化中。

方力钧画伊德尔
——
作品局部
纸本水墨
2018 年

051

通人性，懂人心

★ 人物采访：张达星，收藏家、投资人
★ 采访时间：2016 年 7 月 21 日晚上 9 点
★ 采访地点：成都洲际酒店茶楼

我从认识方力钧，就开始收藏他的作品。我的收藏标准是：我喜欢，很简单，喜欢这个人，喜欢这个画，因为只有喜欢是真实的。我认为他的作品和现实的关系是中国艺术家里特别明确紧密地结合在一起的。我为什么收藏方力钧的作品比较多，那是因为方力钧是一个有秘密的人，这是他让人着迷的地方。方力钧最吸引我的有两点：一是他的感情真诚，二是他的处事不惊。他是一个特别心细、热爱生活、特别仗义的人。艺术家的职业属性可以不需要仗义，艺术史里面仗义的艺术家很少，方力钧是例外。因为艺术家的极度自我是让其他人来迁就他、尊敬他、夸奖他，但方力钧不是，他不自恋。其实很多艺术家都有点装，装文雅、装清高、装被人爱恋。他不装，以不变应万变，以不装应万装。这是充满人性的哲学高度，方力钧通人性、懂人心。

—— 张达星

我是土生土长的重庆人，接触当代艺术比较早，从 20 世纪七十年代开始就接触外国文化、音乐、文学、艺术等，所有那个时代能够接触到的文化思潮，我基本都接触过了。七十年代，我正在偏远山区当知青，其实当知青之前就开始接触了。这和我们家庭有关系，那个时候我们家里就有很多书籍。20 世纪三十年代，新文化刚进来的时候，我家里世界名著就有很多，还有西方的文集。当时还有外文书店，里面有外文图书，从中可以翻阅到国外艺术家的作品。因为我对这些很感兴趣，因此从小就对艺术很敏感，对西方的文化特别喜欢。

2011 年，我做文轩美术馆，在做美术馆前就开始在考察中国当代艺术市场。我和方力钧是在这之前认识的，第一次与方力钧见面，应该是 2009 年在农泉有一个艺术粮仓开业，那是一个群展，方力钧来参加这个展览，只见他背一个斜挎包，一副嘻嘻哈哈的样子，后来发现这是他的标准形象，他的包一般是浅灰色的或者是驼色的，基本上是这两个色调。

第一次见面，他给我留下很深刻的印象，我曾经和他讲过，当时他的年龄并不是很大，但是方力钧的眼睛看上去像活了几百年，活了几辈子的感觉。他的眼睛周围的肌肉群，感觉像是一个老者，不是只活了一生，那是活了几世的眼神。这双眼睛在他的身上不太协调了，方力钧最不协调的是眼睛，特别的沧桑、智慧，感觉汇集了一代人所有的智慧。这双眼睛，他不断地有皱纹，但是他的眼神不是咄咄逼人的，他是内敛的、低调的，他的眼睛并不专注，你看他说没有一句正经的，但是他漫不经心的时候，他的另一个系统在迅速地感知你。所以很快，他就可以对你得到比一般人深刻的认识。这是一个很智慧的形式，而且他的记忆特别好，他的记忆通过它的存储、处理之后，他不会忘记，他的眼睛储备的人很多，可谓阅人无数，这个眼部的肌肉群就是这么来的。

其实，方力钧是一个比较沉重的人，他外表看上去嘻嘻哈哈的，走路也慢，动作也慢，说话也慢，感觉什么都无所谓，其实他特别认真、特别较劲、特别敏感，所以就沉重。你看他脸上的皱纹突然闪现出来，他笑的时候，是内心控制的笑，其实内心有一种沉重的力量在控制他，他嘴巴笑开了，但内心没有笑开。

　　你让我讲述方力钧，我要向你特别讲述他的妈妈。方力钧的妈妈是一个情商和智商都很高的老太太，他妈妈反应力速度之快、语言天赋比方力钧至少多十倍。她随便去哪里的一个茶楼，她就能说出这个茶楼在哪里。在马路上蹲下来就可以与人随便聊天，她能很自由地和周围的人说话，没有任何障碍地交流，这就是灵光的随时展现，她的语言通过她的灵光，还有超级爽朗的笑声传达出来，那个老太太特别乐观、有感染力、很坚强，和她在一起，你能感觉到她可能文化不是很高，但是天下世事她都明白。你说你读很多书，但是你并不懂世事、并不懂天下，但是你能感觉到她什么都懂，什么都明白，那个老太太在你面前，你撒谎和欺骗都是多余的，你还没开始她就知道了，这就是方力钧的妈妈。

　　方力钧也有点这个特点，他什么都明白，但可以装作不知道。记得有一次我们住在酒店，那时候他很痛苦，他告诉我在感情上、事业上被欺骗的遭遇。他这个人与人合作是要有感情作基础的，没有感情的基础会很枯燥、很无聊，就是一个很空的架子。你知道为什么方力钧能交到这么多的朋友？这就来自共同认知的感情基础，如果没有共性，那么走近的可能性比较小。因为后果是尴尬、痛苦的，人没有必要去为了一个短暂的快乐承受后面一连串的后果，有大智慧的人不会轻易被利益迷惑。

　　当时，刚发生上当被骗的时候，他很痛苦，基本上没有在生活上表露出来，可能只有几个最亲密的好友知道。我当时嘲笑了他，原来方力钧也有吃亏的时候，我说我对你的崇拜大打折扣，我认为你智商很高，但是现在我只认为你智商比我高一倍。你的形象在我心目中下降，话虽这么说，但是我们两个人感情还是很好的，我们在酒店谈得很晚，我们两个什么都说，没有架子。

　　是什么原因导致他上当受骗？是轻信别人，方力钧是一个可以被欺骗的人。方力钧为了朋友，为了社会付出太多。但是，命运也不是他想的那样。一个光鲜的人在你面前表露脆弱的时候，如果我是一个女人，我就会把他抱在怀里，我觉得我们这种关系相处得很轻松。男人是以墨守秘密作为交往的准则，通常，没有男人出卖男人，只有女人会出卖女人。

我从认识方力钧，就开始收藏他的作品。我的收藏标准是：我喜欢，很简单，喜欢这个人，喜欢这个画，因为只有喜欢是真实的。我认为他的作品和现实的关系是中国艺术家里特别明确紧密地结合在一起的。我为什么收藏方力钧的作品比较多，那是因为方力钧是一个有秘密的人，这是他让人着迷的地方。我收藏的是方力钧的油画，方力钧最重要的作品都在九十年代，我认为是贫穷、流浪成就了他的现在。我收藏的作品有 1990 年、也有 2000 年和 2010 年的。这三个年代比较有代表性的作品都有。他现在的陶瓷我认为也是非常好的作品，只是最近几年我收藏很少，因为我在整理和回顾我这些年的收藏。我认为收藏是通过作品来建立与艺术家的联系，比如我收藏方力钧的作品，每天都能看到他的作品。这个作品链接了我和他的空间关系，无论他在成都还是在北京，都能感觉到他就是你家庭的成员。

方力钧是跳跃性的艺术家，他过去的画里和过去的时代背景有关，他现在的画里也和现在的时代背景有关，过两年他还可能出什么新的系列就不知道了，也不知道他下一步会做什么，这就很有意思，所以我就愿意收藏他的作品。我喜欢关注有意思的对象。很多艺术家是对荣誉的渴望更需要，我认为方力钧对事实真相更需要。所以，我们看有的展览，就是在让我们看行为，而不是事实真相，如果让我们觉得作品假人就假了。但方力钧是真正的艺术家，他的作品让观看的人接近真相。

他画过一幅我的油画，你看他画了很多朋友们的肖像画，全是怪相。我的那幅画在今日美术馆参加过他的个展，后来他把每个人的画全部都给他的朋友们了，我的也拿走了，他都不要钱，也不需要什么回馈。方力钧眼中的朋友，他是用怪脑筋去画，不用常态去画的。他画的时候纠结，画出来的人就很纠结，深度纠结，他把这种纠结画出来了。我不满意他给我画的肖像，他画出了我太真实的一面，有时候比较空虚、比较苍白，我都怀疑自己是不是这样的人，他在我生病之前就把这一点画出来了。这说明他看到了我的内心，我在外边很光鲜，这么大的美术馆，全是收藏，全是拍卖，其实我的内心很纠结。

我们两个有一拼，他比我还厉害，他像马蜂一样，扎你一下，让你疼痛，这个痛哪里来的，他扎了你之后就看你的反应，然后再不断地扎你，来构成你们之间的对话。这是一种精神较量，别的人都不还手，他需要对决是一种互相刺激，需要局部的突然的刺激，他才好像感觉得到痛，感觉到存在，这是他的怪享受，不常规的享受，很奇葩。中国当代艺术界的奇葩。

我很欣赏他，他是一个玩家，他太爱玩，艺术是不能满足他的，很多艺术家用艺术就可以满足，但是方力钧不满足于只是艺术家，他喜欢艺术之外的事情，他是一个很厉害的玩家。你看他到处自驾旅游出席开幕式，到处都有他的工作室，到处结交朋友，他结交人的层次特别丰富，有钱人、穷人、年轻人、老人，各种职业、各种怪性格的人，所以，这个特点注定了他在生活上喜欢好玩、充满好奇，他不是关在工作室里的艺术家，工作室关不下他，他必须要到广阔的生活里面去。我们看到现在很多艺术家，他们是属于工作室的，天天待在工作室画画，我们想到他就会想到他的工作室，很难把他单拿出来。

我去过方力钧的工作室，北京、香港、景德镇的工作都去过。他的工作室比较简陋，也比较粗放，他的生活方式就是典型北方人的生活方式，是比较散漫的、自由的，南方艺术家的工作室很精致、很讲究、很用心。我觉得他跟别的艺术家相比，他特别喜欢生活，他是生活的玩家、艺术玩家。

方力钧对男人有依赖性，我也是一直对男人、对女人都有恋情，身体上是单性的，精神上是双性的。我也会对同性产生依赖，对同性的表情会迷恋，会产生很丰富的感情，对异性也有迷恋，但男性的感受和女性的感受还是有差异的。有时候，我们欣赏一个女性，其实是欣赏她女人的这一面；有时候，我们欣赏一个男性，其实是欣赏他更男性化的那一面；就是说不断的感受、不断的交叉。有一次我出差到北京，住在酒店，一个人，一张大床，他就来陪我聊天，那个时候我还抽烟，他从不抽烟，我说你走吧，你回家像出差一样的，很少回去，别陪我了，我抽烟也抽的很多。他说就不回去了，喝多了。我说怎么睡，他说就睡在一张床上。

我觉得方力钧需要的女人在深度可能还不太够，要从男人身上找。方力钧不是一个恋母情结的人，他是要照顾女孩子的人。对于女人，方力钧比我有女人缘。他智商很高，情商也很高。

我算是比较了解方力钧的人，因为我在四川美术学院工作时间很长，对艺术圈、对他的作品也很了解。我每一个大事件的计划都会告诉他。什么叫朋友？朋友就是在困难、在关键的时候可以挺身而出，这个很难做到，帮助是要付出的。我在文轩美术馆停止工作很大程度上是因为身体原因，在我住院内心无助的时候，来的最多的就是方力钧，他那么忙，还来医院看我，这是我一生都不能忘记的。所以，那年冬天，他父亲去世，我们离得那么远，我知道这个悲伤的消息之后直接坐飞机赶去送葬现场。记得天气好冷，那个守灵的夜晚，我去现场陪伴了他。

方力钧是谜一样的男人，他和别的艺术家不同，别的艺术家比较简单，他特别不简单，比如说他最大的缺点是他关心的不仅仅是艺术，他就像诗人陆游一样，有一天，陆游的学生问他：你是大诗人，请你教我怎么写诗？陆游说功夫在诗外。方力钧最典型地把外面的东西搬到画里面去的艺术家，他对生活异常敏感，节奏也很快，行不固定，居无定所。

方力钧最吸引我的有两点：一是他的感情真诚，二是他的处事不惊。

他是一个特别心细、热爱生活、特别仗义的人。艺术家的职业属性可以不需要仗义，艺术史里面仗义的艺术家很少，方力钧是例外。因为艺术家的极度自我是让其他人来迁就他、尊敬他、夸奖他，但方力钧不是，他不自恋。其实很多艺术家都有点装，装文雅、装清高、装被人爱恋。他不装，以不变应万变，以不装应万装。这是充满人性的哲学高度，方力钧通人性、懂人心。

记得文轩美术馆的开馆展，方力钧的作品在这个馆里面所占的体量是最大的。我的展览都做得很大，那个展基本上中国重要的当代艺术家都参加了。为了做开馆展，一个展览用了300多万．美术馆的展厅也大，五千多平方米，当年在全国能达到五千多平方米的展馆很少，北京也就今日美术馆，全国也没什么很大的美术馆。我在文轩美术馆做了四年多，生病了大概两年多。

现在，我和艺术圈是保持距离的，尤其是经历文轩美术馆之后，我感觉到对艺术和艺术圈，我要退几步来保持距离来看，一只眼睛看事件，一只眼睛看艺术，我对艺术是单镜头的，一种局部的观看方式。我知道距离是最重要的，距离是认知，有一定距离才看得清楚。艺术圈的很多活动我现在都不会去参加，我就保持这种业余的姿态。我的专业是投资，很多项目都在投资，我的某些爱好是跟艺术有关，实际上我干的活还是投资。

我和方力钧每年都会见面，每次和他通电话，都能够感觉到他在心里面惦记着我，我能从他的语言当中能感受到他的关心。我们之间很默契，他比较在乎认识的朋友的质量。他跟男的很好，对朋友很好，比如到一个城市去，他说你要出来啊，我们要一起去喝酒啊，没有你不舒服啊，反正他到一个地方，他就要迷恋几个人，不然他就不舒服。我们最相似的就是我们对男人的热情，对哥们的珍重，这是不可或缺的。有一群朋友，有困难的时候可以帮你，谁有困难都可以相互帮助。

　　方力钧算是艺术家里面与我心灵上走得最近的，应该这样讲，这是我们两个对智慧的高度的追求，所有的艺术家都喜欢智商的高度，方力钧在智慧上有高度，他就是智慧型的艺术家。

方力钧画张达星
———
作品局部
纸本水墨
2018 年

方力钧画张达星
———
40×30cm
布面油画
2010 年

129

052

他像家里人一样

★ 人物采访：孙今中，沈阳东宇美术馆创始人
★ 采访时间：2017年11月16日晚上9点
★ 采访地点：今日美术馆咖啡厅

我第一次看到方力钧是在1998年底东宇美术馆筹备期间去北京，他特别尊重我叫我孙姐，方力钧给人第一印象感觉特别随意，看上去特别随和，一点也没有陌生感，就像认识很久的邻居和朋友。那时方力钧已经功成名就，有思想、敏锐聪慧、勤奋自律，他的作品无论素描、版画、油画都非常令人喜欢，可是没有一本集大成的画册，因为那时出版社由于多重原因都不会给艺术家出版画册，后来我们和湖南美术出版社合作出版了方力钧作品集，里面有栗宪庭老师未删减的文章，收录的作品很全面，国际开本，装置设计很棒……这本方力钧的作品集还是很不错的。他的画册得以出版，湖南美术出版社的李路明老师功不可没，不愧为当代艺术的推手。

—— 孙今中

你让我讲述方力钧的故事，那要从东宇美术馆开始说起。我是东宇美术馆的创始人，东宇美术馆位于沈阳市和平区南大街东宇书店一楼，创办东宇美术馆的起源是因为1998年东宇集团让我创办东宇书店，本着人文、艺术、创意、生活的初衷，我想做一个一流的书店，当时我在

2000 年与孙今中、王易罡在沈阳

图书市场上做了大量的调研，直到我去了台湾参观了诚品书店。

　　诚品书店是台湾本土自创品牌，它跟一般印象中的传统书店迥然不同。一踏进诚品书店大门，让爱书人的眼睛为之一亮，不仅可以闻到书香，还可以嗅到书店内附设雅座所飘逸的浓浓咖啡香。诚品书店明亮、开阔的空间，一反传统书店的沉闷，充满人文艺术气质的氛围，让每个人一进入诚品书店，就不自觉地轻声细语、放慢脚步。我看到诚品书店运营范畴扩展至画廊、出版、展览活动、艺文空间等，当时诚品书店这种复合式的经营理念给我启发非常大，让我很惊讶台湾竟然会出现这么高水平的书店。于是，我回到沈阳后决定做一家像诚品一样有特色的书店，并且在书店开辟一条长廊，专门销售艺术品。

　　1999 年 3 月 20 日，东宇书店正式开业了。"创新书店概念，营造读者天堂。"是我做书店的宗旨，我们为沈阳人提供了一个前所未有的书店，每一位读者都会被它的优雅、舒适、文化氛围所吸引，被它的多

1999 年 3 月，方力钧与孙今中在昆明上河会馆

功能服务所感染，以至于流连忘返。

　　为了在书店里建一个艺术长廊，我通过朋友认识了鲁迅美术学院的王易罡老师，王易罡建议我做一个美术馆，他可以引荐全国各地的艺术家来沈阳做展览。

　　九十年代中后期，中国当代艺术品市场的形成初现端倪，这一时期出现了几家有代表性的民营当代艺术机构。其中一家是 1998 年成都上河美术馆，还有一家是天津的泰达美术馆，沈阳东宇美术馆是中国三大民营美术馆之一，应该是国内最早出现的致力于当代艺术的收藏与展览的民营美术馆，当时恰恰是中国当代艺术"墙内开花墙外香"的时候，中国当代艺术在国际艺术界走红，但国内官办美术馆尚未对当代艺术敞开大门，所以重要的当代艺术作品才得以进入民营美术馆。

　　东宇美术馆是 1999 年 4 月 24 日正式开馆。由艺术家王易罡担任馆长，我们的关注点都在中国当代艺术。先后举办了许多国内外的各类展览，比如："东宇美术馆首届当代艺术作品收藏展""中·韩雕塑交流展"、法国功勋艺术家"克洛德·维尔拉个人画展""东北当代艺术展"等，并参加了2000年大连国际艺术博览会及上海艺术博览会等。当年，东宇美术馆就是一扇窗户，影响了一代人， 东宇美术馆的开馆展《99开启新通道——首届当代艺术作品收藏展》成功地影响了学院艺术教育。

东宇美术馆的开馆展参加的艺术家有：方力钧、张晓刚、岳敏君、王广义、曾梵志、魏光庆、杨少斌、刘炜、周春芽、叶永青、杨茂源、王劲松等等，现在他们都已经成为响当当的大腕，当年美术馆收藏的作品现在也早已增至天价。

我第一次看到方力钧是在1998年底东宇美术馆筹备期间去北京，他特别尊重我叫我孙姐，方力钧给人第一印象感觉特别随意，看上去特别随和，一点也没有陌生感，就像认识很久的邻居和朋友。那时方力钧已经功成名就，有思想、敏锐聪慧、勤奋自律，他的作品无论素描、版画、油画都非常令人喜欢，可是没有一本集大成的画册，因为那时出版社由于多重原因都不会给艺术家出版画册，后来我们和湖南美术出版社合作出版了方力钧作品集，里面有栗宪庭老师未删减的文章，收录的作品很全面，国际开本，装置设计很棒……这本方力钧的作品集还是很不错的。他的画册得以出版，湖南美术出版社的李路明老师功不可没，不愧为当代艺术的推手。

二十世纪初，国内几家民营美术馆还都比较活跃，我在成都上河美术馆昆明分馆的开幕展、天津泰达美术馆的艳俗作品展、沈阳东宇美术馆的开馆展上都能和艺术家相聚，方力钧总是在不经意间为我引荐推介艺术圈的老师和朋友们，让我这个刚刚接触当代艺术的门外汉免去很多尴尬，他就是这样一个时时都懂得为朋友着想的人。

记忆里最难忘的一个生日就是与方力钧、杨茂源和皮力他们一起度过的。那一年，他们一起来沈阳，那天正赶上我和王易罡生日，当我收到他们送的花把我给震惊了，他们把花店里的花全部买下来了，造型、创意，至少有上千朵。我当时想：这就是当代艺术家，他们跟普通人表达感情不一样。那天大家在一起非常开心，度过了一个现在回想起来都很难忘的生日。

我在东宇美术馆工作的那个时期与方力钧接触多一些，每次出差到北京，只要电话一联系他，他肯定说"孙姐，到北京了？你在哪？我看你去，或者你到家里来吧。"他总是让人倍感亲切。

记得有一次说好接我去宋庄他的画室，结果《中国图书商报》的陈年在给他做专访，他脱不开身，就叫人进城把接我到他画室，晚上又送我和陈年回城里，请我们吃饭聊天，他这么忙，这么大的艺术家不推脱说不，这些点点滴滴，情真意切，让我倍加感动。后来我因身体健康欠佳，离开了东宇，东宇美术馆经营了几年之后，所有藏品2005年被和静园李冰买断，现在成了李冰在北京创办的和静园美术馆的一部分。

2010年参加今日美术馆举办的"王易罡抽象艺术展"活动，我又遇见了方力钧，从那以后，他只要举办大型的展览，就邀请我来参加，在泉空间的展览，沈阳鲁美的文献展，湖北美术馆的"再识方力钧"，我看作品、听讲座，了解他这些年创作的心路历程。我们就又能见面聊聊天，每次与他见面，就像家里人一样。

2017年11月16日，方力钧的老师郑今东在北京今日美术馆举办"大匠良师"的展览，他发微信问我忙不忙，我说不忙，他邀请我来参加他老师的展览。我被他对郑今东老师的感恩之情感动了，所以马上赶来北京参加郑今东老师的展览。方力钧不仅作品好，他为人处事也很好，他是一个念旧情的人，郑今东是他学画时的启蒙老师，虽然他现在成名了，但是师恩难忘，他一直记得他的老师，我觉得这就是他重感情的地方。

亦诙亦谐，亦师亦友

★ 人物采访：陈玉东，艺术家
★ 采访时间：2017 年 5 月 22 日下午 5 点
★ 采访地点：河北邯郸王边溪谷画家村

> 方力钧是我这辈子见过最聪明、最深刻的人。我对他有一种信任和精神依赖，在我心目中，世界上所有的画家都没有方力钧画得好，他在我的精神世界里是单列的，没有任何可比性。
>
> —— 陈玉东

方力钧是我的老师，他比我大 8 岁，我们是亦诙亦谐，亦师亦友的关系。1989 年，我 18 岁，他也就 26 岁。那一年春节，方力钧从北京回来，他和王文生在邯郸办了一个美术班，我就在他们办的这个美术班学习绘画。方力钧教了我两三个月，在那个期间，我们有非常密集的接触，比如说当我们画完画以后，方力钧把所有的画都放在墙角，并排成一排进行点评，首先让我们自己评说，每个人先站出来说这张画画得怎么样，说自己的缺点和优点，也说别人画的缺点和优点，我们班同学差不多有 8、9 个人，每个人说完以后，他最后站出来再点评一下，这是他的教学方式。那几个月，我和方老师走得比较近，关系比较密切。也许因为我们俩性格相投吧，我觉得他挺开朗，做什么事有板有眼的。

学完之后，他把他自己收藏的一叠八十年代初的国外名画家的画册，最后都送给我了。

　　事实上，在此之前，我在" '89 现代艺术大展"上就见过方力钧，时间应该是 1989 年 1 月份。栗宪庭策划的展览，在中国美术馆举办，当时方力钧还是大四的学生，他有两张素描参加了展览。我和邯郸的周蝶慧老师一起去中国美术馆看的展览，现在她在美国。是周蝶慧把方力钧引荐给我，因为我们都是邯郸人。那个展览给我的感觉很震撼，各种流派的都有，包括行为艺术。当时我刚刚学绘画，就觉得他们怎么可以这样画，这个展览给我非常大的触动，特别是我看到方力钧有两张素描作品，画的是一群人物，都是光头，当时觉得有点怪异，当我见到他本人以后，就觉得是画如其人。

　　在他办的美术班学生里面，我和方力钧贫嘴的时候比较多，其实我当时画得并不好，但是每次课后没事就爱开玩笑，我喜欢和方力钧开玩笑，有时候开得比较过分。我们虽然是师生关系，但我们之间没什么代沟，在一起比较好玩，当时我和其他同学不太一样，我已经在工厂上班了，为了脱离这种环境，我的目标很明确，我要考学。

我和方力钧开的最大一次玩笑是有一年的春节，我们邯郸举办灯展，他也出去看，当时邯郸两边大约有 2 公里全部是彩灯，人山人海的找不到他，我们在群艺馆画画，群艺馆设立了灯展指挥部，就是怕人走丢失，怕发生意外，所以隔 100 米就设了一个喇叭，专门用来喊人。然后我就去了，我对灯展指挥部的人说："我们家小孩走丢了，他 5 岁，叫方力钧。" 灯展指挥部的人说："好，我马上给你们广播一下，把方力钧找回来"，然后我就回去了，回到画室继续装模作样地画。果然不一会儿，方力钧就用脚推开门说："谁干的？"大家都在看我，我就站出来了……

这样的恶作剧很多，有一阵子，方力钧非常迷恋打气枪。那时他已经大学毕业了，他在龙纹头画画，我们没事就去找他，他拿着气枪出去打麻雀，我们模仿能力很强，没事也找个气枪和他打。那次我们和方力钧一起去左溪春游，记得那天我带着两个同学出去打鸟，技术有问题，没有打到，又不甘心，我在河边说，我们做一只小鸟假装挂在气枪上，等过河的时候故意让小鸟掉到水里，以此证明我们也打到了小鸟，这是多有面子的事。我们就用泥巴做了一只假鸟，用绳子、塑料袋挂在气枪的口上，然后故意拽掉它，假装打的鸟掉到河里冲走了，反正方力钧在河对岸也看不清楚。方力钧带着几个人一声不吭在河对岸等着我们，等我们过去以后，大家一拥而上，直接把我们给捧了一顿，让我们蹲在地上。其实他们早就看出来了我们玩的小把戏，故意不拆穿，把我们骗过来，没想到他们比我们还坏。

回想那时和方力钧在一起太好玩了，这样逗贫的事不止发生一次，记忆里还有一次，我们和他玩骑马打仗。方力钧和王志平两个人当马，我和另外一个叫南方的同学骑马，方力钧当时就是光头，他驮着我，王志平是长头发，驮着南方。我那时候也就 18 岁，太顽皮，一摸方力钧的光头有一种感觉，就是想打。方力钧说，这家伙马还没跑呢。玩骑马打仗的时候，南方比我小好几岁，因为我比较瘦小，我一直给南方使眼色，意思是说咱们故意使坏累倒这两匹马。

方力钧在和我们玩的时候特别可爱。你现在看他胆大，当年我们玩鬼故事的游戏也把他吓得差点坐地下了。那时候在群艺馆，他还小呢。我们在一块画画的一位女同学，晚上关了灯讲鬼故事，讲到最后最紧张的时候，她说这个鬼走到另外一个鬼跟前找到了抓他的那个女鬼，这时候他突然指着方力钧，他也没有任何防备，那个女同学突然在他背后大声说"就是你"，把方力钧吓了一跳，直接滑到地下了。那次真把他给吓坏了，黑着灯，趁他没防备，她说"就是你"。

美术班学习结束之后，我经常给方力钧打电话，找他聊天，他说话的柔韧度永远都有。我对他有一种信任和精神依赖，在我心目中，世界上所有的画家都没有方力钧画得好，他在我的精神世界里是单列的，没有任何可比性。后来，我在圆明园画家村给他做了三年助手。

1993 年，我去北京以后，我和刘洪华住一个院子，是方力钧帮我找的住处，很小的房间。有这样一件事让我印象深刻，那年冬天，北京的雪非常大，前一天晚上方力钧帮我把炉子点燃，我那时候大专刚毕业，生活有点不能自理，还不太会做饭。方力钧亲自动手帮我盘好炉子以后告诉我怎么去生火，我说学会了。结果第二天下大雪他来敲门，我不想动，我懒啊赖在床上，心想这么冷的天你还来。他敲了半天我都不吭声，最后他说"你要再不吭声我就踹门了"，我说"我在"，他就训我，"怎么回事，你不开门"，等我开门了，我惊讶地说"你怎么来了"。他说"我怕你煤气中毒死了，没事的话我就放心了，我走了。"就是这么简单。那天下着大雪，从他住的友谊宾馆骑车到圆明园大约有 4、5 公里的路，他担心我，这就是他的为人，这种情分就没得比，在我心目中，方力钧是永远的老师。

2017 年，与陈玉东在邯郸响堂山

　　我在圆明园待了两年，从 1993 年到 1994 年 2 月份，等他离开圆明园搬到宋庄小堡村的时候我就离开了。在给他做助手的时候，我只是帮他绷布、做底，干一些杂活，包括一些碎活，其实他那里也没什么活让我干。他告诉我画油画的过程，重要的是能接触更多的人和事，这种体会是靠自己的。他并没有告诉我这笔怎么画，那笔怎么画，他只是告诉你这个活怎么干，他很巧妙地告诉我，只要很有心的观察，都能得到。方力钧是我的老师，但他从来没有刻意教我，他跟学生说话从来不会用指令性的语气，他都是言传身教，比如说跟方力钧学做人。举一件简单的事，2004 年，我去云南大理旅行结婚，当时正是元旦，到了大理我就给他打电话，告诉他我结婚了。他问你在哪？我说在大理古城邮电局。他说你往东看 100 米，我看他一个光头在那站着。当时我不知道他在大理，那天晚上在他大理工作室还有皮力两口子，我们两口子，以及一个台湾人，那天晚上喝了 10 来瓶红酒，我直接就喝趴下了，一堆人全都在找新郎官。我喝醉了以后，第二天早上，方力钧来宾馆接我，我当时不知道去他那，他笑着说"傻小子，走吧，回家吧"，我说"回家，去哪"，他说"走，跟我走"。我跟着他去了他的工作室，他当时开了一个客栈。他开着车去宾馆把我接到他家玩了有半个月，我和他父亲在一块玩，他父亲带我们去大理古城来回转，帮我买衣服。方力钧每天都嘲笑我，说"咱还喝点红酒嘛"，我自从喝红酒喝醉以后就不能再听红酒这两个字，我一听到红酒胃里就相当不舒服。等我从大理走的时候，方老师问我行李多吗？我说还行，他说你要是不觉得重的话多拿两本画册，是湖南美术出版社出的特别厚的画册。

　　我离开方力钧以后，还有一个情境也挺可乐的。那是1997年，他的工作室在宋庄，有一次我带了很多人去北京，我想人太多不应该麻烦他了，我就给他打电话，我说我已经在小堡村村口。他说你等我，我马上接你。我想他怎么着也得开车来接我，哪知大夏天他骑一辆破自行车，而且自行车前面还用一个鞋垫当刹车，他来了以后我就傻眼了。他是故意这么玩，然后把我带到他的工作室。我当时还开玩说这是"方力钧牌"的奔驰，反正我和他说话没大没小的，我一直喜欢跟他开玩笑。

　　从1989年到现在，我们俩认识也有二十几年了，这种师生情分在别人看来不像老师和学生，有时候高兴就喊方老师，不高兴了就喊老方。我曾说方老师太鸡贼了，现在喊他老方，等他到80岁还是老方，从来不用换。最早方力钧第一次和刘炜办展览，我给他写过一篇文章，那篇文章的题目就是 "永远的老方"。

　　记忆里最难忘的是方力钧30岁生日，1993年12月4日，我也在现场，是在他圆明园的工作室，来了一堆他的朋友，王音、岳敏君、杨少斌、杨茂源……我还叫了我的两个同学过来参加他的生日。杨茂源特别逗，方力钧生日那天，杨茂源让我买葱、姜、蒜，他故意把葱、姜、蒜三个字全写错了，让我去买松花蛋，切松花蛋又找不到刀。杨茂源直接从头上拔下来一根头发就这样切松花蛋。那天方力钧工作室聚集一堆人，

2016 年，与陈玉东在工作室

他们喝酒喝得挺凶，又是啤酒，又是白酒，我就发坏搞恶作剧了，我把二锅头里面兑上白水，盖上盖子往那一放，我心想让他们拼酒去，结果王音喝完瞪瞪我，说二锅头怎么没味。永远记得方力钧 30 岁的生日，一波人在他工作室，又唱歌又玩闹，他生日那天挺开心的，喝醉了。那会儿他跟米莎已经结婚了，米莎人也不错。他结婚之后变得爱干净了，这是他婚后最大的变化。

面对你的采访，我还提供一个细节，方力钧小时候在邯郸国绵一厂家属院住过，大概是两三岁，然后他们家又搬走了，他妈原来是国绵一厂职工，他在国绵一厂待过，我那会就在国棉一厂，但那时候我们没有交集，我父亲和他父亲认识，他们之间有交集。后来，我给他做助手，我们在圆明园养狗，那狗是我和他父亲从邯郸坐火车抱过去的。那时候我们喜欢养狗，最多养了四五条狗。他说要像野狗一样生存。我觉得他性格里有这种因素，他是无拘无束的人，永远不会被某一个点给拴住，除非他感兴趣，他有很多种办法挣脱束缚。他父亲做事很温和，他母亲很开朗。他长相像妈妈，但他内心很细腻。比如他画画，他的素描画得非常细，但也能放得开。可以这么说，方力钧是我这辈子见过最聪明、最深刻的人，他是非常迅速地看各种流派、各种方式的绘画，看完了以后就直接吸收了，他始终把自己的艺术建立在自己游刃有余的境界，我现在是这么看他的。

我最难忘的记忆也是最难过的一件事，就是方力钧的父亲去世，我没有参加葬礼，这是我比较遗憾的。当时正好我结婚10周年，带着孩子去云南。我觉得我和方力钧发生的事，有两件难忘的事都发生在云南。一是我结婚度蜜月在云南，然后他父亲去世，我也在云南。当时我接到短信，正赶上马上要过年，买不到机票，我委托我在天津的朋友，也是方力钧的学生刘震彪，我说你赶到通州区参加葬礼，当时他接到我通知的时间赶到宋庄已经是晚上了，他四处买鲜花但是买不到。最后葬礼那天，他给我拍的照片传过来，买的是百合花，放到最前面了，紧挨着他哥俩买的花，对我来讲这是一种安慰，因为他父亲对我很好，这么大的事应该过去，这是我非常遗憾的一件事。这个事不需要解释，我解释反而是多余，我只能给他发了一条短信安慰一下他，我没说别的，我只说"节哀吧，生活还要继续。"

这些年，方力钧有变化，他原来很外向，有一些锋芒必露的地方现在看不到了，这个细微的变化我能感觉到。他现在变得更温和了，他把很多东西舍弃了，而且有时候也承担了一些非议。面对误解他也没有解释。现在他更忙了，作为我们学生来讲不愿意打扰他，我也理解现在的他。这些年，我觉得我在一点点地成熟，从一个不懂事的孩子在一点点地改变。我最大的心愿就是在邯郸美术馆给方力钧举办一个展览，到现在也没有完成，他是从邯郸走出去的，邯郸的美术馆、邯郸的博物馆至今没有一次方老师的展览。我前年就在提，我说在邯郸一定要有一个方力钧的展览。这件事做出来以后我就没有遗憾了。作为我来讲，这也是回报他的方式。

天生就是画画这块料

★ 人物采访：王永生，老师
★ 采访时间：2016 年 5 月 31 日下午 2 点
★ 采访地点：北京通州王永生的家

我是方力钧刚入门学画的启蒙老师。他从初中一年级就开始跟我学画，我总是叫他小钧。我们虽说是师生关系，但好得像兄弟似的，我比他大 8、9 岁吧。1985 年方力钧考上中央美院，我教的学生有两个都考上中央美术学院。记得那一年邯郸地区考上中央美术学院也只有这两个，方力钧是其中之一，我们学校因为他们俩变得很出名。我认为方力钧取得的艺术成就是他自己的能力。师傅领进门，修行在个人。我只是把他领进门，后面就什么都管不了了。身为老师，教一个学生能像他这样有出息，可能也不多。我觉得这就够过人了，他的理解能力、接受能力都很强，画画光刻苦是不行的，我刚才说的他是天才，天生就是画画这块料。

—— 王永生

我是方力钧刚入门学画的启蒙老师。他从初中一年级就开始跟我学画，我总是叫他小钧。我跟方力钧的父亲是同一个单位，都是铁路系统，他的父亲原来是火车司机，我的父亲也是机务段的。后来次山成立了一个机务段，他的父亲调到次山，那时候就不开火车了，好像跑材料，在那待了很多年才退休。

邯郸铁路中学前，与王永生老师合影，摄于 2009 年

　　我们都在一个铁路大院，铁路中学就在这个院里。 1977 年，方力钧上中学，我在铁路中学教美术课，美术课一个星期一节课。除了在学校教美术课，我还在学校办了一个业余美术兴趣小组，这是属于业余课外学习小组。谁有兴趣学画，画的比较好一点的孩子，然后就挑到业余美术兴趣小组。那个年代我都是义务教学生，我教过 40 年就没有收过一分钱。

　　从 1977 到 1979 年，我是铁路中学的美术兴趣小组的老师。当时，我只招了两个学生，一个是柴海燕，一个是郑亚林。方力钧是通过他的一个邻居，也是我们学校的老师把他推荐给我。柴海燕来的早一点，让他临摹一些画或者画一点写生，那时候柴海燕画得特别好，郑亚林画的也不错。方力钧来的稍微晚一点，画的还不行。

　　在我那个业余美术兴趣小组，方力钧是从刚入门开始画，那时候方力钧的速写、素描什么都不会，柴海燕画的基础比较好，他临摹的比例都挺好，那个年代能临摹的东西不多，我在北京买了一个工农兵头像让他们临摹，柴海燕和郑亚林临摹的特别好。后来，郑亚林因为打架，初二的时候因为爱打架最后管不了，初中没上完他的父亲就把他整走了。那时候方力钧学画很刻苦，我没有发现他打架闹事，只记得他每天晚上都去火车站、汽车站画速写。

我感觉方力钧悟性比别人快，他理解东西都比别人理解的快，是一个接受能力特别强的孩子。那时候方力钧经常去我们家，这个孩子从小就特别刻苦，我觉得这就是天性，绘画是属于一种天性的东西，他对这些东西理解得非常快，他学谁的东西就像谁的东西，我明显感觉到他非常聪明，学东西比别人快。因为每个人画画风格是不一样的，尤其在我们那个年代，70年代我们画的素描都是苏联俄罗斯派的那种风格的，讲究块面的东西，后来到1985年才开始学西欧的东西，米开朗琪罗线条的东西，但是他特别钻研这个东西，学什么像什么。

在美术兴趣小组学了一年之后，方力钧基本上跟柴海燕画得差不多了，他进步得特别快。他总是会想一些办法，比如说那时候条件不好，我可能是邯郸市最早买石膏像的，就是画石膏静物，画几何形体。我是1978年买的石膏像，那时候专程到北京来买，因为我每年都到北京中国美术馆看全国美展，中国美术馆对面有一个美术商店，在那里可以买到石膏像。在我还没有买到石膏像之前，那时候他们就弄了一个死人头骨放在我的办公室外面。我不知道他们从哪弄来的，是真的骷髅头，弄白广告粉刷上去，在我那摆着画。他们特别刻苦，自己想办法去画画。那时候我住的是套间，里面是我的办公室，他们在外面画画，晚上我就在那住，办公室搁一个骷髅头，我看了也挺害怕的。

方力钧在美术兴趣小组学了三年，那时候已经画得很好了。我们教室里面挂的很多他的画，用来给其他的孩子当范画，我现在还有两幅他的素描。他上中专的时候，每年放假回来，都把在学校里画的一部分色彩、速写、素描送给我，当时我留了他很多画。他的画我没有送给别人，那时候当范画挂在墙上，房子也漏雨，也就淋湿了，有的就损坏了，那时候谁知道他今天能成事呢。

方力钧中学毕业以后，我们始终都有联系，因为我们都住在一个院子里。他每逢假期回邯郸都要来我这里画画。我这里画画的条件比较好，学校给配的大画桌，纸、笔、墨。从他开始学画，我所有学生都是我没收过一分钱，而且纸、笔、颜色全是我提供，因为那时候学校给我经费，我买一些纸和笔都给他们画画用。他也不像别的孩子一样爱到处去玩，他特别刻苦，每个假期到我这里画画，让我给指导。实际上他送我的那张素描，我记得是他在我的学校办公室画的，他画完放在那让我保存。他说老师你给我订点放画的盒吧，保存我的画。那时候我在学校给他订了好几个放画用的盒，还送给他几个放的盒带回家，让他保存他的画。

方力钧中专毕业后，有两年在家补文化课，偶尔也来我这画画。他在考央美之前，不光跟着我，只要这个圈里面教画的、画得好的，他都去学。方力钧还有一个优点，他特别喜欢结交朋友，他的同学、朋友、市里面画得好的、跟他这一届的，他们都玩得非常好，他从小就很会与人交往。

我们虽说是师生关系，但好得像兄弟似的，我比他大八九岁吧，他跟我大侄子是同学，因为我参加工作早，我那时候是没有大学上的。我们俩正好是同一年考上大学。1985年我参加全国第一届成人高考，考上邯郸教育学院，学美术教育。1985年方力钧考上中央美院，我教的学生有两个都考上中央美术学院。记得那一年邯郸地区考上中央美术学院也只有这两个，方力钧是其中之一，我们学校因为他们俩变得很出名。

有一个细节现在回想起来可以看出方力钧学习能力非常强，1985年他考上中央美术学院之前，有一次我去他那，那时候他住在哥哥分的房子里，他哥哥在建筑公司上班。他就在他哥哥那一块住，我看见他的屋里就跟画室一样，到处是画。那时候他就弄一大卷子白布搞蜡染，还弄个小盒，弄上蜡以后沾在毛笔上在布上画，上颜色、搞蜡染，一小块布他弄得跟一匹布一样特别长。我说你弄这个干什么，他说搞蜡染。他对什么东西，只要兴趣来了以后学的非常快。

方力钧考上中央美术学院以后，每逢过年还给我寄贺卡，是他用自己版画做的贺卡。寄到办公室来，木版画印的，当时很好看的。我记得1986年、1987年，我还去过中央美术学院，因为我属于铁路部门，坐火车不花钱，经常去北京办事，每年我都跑二三趟北京，还专门去中央美术学院看过他。他的教室、宿舍我都去看了，他当时给我印象最深的是在画上我就不说了，那肯定是画得越来越好了。他给我的印象最深是他的宿舍床上摆了很多书，你说他没钱吧，但他舍得买书，而且他看的书并不是专业绘画的书，而是综合类的或者是哲学类的书。我说小钧你看得过来吗？他说有时间就翻翻，没事就翻翻。我感觉他的兴趣非常广泛，接触的东西非常多，所以他的思想跟别人不一样。

方力钧大学毕业以后，我们也有接触，有时候他回邯郸过年经常去我家，就是看一下，这个孩子成气了，但是老记得你。那时我从《美术》杂志上看到过他的介绍，知道他有名气了，他的画卖多少钱，那时候没有网络，只能从杂志上看到他的报道。我很少主动找他，有老师去找我说你看你的学生画现在值多少多少钱，你怎么不跟他联系，我说这孩子不定多忙，就不愿意去打搅他。一般就是春节他回邯郸了，就来看看我。

我们在一块什么都说。他在圆明园时期我不太了解，有一次他跟我说他在北京卖过服装。我记得特别清楚，他说我卖军大衣，卖90块钱就卖不出去，我一涨价就全卖出去了。他跟我说过这件事，可见这个孩子的脑子特别灵活，一般人卖不出去就得降价、便宜，他不是，他一涨价就全卖出去了。

我大概是从 1995 年至 2010 年与他失去了联系。因为 1995 年，他在宋庄盖了画室，把他父母都接到北京去了。从他父母去宋庄以后，他就很少回邯郸了，然后我就一直没有跟他联系过，他也联系不到我。我有十几年没见到他了，直到 2010 年，他托了很多人找我，是他哥哥找了他们的邻居，跟我在一个单位的同事要我的电话号码，把他的电话号码也给了我，我给他打通电话，他说没有什么事，就是想跟我见面，然后他开车就过来了，我们在一块吃饭聊天。当时还有给他开车的司机和柴海燕。那次见面还跟以前一样，我们见面都很亲，称兄道弟的，没有生疏感。这次见面就是叙旧，说小时候他们几个在我那学画画，他在市里面还跟朋友们一块画画，他也经常带他的朋友到我那去画画，因为我那画画的条件比较好。

2010 年联系上之后，再见到他也看不出有多大的变化，他也不特别的显老，反正我没有那个感觉。他在中学的时候还是有头发的，大学以后才剃的光头。我们断断续续一直在见，而且跟他特别熟，见了也没有生疏的感觉，说话很随便。

2010 年，他在今日美术馆做了特别大的展览。他把从小到大教过他的老师都约到北京参加他的展览，包括邯郸群艺馆的郑今东，还有唐山陶瓷中专的老师，专门请人派车接送。这个展览给我感觉挺震撼，他画的画很大，视觉冲击挺强的，在展览现场看到他画的那些作品确实感觉很震撼。

现在尽管他成大事了，他也没有忘了你。我跟他在一块也没有什么年代感。不管多少年不见面，见面还是跟以前一样。有的人成了名就不一样了，但是他还是跟原来一样。以前他开餐厅请我们全家吃饭，还送给我们一张 VIP 卡免费吃。当时我觉得挺不好意思的，失去联系再见的时候，他还给我车上装了汾酒原浆酒。我觉得这个孩子真是挺懂事。还有一个细节也很感动我，记得他上初二的时候，那年过八月十五，我住学校单身宿舍，他给我拿了一块月饼，从小他就有情义。

他送给我他出的书，还有原来出版的画册，给我一套，给我儿子一套。最近因为他太忙了，我又有几年没见他了。上次见就是他在798搞的展览，那时候我在郑州，专门请假来北京参加他的展览。

我认为方力钧取得的艺术成就是他自己的能力。师傅领进门，修行在个人。我只是把他领进门，后面就什么都管不了了。身为老师，教一个学生能像他这样有出息，可能也不多。我觉得这就够过人了，他的理解能力、接受能力都很强，画画光刻苦是不行的，我刚才说的他是天才，天生就是画画这块料。

055

他像黑暗中的一束光

★ 人物采访：李玉端，艺术家
★ 采访时间：2016 年 4 月 12 日下午 2 点
★ 采访地点：景德镇李玉端工作室

方力钧的艺术成就，我觉得应该算是上帝给他的礼物，因为他勤奋。他走到哪都在画画。随身带着笔墨纸，只要一停下来，他就开始画画。这是很多艺术家做不到的，而且他爱这个事，他觉得这个是一种乐趣。我不能说他是一个在时间上争分夺秒的人，这样说有点过了，但是他会利用好每一分钟。因为他的应酬多，他必须要规划好他的工作时间。他看似是一个无拘无束的人，其实心里头知道讲究是怎么回事，但是他又知道怎么随性。他确实很严谨很认真，但又很放松很随性。比如在景德镇的街上，他会随便买几个啤酒，在塑料凳上一坐，和哥们儿在路边上喝一顿什么的。他没有那种拿腔拿调的东西，很随意地吃点喝点，在小路边上。他该讲究的时候也会讲究，但是哥们在一块，有时候你在种田，他可能给你拿两桶水过去。他是这种朋友。

—— 李玉端

我从事艺术的时间有点奇怪，因为我是从 2005 年才开始回到这条路上的。曾经，我在圆明园待过，那是 1991 年，在圆明园待了小半年，然后就回贵州去了。我在圆明园时期跟方力钧不太熟。那时候我天天就在圆明园晃着，和他见过，但是没有近距离的交往。那时候圆明园人不多，

2012 年 4 月 20 日，在景德镇，与李超、冯薇娜、李玉端等

只有十几个人，交往的几个朋友都是贵州的艺术家。在圆明园，我只认识三个外面的人，一个是伊灵，一个是陈逸青，还有一个就是黑月。那会儿在圆明园，天天除了画画，就好像跟谁赌着气，就是那种愤青的感觉。

我跟方力钧正式有交集是从非典开始。那是 2003 年，他从北京开车去云南路过贵州，正好赶上非典。他也有同学在贵州，因为不准接待北京来的人，那些人一听说方力钧来了就躲，找借口说出差了。一路上，他开长途车，得歇一会儿，找朋友、吃顿饭、喝顿酒。方力钧到贵州，突然打来电话，我一听是他特高兴，因为他画得那么好，想见都见不着，好不容易来一趟贵州，不管怎么着，也得在一起吃顿饭、喝顿酒。当时他的事业已经很辉煌了，我觉得挺荣幸的，因为他毕竟是当代艺术界领军人物，画得这么好，你想想，见真人都难见，人家还主动找你，就特别开心地在一块喝了一顿酒。我找了两个人陪他，都是像我一样不怕非典的"亡命之徒"，我相信热爱艺术的人肯定就热爱他。他跟他太太在贵州只住了一个晚上，第二天就赶紧走了。那时候接待北京来的人都要被隔离。接待他完之后，我们学校校长就问我，听说你接待北京来的朋友？我撒谎说没有，我说人家都害怕，说是接待的人要被隔离，人家吓得都不敢见面，早就跑了。

　　其实，我跟方力钧真正开始交往是从景德镇开始。那是2012年，有一天，我顶着烈日正在湖里钓鱼。突然，方力钧打电话过来。他居然一直存着我的电话。告诉你一个细节，他这个人有一点意思的是只要跟你有过一次交往，每次过年他都跟你发个问候的信息。这是他跟别人不一样的地方，这个细节会让你就觉得这个人不太平常，在关键的时候，会给人一些温暖。过年过节会给兄弟朋友一个问候，他把这些都搁在心里，你就会觉得这个人不太一样。

　　那天钓鱼接到他打的电话，他说你在哪儿呢？我说我在景德镇。他说你是不是准备在这安家了？我说好像有这个意思。他说我明天过来看你。我说真的吗？他说真的。第二天果真就开着车来了。我们在景德镇瞎逛。他一边逛一边就说，哦，这个城市真好，乱哄哄的。他说这种城市在国内已经不多见了，他跟我一样一来这就喜欢上了景德镇。我俩在这点上是比较一致。因为这个地方是一个无序的城市，可能艺术家比较喜欢这种地方，它比较自由、任性。感觉这个地方可以无拘无束，撒点野什么都可以的。然后，他就在这开始筹备他的工作室，开始做作品了。

　　方力钧来景德镇做作品，就使用陶瓷材料这件事，从我来说，我使用这么多年，但是我说句良心话，我没有真正彻底从这个材料里面解放出来。但是方力钧，他是真正地使用了这个材料，并且从这个材料里头解放出来。这个话怎么说呢，当我们还在释放着一种技术、一种工艺，他完全是往相反的反向逆向而行。所以，他的作品会有这么大的气场和力量感。这与他的那种跟一般人不同的思维方式有关，有他对这个材料独到的见解。因为我们都是顺应着工艺在做作品，他却逆向而行。他要的就是材料在窑里边、高温里边产生的那种裂变、挣扎的感觉。而且，我们担心怕烧裂烧坏，这些反而是他需要的东西。那种裂就是裂出一种力量、一种挣扎的语言。这是他跟别人看材料不一样的地方。也就是说，这个作品在没烧之前到烧之后，他已经过大脑了，他知道最后会是什么样的一个情形。他的反应比较快，这个想法很迅速地就成形了，他对作品的比较心中有数。他很理性地想完之后，就一直往前走。

他在景德镇烧作品，一般都是好几个兄弟跟着一块，李超、我等很多兄弟都和他在一边喝着啤酒。从烧小的试片开始，一直到一个成形的作品。我们是他的朋友，同时，也充当了一个旁观者。其实，现在他的作品里头，还有一些微量的易燃材料，这也是他跟别人不一样的地方。因为我们正常烧陶瓷，拿泥做成一个什么形状，就扔进去了。他拿了一个材料之后，蘸了泥浆放进去烧。那个材料本身烧掉了，所以他烧出来的东西很薄、特别脆、易碎，但又给人一种力量感，那种语言上的感觉挺好的。这是属于他的秘籍。

自从方力钧在景德镇有了工作室，一年他会来N多次，每次来见一面吃顿饭都会很开心。我们干活不能从年头一直干到年尾，那会把人累死的，也得呼吸一下。跟他在一块相当于就是朋友之间可以呼吸一下，聊聊天，畅所欲言。我觉得在他身上有一种魅力，这个魅力不是对我个人而言，是大家都认可的一种魅力。他是一个博爱的人。博爱是一个大的概念，但他的心又很细，很会关心人。

记得有一次，我从北京回来拿了一个破袋子，装了几本书，就回到景德镇了。他看到后觉得我好像过于随性，他看在眼里，也没说什么。只是说明天咱们上街，我买两个T恤，你陪我。结果第二天一上街，他就给我买了一个装东西的拉杆箱。买完之后，他跟我说，这个东西是你的。有时候，总想帮他做点什么，但他又总是那么客气，没有什么让你为他做的。所以我老觉得一直欠着他一块。他看似是一个无拘无束的人，其实心里头知道讲究是怎么回事，但是他又知道怎么随性。他确实很严谨很认真，但又很放松很随性。比如在景德镇的街上，他会随便买几个啤酒，在塑料凳上一坐，和哥们儿在路边上喝一顿什么的。他没有那种拿腔拿调的东西，很随意地吃点喝点，在小路边上。他该讲究的时候也会讲究，但是哥们在一块，有时候你在种田，他可能给你拿两桶水过去。他是这种朋友。

大家都说他情商高，我觉得他明白事情比一般人早，其实这个不是情商，而是世事的残酷和艰难，让他早就明白了做人的道理。我们这代人，人和人的差异就像化学反应一样，裂变成别的面孔。人和人的差异，裂变得越大，他的成就越高。人是一个裂变的过程。方力钧这种裂变，我们讲叫开悟。我觉得他能走到今天，取得这么大的成就，当然有他那种和常人不一样的地方。

他朋友多，人缘好，我认为首先是他在艺术上做得好，我们才有可能和他亲近。他在艺术上做得这么高，又不是我们亲近他，而是他亲近我们，你说我们还有什么不跟他结成盟友、哥们儿。他就像黑暗中的一束光，比如说一个人走了很长很长的路，在黑夜里头，当你老迷路的时候，突然有人打个手电，给你照了一把，然后你就上那正道上去了。他就是在恰到好处的时候给你一束光。所以有这么一个朋友，有一种光明的感觉，是那种很舒畅的感觉。

他是一个高人，高人就是他能预见一些东西，能找到一种很合理的方式，自己消化。比如说面对一个痛苦的事，他可能在心里头存一个小时，但别的人可能存好几天。他释放得比较快。你说他没有痛苦，肯定是假的。就看谁有能力把它转化，让它走得快一点，别在心里待得太长。他有转换的能力。我认为他的陶瓷是在叙述生命的那种脆弱。人生就这几十年，弹指一挥间，我们从年轻的时候到这会儿，就感觉是一个瞬间。你说他没有痛苦，不可能，可能他把他的痛苦都隐藏起来了，有效地转换成了一个作品，把它们变到作品里边去。因为他的作品给我感觉是一个生命体的东西。这个作品在火里头，那种自然烧的挣扎，裂出来的那种釉，那里边流淌着生命的细胞。他烧出来的陶瓷作品就是要让你看了之后很紧张。这个我觉得这是他作品的核心。有些作品看起来没有感觉，触动不了你的神经，但他的这个作品很触动人的神经。你就感觉得绕着它走，不敢挨近它。它让你绷着一种情绪，朝旁边绕着走，挺危险的那种感觉。所以说他的作品叙述了生命的脆弱，一种不安和易碎，有一种悬念在里面。你看到的那种脆弱，这个视觉符号本身就很触目惊心。

方力钧的艺术成就，我觉得应该算是上帝给他的礼物，因为他勤奋。他走到哪都在画画。随身带着笔墨纸，只要一停下来，他就开始画画。这是很多艺术家做不到的，而且他爱这个事，他觉得这个是一种乐趣。我不能说他是一个在时间上争分夺秒的人，这样说有点过了，但是他会利用好每一分钟。因为他的应酬多，他必须要规划好他的工作时间。

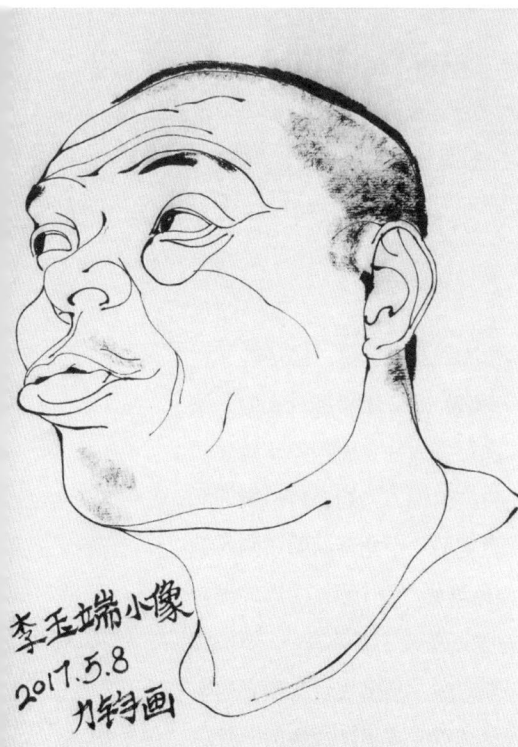

李玉端小像
2017.5.8
九年钧画

方力钧画李玉端
2017.5.8

33.5×24.5cm
纸本水墨
2017 年

2017.10.2

方力钧画李玉端
2017.10.2

35×25cm
纸本水墨
2017 年

056

他是师兄，我是师弟

★ 人物采访：高惠君，艺术家
★ 采访时间：2016 年 10 月 17 日晚上 9 点
★ 采访地点：电话

> 我注意到一个特点，在方力钧周围的很多人都是有能量的，而且这些有能量的人都认可方力钧当老大，是因为他做很多事情真有老大的样。在绘画这个领域里面，因为方力钧的关系我受益很多。这种帮助比一般的兄长要牛得多，但是方力钧做得不显山不露水。他在帮助别人考虑得也很周到，所以最后的效果非常好。
>
> —— 高惠君

　　我和方力钧曾就读于同一所学校：河北轻工业学校。他是师兄，我是师弟。方力钧是 1980 年年考进去的，我是 1982 年年考进去的。我比他小两届，但是我们关系比较好。第一次与方力钧见面印象比较深。我有一个同班同学在上学之前就认识方力钧，他说方力钧画得特别好，要带我去看方力钧的画。当时方力钧正在教室的一个角落画画，画的是一张青铜器静物油画，用画刀把很厚的颜色堆砌，但是画得比较平，那种感觉挺酷。我们就这么认识了，当时他画笔没有停下来，他一边继续画他的画，一边就开始与我们聊天。那时候，很多人认为他画的素描不太好，我倒是觉得特别好。有一张素描画得有点像削铁块的感觉，那张画给我印象特别深，涂的很黑，特别硬，画得极有棱角，不像咱们平常画素描涂明暗面，或者是用线勾出来形状，都不是。方力钧在他们班上岁数是偏小一点的，虽然他比我大 3 岁，他属于比较有才，比较鬼的那种学生。他如果不笑的时候，你就觉得这个人挺严肃的，等他一笑的时候，会有一种坏坏的感觉，而且特别有亲和力。

方力钧 1985 年年考上中央美院，这一点就证明我看人的眼光没问题，因为我在之前就特别喜欢他的画，那时候能考上中央美院算是很高的高度了。那时候我去北京看他，他去央美之后跟读中专时候当然有变化。一是年龄增长，还有他的眼界打开了，聊天的内容不一样了，手上画的东西也有一些不一样，感觉那个区别还是很大的。当时我就想中专毕业之后必须要上大学，要么上中央美院，要么上中央工艺美院，别的学校我就不考虑了。我毕业以后，当时国家的规定是两年以后才能参加考试，两年以后，我考上了中央工艺美院，我就经常去方力钧那里报到，然后就开始很频繁的去中央美院找他。现在，中央工艺美院已经没有了，改叫清华大学美术学院。我之所以频繁地去中央美院，是想找感觉，我要找到自己绘画的路数，因为在中央工艺美院，很多人的绘画是有一点受限制的，我想要那种扎实的东西。去中央美院，通过方力钧可以重新打开视野，他是一个点，当然，我找他不光是为了绘画，还有亲情在里面，他对我来说就是兄长。有很多人的缘分从语言上说是比较浅薄的，亲情是不用语言描述的。我们一路是一起走过来的。我去中央美院找他，比如说跟他聊天，看看他在画什么，他早期参加悉尼的展览和参加 '89中国艺术大展那些画，我有幸在旁边看他画的，当时给我的感受很幸福，因为我看别人绘画就跟看别人下棋是一个道理理，我也特别喜欢围棋，我可以自己不下，但是有两个高手在下，我在旁边愿意看一天、一个月都没问题。方力钧在那画画的时候，我也喜欢在一边观看。

你采访我想听方力钧的故事，我和他之间真正可聊的故事有两个关键点，一个是他大学毕业那一年，还有就是我们搬到宋庄的那一年。先从他1989年大学毕业说起。1989和1990年的故事就是方力钧分配工作，他不想去那个单位，就挂上了一个单位，这是很多人当时的常态，但是生活很快就不行了，因为他领不到钱。那时候卖画不好，他没有经济来源，被生活所逼就开始倒腾东西。我们班有一个同学梁文忠，在工艺美院这边倒腾服装，方力钧就通过他拿了一批服装，去西单租了一个摊位卖服装。当时拿的一批服装，还是比较高档的，去西单摆摊，但是说实话实说，那时候他做生意不太在行，他就想挣点钱而已，但钱难挣，服装生意很快就赔了，生活就又有点困难了。他又倒卖了一批明信片，结果也没卖完。其中有一大部分是他发给了我，问我能不能帮忙处理掉，我就在学校摆了一个摊，我跟同学说我这是帮朋友卖的，他们不知道我是帮方力钧卖的，我就把卖明信片的200块钱攒起来给他送过去。他有时候也来工艺美院这边找我吃饭，因为我还在上学，另外我有一些外快，因为我可以帮人家做事情，他有时候来我们学校找康木，康木是他小时候的同学。那时候康木会请他吃饭，我也会请他吃饭，那是1989年、1990年，那一段日子方力钧过得不太好。他最穷的时候跟于天宏合住在一间小两居里画画，还交不起房租。但是，那时候他画的画确实不错，一组黑白的油画肖像就是在那个小两居里画的，现在都卖很贵的价格。我去过那个偏远的小两居，那时候我还在工艺美院上学，我从那么老远的地方去西边看他，那组黑白肖像也是看得我非常喜欢。

后来，我大学毕业特招去了部队，他已经搬到圆明园工作了。到了1992年，方力钧开始就有一点转机了，因为那时候他前妻米莎工资收入在中国有点高，那时候他吃、喝、住都不愁。他不住在圆明园，和米莎住在友谊宾馆，每天骑自行车来圆明园上下班。我就老去圆明园看他，那时候我就觉得他那种生活是我想要的，我老去找他下围棋，他有时候闲下来就跟我下围棋。

我们聊过很多次，聊的过程里，他说这边环境有点乱，工作室想搬个地方，那时候跟他商量这事的有王音和张会平，当时已经快到1993年了。我说你要想好搬到哪，我也不想在部队干了，咱们还是在一块画画吧。然后他就四处去找地方，最后定下来就在我们现在待的地方——宋庄小堡。那时候他找好了就打电话给我说你来吧，咱们一块去看，其实他早已经看过了。

我在宋庄买这个工作室是1993年年底。当时来这个村里的只有6个人，分别是方力钧、刘炜、岳敏君、张会平、王强和我。领头人是方力钧。王音最早来看地，但是王音慢脾气反倒晚来宋庄两年。当时只有我们这六个人，剩下还有六七个人是在我们之后一两个月才来的。

今天接受你的采访，我还要告诉你一个细节，大事都是方力钧定的，包括我的房子其实也是方力钧和张惠平替我看定的，但我交钱买这个工作室比方力钧还早一个星期，我跟刘炜同时交的钱，因为这地方交通特别不方便，方力钧原来约好我仨一起来交钱，结果那天他有事没来，刘炜跟我先来的，我们把钱交了第二个星期，方力钧才交的钱。但是整个带头来选地定下来的人都是方力钧。我算是追随他，他是拍板定音的缔造者。

最早来宋庄做工作室的故事就更多了。记得1994年春天，我们全都住在方力钧家，因为他的家比较大。当时要修工作室，方力钧找了施工队，是他哥哥介绍来的邯郸的施工队，负责我们几个人的房子修缮。我们互相排了一个修房的班， 怎么排呢，我住一个礼拜，岳敏君住一个礼拜，刘炜住一个礼拜……就是做监工，因为这个施工队要修建我们的房子，但没有那么多的工人同时开工。当年这一段时间过得又艰苦，又有意思，发生了很多奇奇怪怪的事情。比如在宋庄吃饭，1994年，方力钧来村买了一辆三轮板车，就是那种运货的竹子板车，有时候是岳敏君骑，有时候是方力钧骑，刘炜很少骑，我是不会骑。我们就坐在板

车上，去宋庄十字路口东南角一个叫"巨龙"的一开间小饭馆吃饭，当
时在宋庄只有这一家饭馆，没有第二家。我们一起去那吃饭，如果那有
一条鱼，就把人家的鱼给吃了，那个小饭馆都没有更多的存货。当年，
我们蹬着三轮板车，在板车上坐着几个人去小饭馆吃饭，这在宋庄是一
个景。我们来村里的时候都没有车，方力钧家有个小斯柯达，但是米莎
在城里要用，我们进村就靠那辆三轮板车来回跑。

再跟你讲一个我认为更有意思的事情，有一天早上，我们都在方
力钧家共同值班，刘炜也在，那时候我跟刘炜睡在厨房里。方力钧一早
5 点左右就去村里了， 那时候小堡村特别穷，有一个杀猪的，方力钧
去打听好了，找到那个地方，5 点钟天还黑着，他买了一大块肥瘦相间
冒着热气的猪肉回来，大概有 10 斤，热乎乎的猪肉，因为刚杀完，从
热水里捞出来的，他就把那块肉剁了剁放在锅里煮，他说我们今天吃炖
肉。等那个肉炖熟了以后吃到嘴里，方力钧坏笑着说了一句话， 那句
话我能记一辈子，他说"这肉从来就没凉过。"这块猪肉确实从他弄回
来的时候都冒着热气，煮着的时候也冒热气，煮熟了以后也是热的，然
后进了我们的肚子还是热的。

那个年代，难的事儿也多，现在回想起 1994 年的春天就是这样磕
磕绊绊度过的，有时候去买其他材料也是方力钧蹬着三轮车，方力钧还
买了一个大水管子车。 其实就是改装的自造自行车，老乡们用水管焊
起来的，那个轴特别长，如果一个人个头小，腿比较短的话不太好骑，
那个轱辘跟车形成一个特别简洁的关系，特别简陋，简陋到什么程度呢，
比如说城里来了小学生，他们肯定会笑话这辆车。事实上，有一次我骑
那个车去村里办什么事，村里有外来小学生看到我骑的车就一直笑，因
为他们很少见到那么简陋的交通工具，那个车连刹车都没有，得靠脚蹬
蹬在轱辘上才能停下来。这辆车还被大家借用，也算是公务车。往后就
逐渐好起来了。1994 年，在修工作室的过程里，刘炜相对值班就比较

少一点，正常我们应该是一人轮一个星期，因为他要画参加圣保罗展览的画，我们也原谅他。当时他在北京饭店后面不远的地方有一间房，他就在那里完成了圣保罗展览的作品，圣保罗是很重要的展览。方力钧那时候也在画，因为他也参加了圣保罗的展览，他就把宋庄这边能收拾好的地方先腾出一块来画画。从事业发展上来说，他们那个时期已经起飞了。后来方力钧有了更重要的展览，是在日本福冈美术馆举办的大型个人展览。我有一个同学正好去日本看了这个展，他回来跟我说方力钧的这个展览场面非常震撼，日本很多重要人物都参加了。我就看了看报道，那时候方力钧的事业已经起步了。

你想听方力钧好玩的故事，比如说下棋，那时候我们每天要下3、4盘围棋，臭棋下的快，他赢我的时候多。后来就不下棋了，我们每天的娱乐改成打麻将。通常都是我、岳敏君、方力钧、刘炜在一起玩，岳敏君赢得稍微多一些。 再后来就是刘丰华赢了，方力钧基本上属于赞助单位。再后来就开始锄大地，就是打扑克牌。我们在村子里就自己找乐子，锄大地玩得最火的时候是九十年代后期，曾梵志住在城里，他有时候专门打车过来和我们一起锄大地。曾梵志跟方力钧特别好，因为他们俩的生日是同一天——12月4日。两个人同月同日但不同年，曾梵志比方力钧小一岁。这是2000年以前的事儿。接下来，2000年以后，每个人都往正规上走了，我们就没有时间在一起玩了。每个人都在走自己的路，我那时候已经跟新加坡季节画廊签约了。再后来跟方力钧有群展，但是不多。比如说像"中国油画年鉴展"，还有"中国油画邀请展"，是程昕东在欧洲办的展览。

再讲一个让我最受刺激的细节。1997年，方力钧过生日，他把新买的捷达开过来了， 我们去电影学院后面的酒吧喝酒，那天他因为过生日玩得开心，喝得酩酊大醉。虽然他喝醉了，可我们还要回小堡村里，他明白自己醉了，他说我知道有点过了喝醉了，我怕我开车睡着了，我想把窗户打开，你能不能接受？那会正是寒冷的冬天，为了怕他睡觉，我还有什么不能接受的，我也不能走回去啊，那时候我又不会开车，又不能替他开车，那个年代也没有代驾，也没有人查酒驾。方力钧就把车窗放下来，等于用冬天的凉风吹着自己。当时没有京通快速，我们走朝阳路这边回来，10个红灯里面有8个红灯都没停，用了大约35分钟到达家门口，太吓人了。幸亏那时候是车少，而且是半夜12点多。前几年某天听方力钧自己回忆吹牛说二十多分钟就开回家了，那是酒烧的。坐在一个醉汉掌控的飞车里，我一直都在车上抱着末日的心理惦记着路和时间，35分钟不可能记错。有心人可以自己试试，现在从小堡开车到电影学院需要多少时间？35分钟已经是个不可思议的进程，我最没有资格说他，因为我喝酒过敏，啥忙都帮不上。

关于喝酒的趣事，我再讲一个小故事，有一次，东宇美术馆的人从东北过来，要买很多人的画，那次来村里以后，他们都喝大了。晚上说到我家里来继续喝，其中有王易罡、岳敏君、方力钧等，一共大概有七八个人，那天他们来我家都喝大了，王易罡把我的沙发挨个吐了一遍，岳敏君最逗，他跳了一整场的慢板天鹅舞，一边跳舞还一边唱歌，他真是喝大了，但是超级可爱无敌。方力钧喝多的表现是非常的能说，因为方力钧爱读书，比如说如果有一句话牵扯到历史，没人能讲清楚，他正好读过，比如说《封神演义》《东周列国志》等，他愿意跟你讲这些，有些人不太读书，聊天老爱有破绽。方力钧在画家里面算是读书比较多的一个，如果从调侃的角度，方力钧愿意把这个破绽用火烧一圈，他用他读到的东西跟你探讨个究竟。可以这么说，喝酒喝多了人有好多种状态，有人就睡觉，有人是撒酒疯，哭、笑、闹，方力钧都不是，酒对他是催化剂，他喝多了以后兴奋点是在语言和脑筋的连线上。这一点他和很多人不一样，因为他酒喝多了以后，言语的攻击力会很强，他能把他读到的知识想起来，用酒泡出来的知识很灼人，很多人都做不到，

方力钧画高惠君

30×40cm
布面油画
2010 年

我观察过他很多次。我有这个发言的资格，因为不能喝酒，反倒看到太多了。

方力钧对我的帮助很多，我的合作者很多都是他的朋友，比如说我在北京签约的第一家艺术机构是黄燎原的北京现在画廊，介绍人就是方力钧，是 1995 年他带我去跟黄燎原见面，我跟黄燎原签约是 2005 年。我在北京合作的第二个人是程昕东，他也是方力钧的朋友，记得好像是 1997 年或 1998 年，也是方力钧带着我一起跟程昕东见面。那时候程昕

163

东是法国法兰西画廊的人。方力钧带着我去认识这些人，然后介绍说这是我师弟，用他惯常的语气，他从来不说你买他画吧，你跟他签约吧，他一个字都不会这样直白地说，他在这方面做得特别好，因为这样做大家都有脸面。在绘画这个领域里面，因为方力钧的关系，我受益很多。这种帮助比一般的兄长要牛得多，但是方力钧做得不显山不露水。他在帮助别人的时候，考虑得也很周到，所以最后的效果非常好。

如今，我们认识 30 多年，以前经常在一起见面，不过这几年少了，因为这几年我在国外的时间比较多。只要能在一起的时候当然要聚在一起，比如说昨天，我、杨茂源、吴鸿、王文生、王音、冀少峰、方力钧，我们一直聊到夜晚一点半，聊了那么长时间，聊的都是 30 年前的事情，如果再聊 20 年前的事，恐怕就得聊到凌晨了。聊的都是 30 年前的各种囧事和糗事，大家都笑得不行了。我们聊的事里面，没有一点伤感的东西，全都是各种调侃，把自己当年的倒霉德行描述出来，50 多岁的人一个个都乐开了花似的。老朋友之间聊的那种感觉特别舒服，方力钧特别会聊天。他的话锋像禅语似的，他对你话的理解会有一个反弹，有很多睿智的东西全出来了，这一点他做得到。我注意到一个特点，在方力钧周围的很多人都是有能量的，而且这些有能量的人都认可方力钧当老大，是因为他做很多事情真有老大的样。

在圆明园的日子

★ 人物采访：黑月，艺术家
★ 采访时间：2016 年 4 月 12 日上午 10 点
★ 采访地点：景德镇黑月工作室

> 你看，方力钧身边有这么多的好朋友，为什么？因为他有大哥风范。朋友多就是个人魅力。我不是那种成天跟他在一起玩的朋友，但是在内心我是很尊重他的。因为，他是个大哥。什么是朋友？真正的朋友，你多年不见，他心里没忘记你。见面也不需要客套，两人不说话也可以坐很久。男人之间这种友谊，不是用语言能表达，也不需要天天厮守在一起。很多圆明园的人坐在一起，有点相似。我们圆明园出来的人有一个共同点，就是都有一点匪气。从圆明园到现在 20 多年过去了，但我觉得他还是没变，随着年龄的增长，自身阅历的丰富，他越来越有魅力。
>
> —— 黑月

我出生在"文革"年代，身份证上，我的名字叫季胜利。如今，很多人都忘了我的原名。黑月是文艺青年。通常名字跟运程是息息相关的，我不晓得这个名字起得运气好不好。反正莫名其妙取了个名字叫黑月，没想到就一直叫到现在。其实，给自己取名叫黑月是一瞬间的天意。在圆明园，起笔名的人多了。像摩根，很少有人叫他的原名肖国富，大家一直叫他摩根。还有圆明园的村长伊灵，谁知道他的名字叫郭新平。

方力钧也认可黑月这名字，他说黑月这个名字起得不错，因为叫黑的，什么黑铁、黑铜、黑羊、黑鬼，但都没有黑月好听。

我出生于 1967 年，方力钧比我大 4 岁，所以我一直叫他方哥。但是在严肃正式的场合，我也叫他方老师。我当着他面，从来没叫过他方老师。当着外人，比如像现在这样要接受你正规的采访，我肯定称他为方老师。我一直很尊重他。他在我心中，从圆明园的时候起，我就觉得他是一个非常有智慧、非常成熟的人。

我是在 1991 年底 1992 年初进入圆明园见到方力钧。去圆明园之前，我在海南三亚待了一年。当时我叔叔在那里开了一个广告公司。1989 年我大学毕业没有工作，就去三亚找他了。在叔叔公司里画广告，画可口可乐，天涯椰子汁等大广告牌。那时候的广告用铁皮钉个七八米、十几米，拼起来挂在电线杆上，那全是手绘的广告。我在公司画了一年广告，没想到一年以后广告公司倒闭了。然后，我就跑到北京去了。在北京城里面无所事事地游荡半年，有一天无意中在《中国美术报》上面看到有圆明园的介绍，于是就到了圆明园。那时候来圆明园的人不是很多，我是慕名而至的。

在圆明园，我跟方力钧住得不远，他住在胡同那边，我住在胡同这边。我们住的那一片大概有个 20 多个艺术家。我真正的邻居，门对门是杨少斌和岳敏君，我和他们天天见面，圆明园就那么大点地方，是个小村落。平时没事大家走来走去，串到那个院里看看，再串到这个院里看看。那会儿，我有一个小院子，一共有三间房，一间屋大概有个十来平方米。刚开始租金是 200 元一个月，最后涨到每个月 500 元。房租涨到 500 元的时候，差不多也快离开圆明园了。

那时候，我们都没什么钱。谁有点钱，那肯定就是大家都吃他的。反正每天能吃饱肚子。大家住一起好生存，你没钱可以在这蹭蹭饭，去那蹭蹭酒，反正小村落就那么大，只要有人还有吃的，就都有吃的。通常是煮碗挂面，你煮了，我们也就分点。我们长期没钱，所以到处蹭饭。

在圆明园的时期，刚开始方力钧也不好过。他从家里背点面、米、粉条来，我赶上了就蹭一顿。严格来说，能活下来，可能某种原因也是因为可以这样，如果你有二三百块钱，那肯定就经常去你那蹭饭了。反正吃得也很简单，能买得起挂面，弄点白菜煮一大锅，只要门开着，就有人进来就吃。那会儿的梦想就是能够活下去。当然真正支撑我们活下去的梦想是想把艺术做好。

那个时代和现在不一样，那个时代没有手机。那时候，在圆明园村子里的小卖部只有一个公共电话，都要排队才能打电话，打一个电话要收几毛钱。外面有人找我们，就把电话打到小卖部，然后小卖部的大姐就会来叫我们去接电话。那时候，在圆明园，有两个地方大家都能见面，一个是公共厕所，另一个是公用电话。

我们天天待在一起没什么娱乐，就喝酒。经常都是在晚上喝。白天每个人都还是在自己工作室画画，不管勤奋不勤奋，能不能卖画，还是要稍微工作一下。那时候方力钧就很勤奋。他每天都很早起床，在工作室画画，每天很认真地工作，不像我们爱睡懒觉。我的印象里方力钧一直很勤奋。因为他比较成熟，比一般的圆明园的艺术家更明确自己的绘画风格，他在一步一步往前走。当我们还在摸索阶段，东一下、西一下，画风变来变去。而他已经比较明确他的绘画路线要怎么去走。我们的绘画路线是一会尝试这个，一会尝试那个，变来变去，还在寻找摸索阶段。

刚开始圆明园只有二三十号人，因为天天见面，一起吃过苦，大家都很辛苦，互相照顾。所以从圆明园出来的人，像方力钧这样的朋友，不用说话，到现在心是通的。那时候虽说物质很贫穷，但是人很快乐，是真的发自内心的高兴。每天大家聚在一起聊聊天，要不就是在村口晒晒太阳。有点钱大家在小卖部买点啤酒，站在村口喝燕京啤酒，那时候啤酒也便宜。

　　当然，那会儿也有烦恼，烦恼是经常借钱。交房租、买挂面，这些都得借钱。我们那时候还可以借到钱，现在可能不一样了，我估计现在借钱也不好借。出门靠朋友。一帮年轻人在一起，除了画画，就是聊天、讲故事。你想想二十出头的人，就是聊呗，也聊梦想，好像跟现在的话题不一样。闲了凑点钱，喝点酒。画画也没有具体的目标。因为那时候没有市场，我也没想过要把画卖到哪儿去，即使能卖也很便宜，只要有人给二三百块钱人民币，也能卖。所以能卖个500块钱就很高兴了，那就是节日了，就能请大家好好吃一顿。

　　1991年初，我在天伦王朝办了一个展览，当时卖了三张画，卖了800美金。然后就再没卖过那么高了，平时卖二三百块钱人民币。有一下没一下。所以拿到这笔钱后就去西藏旅游了。

　　圆明园时期，最先摆脱贫困的是方力钧。因为他智商比较高，已经很明确地知道要走的绘画路线。90年代初，到1993年、1994年初才有BB机。BB机流行的时代，方力钧已经开始步入正轨，他的风格已经形成，开始能卖画了。我觉得一直到现在内心还是很尊重他的，因为我觉得他应该走到现在这一步。为什么？因为他的智慧，在圆明园的时候，我们还在摸索找不着方向，包括绘画一会儿用材料，一会画抽象的，一会儿又变来变去。他已经很明确了自己的风格。

　　方力钧的第一个太太是德国人。当时住在友谊宾馆里边。所以方力钧白天来圆明园画画，晚上就回去了。他每天来圆明园工作，很正常的规律，早来晚归。其实，我在圆明园的时候，和他在一起喝过几次酒，每次见面只是点点头，没有深交。圆明园分开之后，联系也不太多。他去了宋庄，我搬到二外住了一段时间，然后又搬到通州区城里。我记得方力钧1994年初就搬到宋庄去了，他是第一个在小堡买房子的艺术家。

　　圆明园散了之后，我们偶尔在三里屯酒吧碰上，一起喝喝酒。我们之间走得更近是2007年我去大理拍自己的摄影片子。当我走进小旅馆，一进去，看见方力钧正在那嗑瓜子。他说你怎么来了？住在哪儿？我说就住在这。他说你来也不打个电话。那时候小旅馆住满了。我那就坐下来与他喝茶，然后晚上就喝得烂醉。

2007年在大理意外地见到他，特别高兴，喝得特别多，我们四个人一次性喝掉两斤白酒，然后去小酒吧，又喝了一瓶洋酒，反正喝得第二天差点爬不起来工作。我在大理待了三天，我们在一起喝了三天大酒。据说他回家以后，抱着马桶吐了一夜。本来我去大理是为了干活，结果碰见他，就天天喝得尽兴。等我拍完了片子，大理再也没有去过。

在大理，喝了几天酒，我就走了。走之前我对他说要做一个展览，想请他帮我写篇文章。他答应了，说行。回去以后，等我展览的时候，他果真就为我的画册写了文章。这次分开以后，我们就各忙各的。我在北京很少参加活动，基本上都在工作室。即使再见面也就是在公共场合，基本上是在酒吧碰上，或者在哪个展览碰上。

再以后，我就来了景德镇，我搬来的时候，他已经在景德镇买了工作室。他是2012年来的景德镇，我是2013年搬过来的。因为我觉得在北京，基本上也该结束那样的生活，我想换个环境了。

现在，在景德镇，只要他来了，忙完了，就会给我发短信，说黑月，晚上吃顿饭、喝场酒。他现在酒量越来越好。我真服了他。原先我在圆明园还能喝过他，现在我喝不过他了。他喝酒无量，一大杯端起来，一口能喝掉。我现在干不了了。

你看，方力钧身边有这么多的好朋友，为什么？因为他有大哥风范。朋友多就是个人魅力。我不是那种成天跟他在一起玩的朋友，但是在内心我是很尊重他的。因为，他是个大哥。什么是朋友？真正的朋友，你多年不见，他心里没忘记你。见面也不需要客套，两人不说话也可以坐很久。因为我也不是太爱说话的人。

有一次，他来我工作室，就坐在对面，我就泡茶。我们就说了几句话，他坐他的，我泡我的茶，这就够了。然后坐了一两个小时，找个地方吃饭。
我们很多朋友，包括圆明园的很多朋友，我们坐下来，不说什么，在一
起坐着也挺舒服的。方力钧沉静下来，也不多话的。男人之间这种友谊，
不是用语言能表达，也不需要天天厮守在一起。很多圆明园的人坐在一
起，有点相似。我们圆明园出来的人有一个共同点，就是都有一点匪气。
从圆明园到现在 20 多年过去了，但我觉得他还是没变，随着年龄的增长，
自身阅历的丰富，他越来越有魅力。

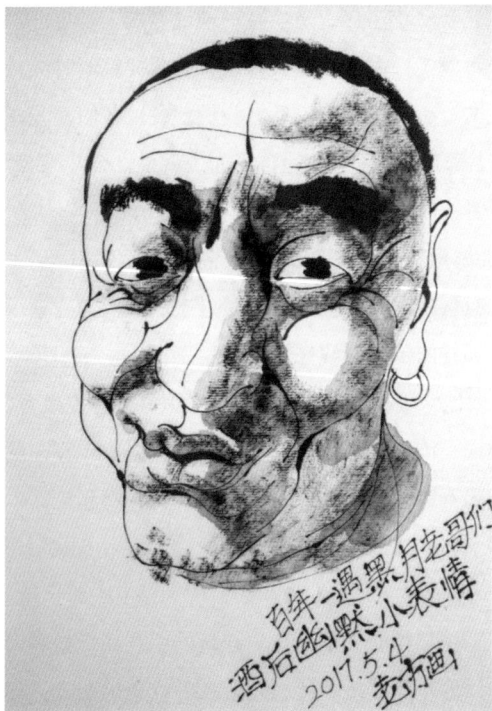

方力钧画黑月
——
33.5×24.5cm
纸本水墨
2017 年

方力钧画黑月

60×50cm

布面油画

2007 年

058

情商最高的艺术家

★ 人物采访：徐钢，策展人
★ 采访时间：2016 年 7 月 3 日下午 1 点
★ 采访地点：798 咖啡厅

> 方力钧的艺术成就很难用几句话去说，我就说一个小事吧，我去法国蓬皮杜美术馆，走到最醒目、最开阔的地方，第一眼看到的就是方力钧四联巨幅版画挂在那里，所有的作品中最招眼球，绝不会淹没在其他艺术家的作品里面，他的风格很独特。我很崇拜他。
>
> —— 徐钢

2005 年，我博士毕业刚不久，就开始做中国当代艺术家的研究。张晓刚在纽约做完个展后，就到我们美国伊利诺伊大学来做演讲，在我们的中国当代艺术家演讲系列中是第一个，而第二个请的就是方力钧。我觉得方力钧是最能代表中国当代艺术的某种态度和视觉想象的艺术家。方力钧做讲座的具体时间是 2008 年 3 月 13 号。他给我很深刻的第一印象就是他的独立性。他来我们学校坚持不让我去芝加哥接他，而是自己从芝加哥转机坐小飞机到我们大学，我们学校有个自己的机场，从芝加哥飞过来只要二十分钟。我就开车到小机场接他，他戴一顶小皮帽，拎着一个很小的包，就从飞机上下来了，给人印象特别深刻。一天活动

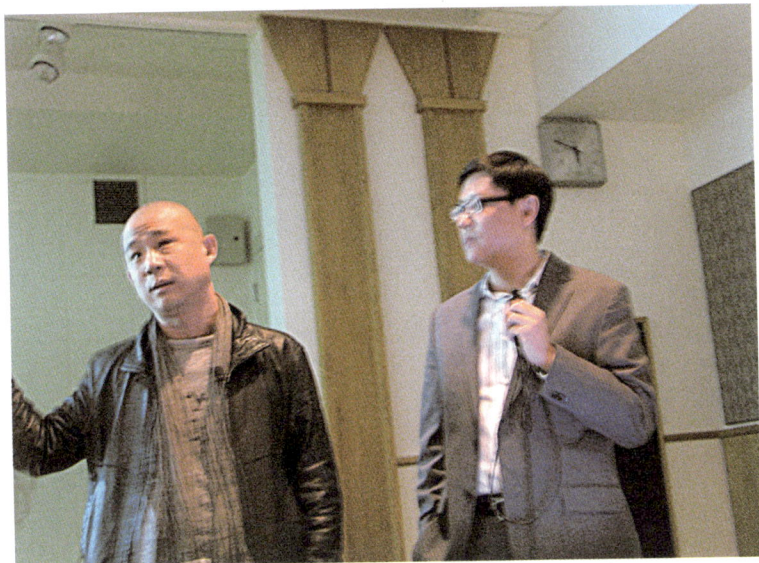

2009 年，方力钧在美国伊利诺伊大学讲座演讲现场，徐刚教授翻译

结束后，我们晚上把他送回酒店，他都要站在酒店门口目送车子走远了才进去，这个细节让我特别感动；他是我见过最为别人着想的人。我们聊得非常愉快。他很随意，每天都从早餐、中餐到晚餐，他一点都不讲究。

我第一次见方力钧，应该是在 2005 年，是在很多朋友的场合。众人的场合，他永远很低调，如果不是他的主场，他绝对不会做出大哥的样子来，他在别人的场合肯定是让别人做大哥，从不抢别人的风头。那时候，他在宋庄的时间比较久，我每次回国都会来看他。2008 年 5 月份，我又从美国回来去宋庄看他，那天正好他有朋友从邯郸来了，我们大家就一块进城吃饭，那天他还请了宋庄小堡的村长、民兵营长、治保主任、妇联主任以及一些艺术家一起吃饭，所有的这些人都跟他很熟悉。我是 1968 年生的，小时候只有在连环画上看到过这些所谓的民兵队长，我都不敢相信到现在还有这种职位的设置。我当时心里面就咯噔一下，明

2013 年，徐钢和方力钧在一起
——

白了他是处在一个什么样的环境中，他是怎样将身边的环境渗透在艺术创作里面去。这样的生活与创作的关系很有意思，在这点上，中国的艺术家很少有人能比方力钧理解得更深刻。

接下来，我和伊利诺伊大学的同事、著名艺术史家乔纳森·芬博格在上海交大主持了一次中国当代艺术研讨会。那是 2010 年 11 月份，张晓刚、方力钧、丁乙、薛松等等，来了很多艺术家。只请了艺术家，没有请中国的评论家。美国的艺术史家对于中国的评论家不太感兴趣，他们觉得艺术研究必须要从艺术家开始着手，二手的材料并不是我们真正感兴趣的。这个中国当代艺术研讨会，在上海做了一个礼拜。

接着我给方力钧策划了一次个展，2013 年在 798 的"泉空间"。

在此之前，我在威尼斯跟他有很多交流。那时候，我在威尼斯给钟飙做个展，他也在威尼斯做展览。5月份我回到美国以后，他打电话说你回来一趟吧，我问他干吗呢？他说你愿不愿意给我做个展？我说好啊，你有什么新东西吗？他说我在景德镇做了一些东西你来看看，我就又飞回中国，和他一起去景德镇，看了他做的作品，我就明白他在做什么事。在那之前我体会不到他的主旨，后来我到景德镇，看到他们工作的状态非常震惊，因为陶瓷的生产过程我也了解一点，怎么能有人不把陶胚晾干，而是把它湿烧，湿烧了以后整个结构难免彻底垮掉了。方力钧不仅反其道而行之，坚持湿烧，却又设法控制垮掉过程中的形和型。我在展览前言里面专门写到他对质感的要求，他从物质的属性、从烧制过程开始出发来达到对质感的反思。在轻工学院，他的专业就是学习陶瓷的，而作为陶瓷专业的学生去把烧制陶瓷的过程给逆反，需要极大的勇气和智慧。景德镇的老师傅们一边做一边骂，没人理解他做的东西，而且他还不做小的，专要做大的。大的胎进了炉子，上层的温度和下层的温度进去以后很难控制，每次进去拿出来之后毁掉一个又一个，什么样的东西才算是成型，什么不算是成型，薄跟厚的关系问题，上釉和不上釉的关系问题，都让人无比头疼。因为要保持型，只能往里面塞聚酯塑料让它和整个结构融为一片，才能保持住结构的形状。所以坍塌与不坍塌之间有一个很有趣的辩证关系，这是方力钧陶瓷作品很伟大的地方。

我们就在景德镇确定了"泉空间"的展览，主线就是以这批陶瓷为主，然后副线就是他近期的一批小水墨。这个展览第一次展示他的陶瓷雕塑，也是第一次呈现这批小幅小墨。这些水墨跟他以前的木刻很相似，但又有不同的地方，集中用水墨来探讨人与人之间的关系。就像他认真琢磨陶瓷和版画一样，方力钧真的去琢磨水跟墨的属性问题。从答应给他做展览到正式呈现，一共准备了四个月。因为做个展跟做别的联展不同，做个展一定要对艺术家有很深的了解跟研究，光是研究他的作品层面是不够的。2013年的个展，主题就叫"方力钧2013"，意思就是新作展，但是这个新作展是以方力钧为出发点，从他的创作形态到生活形态、旅行形态，各方面都在那一年有很大的改变，是他碎片化的生活跟经验的一个集中体现，这种碎片化的表达在很大程度上反映了他的变化和中国当代艺术的变化。这个展览是他最重要的个展之一。

今天接受你的采访，回头来看2013年方力钧的这个展览，我特别感谢方力钧放手让我来做。整个展览的呈现方式包括作品的挑选，所有的地方全是由我来决定，我选择放视频，把他的陶瓷小件放在墙上，用我们特制的玻璃盒子套着，他都没有提过一点意见。这就是方力钧伟大的地方，一切由他信任的人来拿主意，方力钧的情商是所有的艺术家里面最高的。其他艺术家的情商也很高，但他绝对是第一个。

作为策展人，方力钧的艺术成就很难用几句话去说。我就说一个小事吧。我去法国蓬皮杜美术馆，走到最醒目、最开阔的地方，第一眼看到的就是方力钧四联巨幅版画挂在那里，他的作品最招眼球。衡量一个好的艺术家，很大的一个标准就是你被什么人收藏，被什么机构收藏，所以我不能主观说这个艺术家很火，可以卖多少美元，如果你看到是被谁收藏他的作品，你就会知道他的名声是真是假。如果你去法国蓬皮杜可以看到他，你去纽约的MOMA也可以看到他，那么他就是非常好的艺术家。方力钧的作品非常醒目，他不会淹没在其他艺术家的作品里面，他的风格很独特。我很崇拜他。

一次巧遇／成为朋友

★ 人物采访：施学荣，收藏家
★ 采访时间：2017 年 12 月 2 日上午 10 点
★ 采访地点：湖北省美术馆咖啡厅

> 每个艺术家的人格，都是自己修炼出来的，方力钧的人格是很大量的。他对朋友的感情从来不虚伪、不做作，真情流露。他对艺术是这样的态度，对朋友也是这样的态度，没有造作，没有自私。他说过当你表扬一个人的时候可以在众人面前，当你批评一个人的时候不要在众人面前。他就是这样的一个人。我们两个怎么能做朋友不是因为地位，也没有利益的冲突，我们之间很平等，就因为性格相投。
>
> —— 施学荣

　　我热爱艺术是受我太太影响，她从前是学陶瓷专业的。我第一份工作是在公司做寄送员，就是寄送文件的，我在公司做了 37 年。这次我从新加坡来武汉，很开心接受你的采访。今天和你聊一聊方力钧，他不仅是我非常欣赏的艺术家，更是我非常喜欢的朋友。我收藏他的作品应该是在 2000 年以前，通过新加坡蔡斯民的画廊，我收藏了几幅方力钧的作品，但是从来没有见过他。蔡斯民是最早把中国当代艺术作品带到去新加坡的画廊老板。我常去新加坡他的画廊看展览，然后看到了方力钧的作品。就是最早画的那个光头系列，还有很多花的那个系列。

2013年，方力钧意大利威尼斯个展上，与施学荣夫妇
——

　　第一次看到方力钧的作品，我感觉他的画法跟我们新加坡的那些艺术家南洋画风完全不一样。他的画非常细腻，尤其是他画的颜色，第一次看他的作品，一下子就吸引了我。我收藏的第一幅画当年是6万块新加坡币买的，相当于人民币30万。但那会儿30万也相当于现在300万。那件作品有一米多，我已经收藏有二十多年了，后来又陆续收藏了两张他的作品。

　　我们是怎样认识？说起认识方力钧，源于一场巧遇，很有戏剧性。那是我来北京参加第一届"艺术北京"，我住在798艺术区的一家酒店，走在798里，迎面遇见了方力钧。他标志性的光头，我在画册上看到过他的照片，很容易认出来他就是方力钧，我很主动跟他打招呼说你是方力钧吗？我是从新加坡来的，我是你的粉丝，我收藏了你的画。他听了笑眯眯的很有亲和力。后来晚上在798一个餐厅吃饭，我又看到他，又是无意中巧遇，真的和他太有缘分了。他马上就过来跟我说一起喝酒，就这样我们互相留了联系方式。

　　见到方力钧，他给我的第一印象就是很随和，而且他没有架子。

2017 年 12 月，在湖边美术馆

他的人和他的画没有出入，所以在 798 一眼就能辨认出来。我们真正有交集是他在 798 品画廊做展览的时候。品画廊的负责人金秀花邀请我去参加方力钧的展览开幕，然后我就去了。在展览上看到他很高兴，从那次以后，我们就一直在联络，他是一个很容易沟通的人。后来每次他在各地举办大型的展览我都会赶过来参加，后来我们就变得很熟了。

有一次，我们用微信联络，我说要去英国看我女儿，因为她在英国读书，马上要毕业了。他很感慨地说我邀请你全家来威尼斯玩，那一年他正好在威尼斯举办展览。他说施大哥，你从英国来意大利，酒店都给你安排好了。受到这么周到的礼遇，我很不好意思，带着全家人都去意大利看他的展览。

到了威尼斯，之前新加坡美术馆的人也邀请我来，被我婉言谢绝了，结果他看到我来了，他开玩笑说我邀请你你说你没有空，方力钧邀请你就过来了。我说方力钧是我的好朋友，他的邀请我一定要到。后来，我也邀请了我们候任新加坡美术馆总裁去看方力钧的展览，我们在威尼斯一起和方力钧吃饭，聊得很高兴。在威尼斯方力钧的展览上，我又遇见了杨超和刘淳，我们也是好朋友。

从威尼斯回来，总裁俱乐部要做一个晚宴，需要请几个艺术家来新加坡跟总裁们在一起交流，我们邀请了谷文达、村上隆还有方力钧，以及其他国家的几个艺术家。但是方力钧没来参加，他说施大哥，因为老爸病了，身体状况不稳定，不能去了。我说没关系，你别来了，好好照顾老人。结果过了两个礼拜，他父亲过世了。当朋友告诉我这个噩耗，我跟朋友说你帮我安排一下，我现在就飞到北京参加方力钧父亲的葬礼。

那天，当我赶到北京的时候是深夜，因为我从新加坡飞北京要六、七个小时，我早上听到他父亲去世的消息马上就买了当天的飞机票，到达北京已是深夜凌晨一点。朋友已经帮我安排好酒店，方力钧并不知道我已经来到北京。所有参加他爸爸葬礼的朋友都住在那个酒店。早晨五、六点钟，那时候天还没亮，有人来敲门叫我出发，所有人全部都在楼下集合，一起出席方力钧父亲的葬礼。等我到楼下，我看到全部人都在，包括我认识的那些朋友都在等我一起出发。

当我看到方力钧，他戴个帽子，穿一件棉袄，也有点胖，他看到我，有点意外，他说你来做什么？你离得那么远。他说施大哥，我不能陪你，我还要把父亲的骨灰带回唐山，然后他把我交给他的朋友，结果他的那些朋友全都来招呼我，带我去吃午饭，从中午十一点一直吃到下午四点，酒喝多了醉得不得了。然后又被他的朋友拉到酒店继续喝酒，到晚上六、七点的时候，我说不行了，就跑到楼上躺着休息了一下，然后再坐凌晨一点的飞机回到新加坡。那次从北京回新加坡后就病了，在家睡了两天。方力钧的父亲去世，我认为这是他最痛苦的事，但他在葬礼上是不哭的，他从来不流眼泪。

还有一个难忘的记忆是有一年春节，我邀请方力钧全家来新加坡玩儿，还邀请了杨超和刘淳。那年春节正赶上1月17号是我生日，他们不知道春节是我的生日，我们在一起玩了吃，吃了又玩。后来我提议

施学荣（左一）与太太（右一），与方力钧一家在一起

我们一起去巴厘岛，在巴厘岛又玩了两三天。两个家庭，孩子都在一起玩，相处得很和睦。

每个艺术家的人格，都是自己修炼出来的，方力钧的人格是很大量的。他对朋友的感情从来不虚伪、不做作，真情流露。他对艺术是这样的态度，对朋友也是这样的态度，没有造作，没有自私。他说过当你表扬一个人的时候可以在众人面前，当你批评一个人的时候不要在众人面前。他就是这样的一个人。我们两个怎么能做朋友不是因为地位，也没有利益的冲突，我们之间很平等，就因为性格相投。

我很喜欢和方力钧一起玩儿，今年五月份，我去了景德镇他的工作室。我太太也过去了，她在景德镇学做陶艺，那是我们第一次去景德镇，玩了三、四天，他带我们去瑶里古镇吃饭，玩得很开心，他在景德镇的工作室是很简单的，跟北京的不一样。与景德镇的工作室相比，他在北京的工作室太舒适了。

这些年，我看了他很多的展览，都很震撼。但武汉合美术馆、湖北省美术馆、武汉大学万林美术馆联合举办的方力钧的展览让我很难忘，感觉非常完整，无论是武汉合美术馆的手稿展、湖北省美术馆的个展、还是武汉大学万林美术馆的文献展，从小到大，艺术历程，完整呈现。在他的作品里面，可以看到他的人生变化。接下来，我希望以后能把他的展览带到新加坡去做。

今年 9 月份，我邀请他到新加坡，因为我在新加坡成立了一个非营利艺术慈善基金，他是我们的评审委员，还捐了一幅画给我们拍卖，资助新加坡年轻的艺术家。新加坡的媒体做了一整版关于他的采访，我把这个报道放大装裱好带到了武汉，因为后天就是他的生日，我准备当作生日礼物送给他。

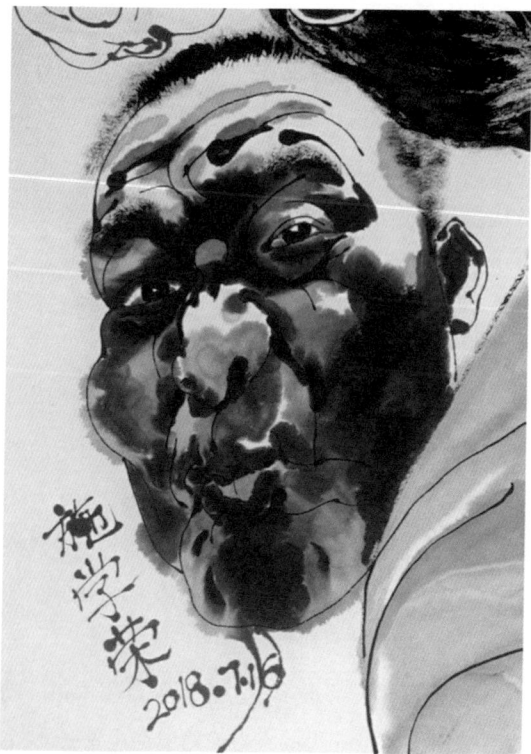

方力钧画施学荣
——
作品局部
纸本水墨
2018 年

他就是一个农民

★ 人物采访：胡健，艺术从业者
★ 采访时间：2016 年 4 月 11 日上午 10 点
★ 采访地点：景德镇

现在像倒磁带一样倒回来看方力钧，那会儿的他跟现在的他应该是有联系的。我们中专三年，方力钧学习很用功，在我印象里，应该说他是一个绝对勤奋的人。方力钧最大的优点就是成功了有钱了也不膨胀。其实，他就是一个农民，不知道享受，就爱去吃街边摊，天天吃那个还很开心。

—— 胡健

我和方力钧是河北轻工业学校的同学，这个学校现在改成了华北理工大学，我们当年读的那个陶瓷美术专业被华北理工大学收编了。我们班有 20 个同学，18 个男生，还有两个女生。在这里 18 个男生里面，现在真正做职业艺术家的只有方力钧和杨少斌。

你来景德镇采访我，让我讲述一个不一样的方力钧。现在像倒磁带一样倒回来看方力钧，那会儿的他跟现在的他应该是有联系的。我们中专三年，方力钧学习很用功，在我印象里，应该说他是一个绝对勤奋的人。1980 年刚入学的时候，方力钧很不起眼，刚开始我对他就没有印象。他来自邯郸，邯郸那边只有招两个学生，方力钧是其中之一。我

1982 年，与同学胡健在河北轻工业学校
——

家就是唐山当地的，小时候我并没有想过要当艺术家，那个年代家里人希望我能有一个专长，那时候学美术不叫画画，叫特长。如果在那个年代能有一个特长的话，就会给将来的工作或者生活带来方便。

方力钧是到中专二年级才冒出一点小个性，到三年级的时候就在班里头明显地跳出来了，不管在绘画上还是情结上，就感觉他和同龄人有一些不一样。首先，他比较努力，各方面的专业课都非常用功。我们那个年代都很穷，上中专的时候，一个月只有十块钱的生活费，十块钱，那时候他还得买书，买绘画这方面的书籍。同学们一般有钱也不会买书。他有求知欲很强，就爱买书、看书。在那个年代，买书是很奢侈的一件事。他那时候家里条件相对还是比较好的，他父亲是火车司机，铁路上的工人在那个年代就属于高收入了，所以说他有这个经济条件能买书看。

那时候，我们读书国家给生活费，每个月是十块零五毛钱。他家里肯定给他钱，那时候学校没有什么图书馆，我们班里头没有买书的，那个年代的孩子哪有买书看的。只有他，无论书店有多远，他都要去书店买书。我记得他刚开始上学很不起眼，逐渐地第二年、第三年，临到毕业就初具锋芒了。因为他是一个有目标的人。他跟我们不一样，上中专的时候，他脑子里想的可能就是我要上大学，要考中央美院，将来继续要从事艺术这个行当。上三年级的时候，我就发现他目标很准确。我和他是从中专二年级开始走得越来越近了。我当时觉得他这个人还是有一点意思。比如说他看问题有一个自己独立的判断和思维。那个时候他非常内向，不是很善于表达。我觉得他上学的时候就是一个守规矩的人，也不喝酒抽烟，就是爱流浪。学校一放寒暑假，他就跟着别人家去外地写生，有时候是张家口，有时候是秦皇岛，有时候还去农村，他喜欢流浪的生活，他就是一个浪人。

方力钧读中专时候很守规矩，基本上不惹事。有一回，他跟一个女生发生了一点小摩擦。这个女生现在在南京。我们上学的那个年代没有手机没有电话也没有网络，都是书信往来。当时我们这个女同学可能正在谈着恋爱，她的信到了学校传达室，方力钧就把那个书信给她带回来了，带回来的时候他可能没注意，这个信其实已经被打开了，但不是他打开的。他就把信送给了这个女同学，这个女同学就一直耿耿于怀认为是方力钧打开了她的信。这个误会没吵起来，只是过后她对方力钧有看法。

中专毕业之后，他回邯郸去了一家广告公司，我毕业之后在工商局做公务员。他去广告公司画广告牌，基本上不去上班。他在家里第一就是画画，第二就是学文化课，因为我们都没上过高中，他就为了考中央美院做准备。我们1983年中专毕业，他1984年参加全国美展还获奖了，当年能参加全国美展也非常厉害。1985年，我们曾经一起考中央美院，他考的是版画系，我考的是壁画系。他一考就考上了，我一考就落榜了。

在那个年代，能考上中央美院，他在邯郸一个地级市也是很震撼的一件事。当年跟现在可不一样，那时候上美院的学生，本科生加上研究生，也就两百人，再加上教职员工，一个学校也就四百人。

方力钧到中央美院读书之后，我们一直也都有联系，他给我感觉也没什么变化。他还是那么用功，他绝对是一个有目标的人，他心里头一直藏着一个事，他就想做这个事，他就有这个情结。那个年代当艺术家就是一个职业，不像现在这么风光，这么五光十色。我们那阵儿通信少，如果我上北京就去王府井中央美院看他，我就觉得他那时候总是缺钱。他没跟我说，但我感觉到了，他那阵儿也有女朋友了。如果我手里正好有 50 块钱，或者有 100 块钱，就和他一块吃个饭，他要是说回不去家了，我就弄个车票给他，但那都是小钱，反正遇上他有困难的时候，我肯定帮他。

记得 1988 年 9 月，有一次，方力钧在湖南教课，教完课以后就往西南走，一直走到重庆，然后一个人流浪到云南，他到大理没钱了，就回不去了。他可能也不好意思跟家里再要钱，那个年代书信来往也需要一周的时间，他就给我发了一封电报，就是速寄 200 元。那个年代，一个人正常工资可能也就几十块钱一个月。后来，他还了一幅画给我。他上大学的时候，做了一种小版画，就是一些试探性的小作品，那时候，他做点东西就陆续给我寄过来让我看看。他最早期的那种版画，我手头都有，我觉得挺不错的。后来他做文献展，这些作品我都还给他了，这种好东西，也不能都让我自己给收了。当初他可能就觉得给我更安全一点。现在他也送我东西，可能他觉得在感情上，拿画也是一种表达方式。那阵儿他给我油画我没要，他说要不给你拿张版画，我说行，就弄了一张版画。

方力钧大学毕业之后创作了一组素描，他对自己的判断非常准确，九十年代初，他大学毕业刚到圆明园的时候非常落魄，经济很拮据，日子过得非常苦。他有机会可以把画变成钱，那些使馆的外国人经常买他们的画，但是他没卖，早期的画他都保留住了，当时他就认为这些作品将来还要做展览。他在圆明园时期苦成什么样我不知道，我那阵儿跟他失联了。但有一个细节要告诉你，他大学毕业之后在萧昱北京十四中那儿去住了有半年，他穷得没钱交房租。那年冬天，我去北京跟他住了一个晚上，没有床，打地铺，萧昱也不是北京人，我们仨住在一个小屋子里，墙上全是冬天的霜，结的白花花的霜。1990年，我上北京看他的时候，他那阵儿还卖服装呢。第二天，他送我去北京站，完了之后就没有联系，因为他既没有固定的地址，也没有固定的电话。

圆明园断了联系之后，1992年，我就辞职单干了，自己做点小生意。1993年，我听说他在宋庄就去找他，他是第一个进入宋庄的人，他去的时候宋庄连路灯都没有，后来那个路灯都是他给装的。我到宋庄找他，他带我上通州县城吃饭，要了一桌子菜，那阵势挺隆重，我还带去了两人。他在宋庄的工作室有两亩地，那是他花三万多买的一个院子。这个院子大体要是按标准间论的话，大体应该有二十间房，面积非常大。

方力钧有地主情结，他喜欢地，喜欢房子。他有钱以后喜欢买单。他那时候基本上吃饭全是他买单，不管有多少人，全是他买单。他花钱比较大方，也喜欢给别人花钱。买单很有吸引力，过去的艺术家那时候都穷，也不需要通知，只要闻着点风声，说哪块有饭局，就跟苍蝇似的，没多长时间，由十个人一桌可以变成四桌，十个人，二十个人，三十个人，四十个人，声势浩大。

你问我方力钧身边为什么有那么多的朋友？这个东西就是做人的真诚，你对朋友真诚，反过来人家对你也真诚，这是相互的，方力钧对朋友都很真诚，特好助人。他内心强大，承受力非常强。可能同时发生几件辛辣心疼事，都是让他非常难受的事情，但他最后还装着没事似的，外表尽量不露出来，他总是把难受咽到肚子里，绝对不让别人看到。比

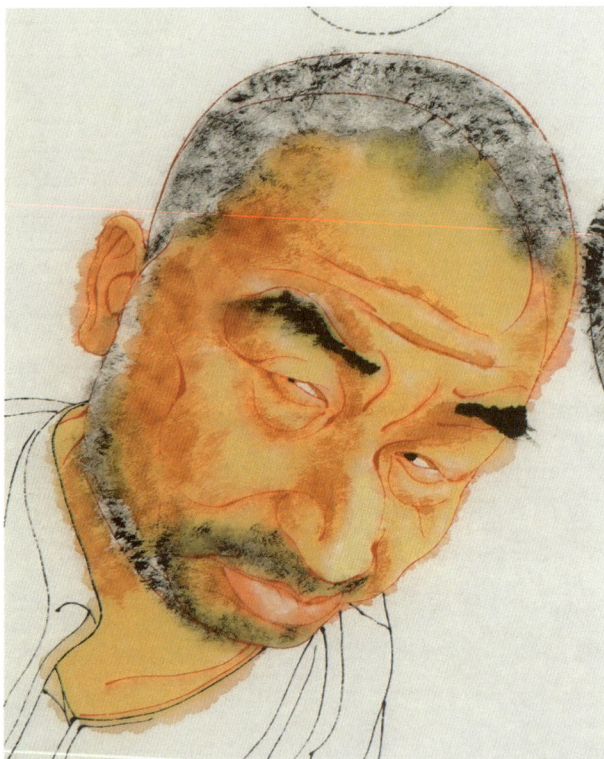

方力钧画胡健
————
作品局部
纸本水墨
2017 年

如他爸爸去世他很伤心。我那两天都在醉着。我跟他爸爸比跟他还近呢，处得都跟哥们似的，那老爷子真不错，说实在的，他爸爸八十了，特别明白事理，我觉得他高不过他爸爸。方力钧记事能力非常强，这一点应该随他老爸，他爸爸记忆力非常好。

这些年，他有变化。他的性格过去和现在不一样，过去很内向、细腻。现在性格更外向，但是他做事的风格依然很细腻。他对过去老朋友、老哥们还是比较重感情。方力钧最大的优点就是成功了有钱了也不膨胀。其实，他就是一个农民，不知道享受，就爱去吃街边摊，天天吃那个还很开心。

061

恰同学少年，风华正茂

★ 人物采访：张林海，艺术家
★ 采访时间：2017 年 5 月 16 日上午 9 点
★ 采访地点：宋庄林海工作室

> 方力钧给我的感觉是一个很理性的人，他的理性不是机械似的，就像他名字一样，我觉得"力钧"这两字本身就是一种能量，这种能量并不张扬，他的名字有一种内涵。他能把很多东西用一句话去概括，他做什么事都准备得运筹帷幄才去付诸行动。所以，他不论做什么事情都会做出一个效果。这是他最优秀的地方。我觉得超理性的人其实就是情商很高的人，他能控制自己就是一种能量，把这个能量利用得很理性，这就是高情商。
>
> —— 张林海

  我和方力钧同岁，1980 年，我们也就 17 岁，当时还是少年的模样。我和他相识在邯郸群众艺术馆，一起跟郑今东老师学画画。虽然我们都在邯郸地区，但他在市区，我是涉县人。涉县的位置是在河南、河北、山西三个省交界的地方，它属于河北省邯郸地区管。七十年代末八十年代初，很多艺术家都到涉县写生，比如徐冰、李津、何家英、董健生、刘孔喜等。涉县在太行山，因为那是老区，许多中央美术学院的老先生都爱去涉县写生体验生活。

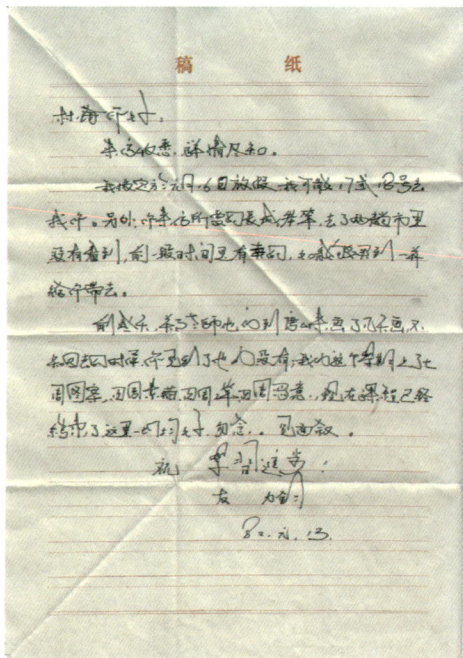

1982.1.13，方力钧
写给张林海的信
——

　　1980 年，我中学毕业，在家待着，一心想学画画。那时候在山区，根本没有条件请教到什么专业的老师，县文化馆的老师在我心里都觉得高不可攀。当年春天，邯郸群众艺术馆的郑今东老师带着中央美术学院史国良来到涉县写生，一块来的还有李乃宙老师。那时候史国良在央美读研究生，由他的导师周思聪介绍到邯郸见到郑今东。因郑今东老师曾经在涉县工作过 20 多年，对那儿很熟悉。其实在那之前郑老师的大名早已印在脑里了，只是无缘认识。就这样在涉县我的家乡认识了郑今东老师，当然同时也认识史国良、李乃宙两位老师。人生第一次见到三位这样高的老师时候，冥冥中就觉得这是命运的转折，现在回头看好像是上天安排似的。那时候我还不懂画画，之前就是喜欢乱画。这样认识后跟他们在村里画了一段。郑今东老师看我这么喜欢画画，问我在邯郸有住的地方吗？他说可以到邯郸群众艺术馆跟他学画画，我说那太好了，然后就到邯郸群众艺术馆美术班学画画，我在邯郸群众艺术馆认识了方

1998 年，同张林海、杨少斌在一起

力钧、王文生、王志平等一大帮子朋友。因为我家在山区，我到邯郸群众艺术馆的时候是什么都不会画，他们那时候已经画得很好了，我第一次看到石膏像，第一次听说还有专门的美术学校，比如中央美术学院。因为跟史国良认识，后来才有考专业美术学校的想法。

我是从涉县山区来的，到了邯郸，比较胆怯腼腆，跟市里学生不一样。记得当时最早主动跟我说话的是文生。那时候我跟方力钧不怎么交流，我跟他正儿八经说的第一句话是一块去考唐山工艺美校。我不知道他是否记得这个细节，当时的考场在邯郸师专，我去得特别早，他也去得特别早，我们俩就在那里碰上了，然后彼此点点头，那是初选，我初选就落选了，方力钧选上了。

我在邯郸群众艺术馆断断续续学了一个月，普及一下最基本的绘画基础。在那里学画的都是真正喜欢画画的人。那时候我的欣赏水平有限，我看他们画的石膏像画得都很好，因为那时候我还没有鉴别力。那时邯郸群众艺术馆的美术班也不是老有，我正好赶上一期，能到那个地方去画画，对业余画画的孩子来说是级别非常高的地方。这个班走出几个很有成就的艺术家，如：方力钧、王文生、田建平、王志平，岳志强、孙芙蓉等，1985 年，邯郸一共有 8 个人考上美术院校，这个数字在当年已很了不得了，我是第二年才考上天津美术学院。

1980 年，方力钧考上河北轻工业学校，我是初试就没有过关。那天，我们俩都去得特别早，参加初试的人特别多，我们俩在那里才有正式的交流，具体说什么已经都忘了。后来，我们俩进一步的来往是在 1981 年冬天，我已经去北京画画了。那时候史国良毕业了，分配到解放军艺术学院，他给我写信说你要是在北京有住的地方，来这画画可能比在邯郸要好。因为我有个舅舅在北京，所以很快就到北京来学画画。这时候，我已经知道力钧上了河北轻工业学校，但不知道学校具体的地址，当年也没有网络可以查询。知道他上了河北轻工业学校，我就很冒失地按照学校的名字给他写了一信，没想到还真回了信。那时候跟今天真不一样，没有便捷的通信工具，只能靠写信，其实，那时候精力和时间都比较旺盛。当年的我们跟现在的孩子不一样，我们对绘画的想法非常单纯，也非常的执着。在北京，我认识了一帮学画画的人，比如说岳敏君，1981 年冬天，我们俩在北京东城区文化馆学习班认识的。那时候他已经有工作了，我们俩见过面，因为都长得有特征。

给方力钧写信，因为心里羡慕他，能考上河北轻工业学校当时觉得是很幸运的一件事。我们俩之间的通信，我基本上都保存下来了，2010 年他做回顾展，问我还有没有保存着过去通信联络的信件？我说基本上都还在——当我把二十多年前他写给我的信都摊在面前时，当时有一种不真实的穿越感…… 我都忘了我给他信里都写了些什么？就记着我们聊得特别单纯，主要是聊绘画，聊最近有什么好看的书和他读了什么好书，其实就是美术方面的书，有文学方面的，那时候特别少，那时候我们对知识的渴求跟现在的孩子也不一样。有一次，他想看一本书，在唐山买不到，他就让我在北京的书店看看有没有，有了就给他买，然后给他寄过去。通过写信，这样就可以知道彼此喜欢什么，交流比较单纯。

　　那几年，方力钧就在河北轻工业学校上学，我就到处拼命地考学，结果他河北轻工业学校毕业工作了两年，他考上中央美术学院，我还没有考上，我比较笨，直到 1986 年，我连续考了五年才考上天津美术学院版画系。我学版画有两个原因，第一总觉得自己的色彩不好，第二也跟认识徐冰老师有关系，徐冰老师通过在涉县的写生刻了很多的木刻小品，八十年代末出版过一本木刻集非常精彩。我当时认识很多做版画的人，深受影响。比如鲁美的刘孔喜、河北画院的董健生。这样他比我早一年上了中央美院，我上了天美，因为天津离北京比较近，我们见面就多了，有什么展览我就来北京看，然后就住在他那里。

　　上大学以后，我发现他变化就越来越大了。因为相对来说，北京要比天津开放得多，信息要多。因为和他特别熟了，反而不去关注他本人的那部分，而去感觉另外的部分，比如他的作品，当时我感觉他的画已经形成了一种风格。他刻了很多木刻，画了一系列光头素描，后来他参加中国美术馆第一届" '89 现代艺术大展"。他那些题材有涉县的痕迹，全是我们家乡的风土人情，包括风景、人物，都是黑白的，我没有那么敏感，方力钧就很敏感，最早画出来一系列的素描，我发现他从中吸取了很多东西，这种思维就跟我特别不一样。

　　方力钧比我先大学毕业，毕业之后有很长时间我们都没有信息。我们俩再见面已经是 1990 年的元月份了，快过春节、快放寒假了，我已经记不清找谁要到了他的地址，我给他写信说"我想过来看看你"，他说"来吧，现在我住圆明园这边。"因为我不知道他有没有工作，毕竟有半年多没有通过信，就冒昧地给他写了一封信，我就来圆明园找他，找得很费劲，因为那里是北京郊区，现在已经成为繁华地段。他那时候住在挂甲屯，就在圆明园旁边的小村子里。我记得坐公交车到北大西门，他告诉我怎么走，我就问一路打听，最后在一个院里找到了，我敲开院门，那是农村特别破的门，一个破院子，我看到他的时候他好像刚起来，穿一件旧棉大衣，给我第一印象就是好像好几天都没洗过脸。那是北京元月份最冷的时候，我走进他的房间，屋里不说没有暖气，连炉子都没生，炉子是灭的。我在那里陪着住了两天，房间没有床，也没有炕，我们俩就睡在地上。他从中央美术学院毕业的时候，拣了很多同学不要的被子，我不知道地上铺了多少层被子，被子下面铺了一个画板，我们俩就在那上面住。那时候也不觉得苦，我是从农村出来的，觉得受这点苦很正常。我就看他画画围着被子，因为特别冷，光线也不好，他坐在被窝里，前面支着一个画板，画最早的素描系列。我住了两三天，那时候我也没钱，每天对付着吃点东西。走的时候，我说我请你吃饭吧，我们俩跑到北大的学生食堂，不记得吃的水饺还是面条，他讲了很多我不知道的故事，他说每当有点钱的时候，能买上吃的东西，可是周围有很多人，开吃的时候呼噜噜地来一帮人，一块给消灭了。那时候身边画画的人都是那样吃不饱的状况。

你问我当时为什么要来找他？因为我马上要毕业了，我想咨询一下上北京来，可是没有路子肯定进不来，我想听听他毕业以后怎么办。他半开玩笑地说"要什么工作，户口也没有用，你就把户口本揣身上，旁边那个院空着，你去那住这画画就行了"。可是我跟他不一样，因为我家是农村的，我的父母是农民，我上了几年大学，得给他们一个交代，假如没有工作的话，家里老人肯定不会理解，那时候大学毕业是要分配工作的。他是邯郸市里面的，他的父母都理解他的选择。我那时候已经认识他爸爸——后来大伙都叫方叔。方叔对人非常好，特别是对我们这些画画的晚辈，像一个"集体"的老家长！我记得我上大学三年级的时候，老爷子曾经去天津美院看过我

我大学毕业是 1990 年，比他晚一年。后来的故事也很有意思，那次见了他给我印象很深的是他对这条路走得很坚定，也很有信心。我还是没有信心，像他走这样的路，离开所谓的单位体制，可能我在天津这

个地方太闭塞了，觉得离开一个单位没法养活自己，你看到我身体有残疾。我是 5 岁时生了一场大病，我考大学费了很大的劲，也跟我的身体有很大的关系。大学毕业工作没有解决，我不想回河北省，我从那里考出来的，我想留在天津，结果因为身体原因找单位很麻烦，我想给自己的腿做一次手术，那是我第三次做手术，换一个人造关节，因为骨头已经坏死。这个手术做完了，手术做得不理想，也不能走道，身体极度被摧残，命运就急转直下，带来的全是负面的东西。我记得是 1992 年春节后做的手术，那一年是在非常痛苦的状态下活着，跟方力钧有很长时间没有什么来往，他的住处老在变动，后来我通过邯郸的郑今东老师才知道方力钧新的通信地址，通过写信联络的方式，我第一次提出来想让他帮忙。我手术效果不好，没有工作，没有收入，没有房子，什么都没有。对于我这种被动性格的人，我是信任他才会直接说让他帮助我。他还真不错，我记得是 1992 年 8 月份，他带着岳敏君和杨少斌去天津看我，当时我借助在天津郊区一个房子里，他来了我很吃惊，因为我觉得信发出去石沉大海，当时是最苦恼的一段日子。

方力钧来天津已经快到中午了，我的一个学生带他们来郊区找到我。我毕业以后教了几个学生，这些学生家长也都帮过我很多忙。当时他们那种状态跟我在天津是两个感觉，他们能发展到今天那时候就能从他们身上看出来，因为他们很坚定地走画画这条路子。方力钧当时给了我一千块钱，他知道我这个人是很好强的，怕我心里过意不去不好接受，他特意挑了几张我的黑白版画带走了。在我人生最低谷的关键时候，这钱在当时很重要，这件事对我这一生都非常有意义，那时候我已经觉得山穷水尽了，在天津举目无亲，没有工作，甚至想走向绝路了，他给了我一线希望，很像绝处逢生！最重要的是让我重新鼓起了信心。

在我的人生当中，方力钧有两次给我带来了特别大的影响，除了在我绝望的时候来天津看我，还有一次是我连续考五年大学，他帮我出主意想办法，带我去栗宪庭老师家。那一年我专业名次已经能排到第一位了，我的文化课按照要求也超过了30多分，我觉得上大学应该没问题了，可问题出在我们家乡的招生办。他们没有按照要求的时间把我的文化课和我的政审体检表寄到天津美术学院，等到过了录取时间还没有收到通知书。有那么半个月的时间天津北京来回跑，上访找人，托朋友求助……在北京的话，方力钧那儿就成了大本营。帮我想办法、出主意，想找一些文化名人，看能不能疏通一下天津美院，后来徐冰老师通过青年报社的记者余大公，他亲自到天津美院高教委去过问这事，还有我1982年学画的老师李玉昌和我们学习班的老班长高碑生先生的鼎力帮助——我才被天美录取，期中的详细故事这次就不说了。

方力钧1992年秋来天津看我，给我的鼓励是很大的，后来再见他的时候应该是1998年，我在北京做第一个个展。那时候，他的状态已经很好了，第一次看了他在小堡南街的工作室，当时是带几个同学一起来的，一个个体画家建那么大的画室，完全超出我们的想象，当时就觉得他已经很成功了，不管是在圈子里还是在圈外，我觉得他已经是很成熟的人了，不再是回忆里的那个顽皮少年了。但是他取得的这些成好像在我意料之中。在北京做完展览之后，我又回天津了，我正儿八经搬到宋庄是2003年。再次与他见面他已经开餐厅了，餐厅就在朝阳公园，他让我过来玩，餐厅应该是2001年冬天开的。那时候有很多邯郸的发小，包括老栗（栗宪庭），我们一起去他餐厅吃饭。我一直坚信他不会把所有的精力放在生意上，他精力比我们旺盛，头脑也比较清晰，我觉得他开餐厅就是一种玩。玩的是心态，那不是他的事业，也不是他最终的目标，他开多少餐厅也只是另外消遣玩的方式。

我搬到村里来就和他见面多一点了。我们平常就在一起吃饭，也没有别的事情。过年、过节，只要他在村里，有时候就会一块见面吃饭。有时候我觉得这就是朋友模式。没必要天天见面，毕竟我们过去都有那么深的时间积累，在一块挺放松。如今，我们都定型了，这是一种很牢固的感情，也用不着再去表达什么，反正我本人就是这样的性格。偶尔和他聚一下，吃吃饭。他的展览我在京的话都会去看。

方力钧的魅力是他做事很有分寸，不会把事情做过了。他这个人拥有各方面的能量，走到今天对他来说是很正常的，现在我更理解他了。他今天的艺术成就和他这个人的性格是很协调的，他的成功是必然的。

方力钧给我的感觉是一个很理性的人，他的理性不是机械似的，就像他名字一样，我觉得"力钧"这两字本身就是一种能量，这种能量并不张扬，他的名字有一种内涵。他能把很多东西用一句话去概括，他做什么事都准备得运筹帷幄才去付诸行动。所以，他不论做什么事情都会做出一个效果。这是他最优秀的地方。我觉得超理性的人其实就是情商很高的人，他能控制自己就是一种能量，把这个能量利用得很理性，这就是高情商。今生能结识这样一位朋友我觉得已足矣！

062
—

他
是
孩
子
王

★ 人物采访: 付建彬, 会计师
★ 采访时间: 2017 年 5 月 22 日上午 10 点
★ 采访地点: 河北邯郸王边溪谷画家村

你让我谈方力钧, 应该说方力钧这个人体现的是人性美, 那就是人情。方力钧跟各种人都能说的来, 你要说他是领袖也可以, 但是他又没有叱咤风云的感觉, 他可以跟这些人都能打成一片, 像一个小孩子头。大家都很服气他。小时候, 他就是孩子王, 我们都很佩服他。我们在一起上课, 有时, 你捅我一下, 我捅你一下, 那种调皮的感觉。但是有一点, 他当时在班里属于稳重型的, 说话少, 挺安静, 上课就上课, 干自己的事就低头画画, 或者是想点什么事。他给我的印象是比较成熟, 也可能我比他小 3 岁。他比我们稳重, 通常都是同学之间你说两句, 我说两句, 他最后总结一句, 说的没准是笑话, 冷幽默的感觉出来了。

—— 付建彬

我和方力钧成为同学应该是 1983 年, 他从河北轻工业学校毕业回来, 我正在邯郸二中上高中, 他来我们学校上高考补习班, 就加入我们班了, 专门补习文化课。他白天上文化课, 晚上画画。他的理想比较远大, 他想考八大美院。当时我非常羡慕他, 别说在邯郸市, 在整个河北省, 能考上中央美术学院也是非常不容易的事。

　　我们班上有多少 50 多个人，他坐在最后一排，因为他个子比我们高一头，他小时候就长得非常高，他现在的个子基本就是以前的身高，这些年没怎么变过。

　　他在我们班上非常勤奋，一共要补习 6、7 科，英文、政治、地理、历史、语文、数学，他对自己有兴趣的就听一听，没兴趣的他就画画。比如他对政治课的兴趣不大，每次上政治课的时候他就画点速写，速写人物也是以画脑袋为主的比较多，现在方力钧画水墨其实就是以前上高中补习的时候画过的东西，后来他一直画油画。

　　我们每天上课到晚上 9 点钟，晚上下课后再一起去火车站画画，一般画到凌晨 1、2 点，有时候不回家就在火车站睡着了。他是孩子头，一些同样喜欢美术的同学都跟他去火车站画画，让他带动起来了。

　　我们在一起上课，有时，你捅我一下，我捅你一下，那种调皮的感觉。但是有一点，他当时在班里属于稳重型的，说话少，挺安静，上课就上课，干自己的事就低头画画，或者是想点什么事。他给我的印象是比较成熟，也可能我比他小 3 岁。他比我们稳重，通常都是同学之间你说两句，我说两句，他最后总结一句，说的没准是笑话，冷幽默的感觉出来了。

　　我们在一起玩得比较要好的同学也就 4、5 个，课余时间经常一起出去玩。邯郸有一个清河公园，一到礼拜天，我们就去公园转一转，对于我们来说是散心玩，对于方力钧来说，他就只关注那些景物，因为他爱画画，他喜欢观察这些东西。我当时的目标不是为了考美术学院，我在班里面学习成绩还算中上，我特别热爱足球，想考体育系，但是我父母不同意，所以最后我学财经了。小时候我的梦想是想做科学家。方力钧踢球是我带着他踢的，我老说"踢球去"，他说"我不会踢球"，我说"我带你踢"，就这样，他也跟我上球场踢。

　　有一次，我们一起骑自行车去安阳，也没有原因，就因为他就冷不丁说一句，"走，咱们去安阳吧"，我说"走吧"。那时候没有别的交通工具，全部都是骑自行车。那时候整条路都没有路灯，他坚持骑车走了很远，直到天黑了，我喊他"方力钧，我们回去了。"他不吭声，自己继续往前走。

一个人年少时，在什么环境下读什么样的书，大抵也就构成他其后生命的底色。这个阅读的起点，每个人不一样，这种偶然性和差异性，也是使得许多读书人具有鲜明个性的重要原因。阅读，尤其是年少时代的阅读，有点像是心灵播种。你种下什么，就长出什么。方力钧爱看书，有素养，他推荐我看《忏悔录》。他爱看哲学，爱说一些自嘲的话。比如说去清河公园，我们那有 12 生肖的雕像，他在每个动物旁边看看，走到猴子身边以后，他冷不丁的模仿那个猴子的动作，一声不吭地坐在那里。我们都往河边走着，突然找不到他人了，一回头看到学着猴子的雕塑一动不动地坐着，冷不丁地给了我们一个意外的惊奇。

记得高考前二三个月，我们天天住在一起。因为我们关系好。我家里房子小，和父母在一起住比较乱，我不能安心学习，所以就和方力钧住在一起。那时候，他住在哥哥的房子里。那时候已经进入高考前的复习期，老师的课本知识基本都讲完了，需要把高中三年整体复习一遍。当时就我们两个人，他的文化课不好，但是方力钧画得好。有时，他教我画画，我给他补习文化课，互相影响。

那一年，他高考前的压力比较大，毕竟他是二次高考，别人是能考上本科就知足了，他不但要考上本科，还要上最好的大学。在这之前，他也很顽皮。那一年，他真辛苦，白天上课，晚上画画，直到高考完。

高考完之后，我们俩没事干，我说"走，游泳去。"我不知道方力钧不会游泳，我说"你下来游一会儿"，我跟他说话，他也不理我，我在水里面游泳的时候，他在旁边思考。一般我们上午 10 点钟就去游泳，下午人多，反正上午没事，游泳池 10 点开了，我们就进去，进去以后我游，他坐在岸边，游泳池有这么高的小跳台，他就蹲到跳台那里看着我游，

2017 年，在方力钧工作室，左起方力钧、付建海、郑今东、付建彬、丁勇、李和平

然后他天天回家就画游泳，我也不知道他画这是干什么用，当时不知道对他后面的创作有什么影响，直到后来我看到他画的《水》系列。当时我对《水》系列特别敏感，因为我们在游泳的那一段历史，是我们两人生记忆中最深刻的一段。为什么会记忆深刻呢？十年寒窗就等这么几天了，到底能不能考上，那种等待的心情，那就是《水》系列里面所反映出那种说不出的感觉。他的《水》系列里，有露半个头的，有整个在水底露一点的。那种漫无边际，不知道方向在哪，迷茫不知所措，总之一句话就是不知道能不能录取，那种复杂的心情，每天吃不下去饭，就是漫长的等待，要等到一个月以后才能知道是否录取。那一个月，我们俩的休闲就是游泳。

当我看了他画的《水》系列以后就浮想联翩了，因为方力钧画的游泳池没有岸，就是水整个把人罩到里面了，因为这个画没有方向，没有目标，往东去是大学，往这边去没准就是落选。他画的就是我们当时的心境，我后来看了他画的水，我觉得反映了真实的情况，实际上这也是学生时代他真实的感受。

高考完一个月之后，通知书来了，当时他见我面没吭声，在路边树下坐着的时候，他说："我考上了央美，录取通知书来了。"后来，我每年都去中央美术学院看他。我在中央美院 5 楼看过球，一个大教室就放一台黑白电视，学生们都去看，我来看他，方力钧很高兴，他知道我特别爱看球，领着我上 5 楼看足球比赛。我喜欢和他在一起玩，反正我那时候感觉他像是我大哥，因为他教了我很多东西。

在中央美术学院读书后的方力钧有了明显的变化，他的状态比高考时候放松多了，那时候他常穿一件红羽绒服，刚上大学头两年留的是大长头发。和我在一起高考补习班的时候感觉他话很少挺持重的，上了大学又不一样了，说学的东西多了，开心的事多了，他的心态不一样了，接待我的感觉也不一样了。

转眼几年过去了，方力钧大学毕业了，分配的工作他不去上班，有一天我问他在干啥，他说在福缘新村一亩园，他的通信地址就是这么写的，我就抽时间看看他是什么情况。他告诉我到德胜门以后坐哪辆车能到一亩园画家村。我下了公交车找到他的地址，他在村边等我。我在一亩园印象最深的是他领我进村，他说你注意点。为什么说他是冷幽默呢，他一进村脸上就没有表情，他说"这的人比较怪，都跟神经病一样，你可要当心"。正说着呢，那边都是平房，冷不丁地出来一个人，一个男人，留一头长发，穿一大裙裤，要是正常出来走也行，他出来一看有陌生人就回去了，正好赶上方力钧刚跟我说完这句话。当时我说："你说他们神经，为什么你在这住啊。"他说："他们跟我不一样。"

我去了方力钧的画室，记得是一间很小的平房，门朝南，红砖瓦的房子，肯定是夏天热，冬天冷。进门以后就是画画的地方，当时里面有蜂窝煤炉子，有方便面。看完画我进了里屋，小屋没有床，我奇怪他睡到哪呢？地上是用《人民日报》和《参考消息》等各种报纸编的辫子当床，有一米宽，两米来长，特别有创意。我当时还没想他是没钱，总觉得艺术家就是这样，当时给我的感觉还是一种创意呢。他把以前的报纸拿出一个角一寸一寸地折叠，变成了一个长条，然后无数的长条横的、纵的编成一个面，用报纸编织的床，他在那上面睡觉，被子当床垫在那扔着，枕头也是横着放，被子也没叠，席地而坐，席地而睡。那个用报纸折的床垫子给我的印象特别深。我说："你就睡这个地方？"他说："这里多好。"我当时不知道那叫辛苦，我以为是创意，以为他弄这种床就为了与众不同呢，并没有想到他窘迫到这种地步，编这种床当床垫，当时我想真有艺术气质，把报纸做成床垫，到现在我都没见过。

你问我最难忘的事是什么？这应该算是让我记忆深刻的一个细节。那天他请我吃饭，没钱，弄了三个菜。我印象最深的是半瓶臭豆腐，他已经吃了一半了。还有一个花生米，还从外面买了一道菜。那时候不知道他手里面没钱，他从来不跟别人说我很困难。当时他的窘态，后来在他写的《像野狗一样生存》里我看到了。虽然窘归窘，但是那时候他挺开心。

又过去了一年，我再去看他的时候，他住在离一亩园不远的一个小二层楼，应该是一室一厅。我印象非常深的是二层楼，他的屋推开门就能看到挂着第六届全国美展获奖的画，进门以后，就是他画的那幅鹅卵石。他说："我现在带班教学生了。"我问："你有多少个学生？"他说："有60、70个学生吧。"我问："一个学生多少钱？"他说"600、700吧。"我说："你挣这么多？"这次与他见面感觉他稍微富裕一点了。他把我带到友谊宾馆下面有一个小街的川菜馆，去饭店点了四五个菜，还有酒，很开心。

后来，他往国外走了，去了荷兰工作，这一段我们就没有联系了。

2013 年，与郑今东老师、付建彬在北京泉空间开幕式上
——

再度联系上是 2002 年，因为当时我在北京延庆华远宾馆上班，他们请
我过去做总经理。延庆是避暑胜地，环境非常好。我到了北京以后，通
过朋友知道了方力钧电话，我就跟方力钧说让他来画画，他说"行"，
但是这个艺术项目没做成，所以我们没见成面。后来冷不丁他给我打电
话，我当时正在图书城，他问我在哪，我说"我在图书城"，他问"有
时间吗？中午请你吃饭，你都想见谁？"我说"就咱那几个同学"，他
说"行，你来吧。"我就去了他指定的见面地点——现代城四楼"茶
马古道"。我们一别好几年，他见到我特别高兴，但还是那样挺坦然的
样子，当时他穿了对襟的中式大褂，特别宽大。由于我去的比较晚，高
中时期的那几个同学都在等我，除了方力钧，还有朱会平、王志平、岳
志强等等。方力钧在"茶马古道"拿出一瓶茅台酒，朱会平立即开玩笑
对我说："你真牛，方力钧这么对你。"那天吃的菜是云南菜，印象最
深的是青蛙皮，没想到青蛙蜕完皮以后是黑颜色的，我当时认为是青蛙
皮，实际上不是，是山珍。"茶马古道"的菜是非常牛的，还有一道菜
是斗笠，斗笠翻过来是汤盆，中间的是奶白色的汤，闻起来非常香，味

道非常好，边上的盆子叶是鲈鱼，那时中国刚有鲈鱼，是从国外引进到中国的。鲈鱼切成片在里面涮，斗笠翻完以后是平的，中间是个窝，鱼片都切到周围摆一圈，非常漂亮，中间是高汤，鱼片跟涮羊肉一样，涮到里面就熟了，就能吃。我第一次吃"茶马古道"，对那里的菜印象非常深，全是从云南空运过来的山珍，菜谱总共是 12 个菜，他们的菜不多，特别精致。有六个菜我以前都没吃过，包括一个松树尖，就是松树刚发芽最嫩的东西摘下来，还有几种我叫不出名字，都是从云南运过来的。酒杯又粗又高，是陶瓷做的，非常讲究。那天茅台喝了两瓶，朱会平不喝茅台酒，他喝的是青稞酒，一直在"茶马古道"放着，他就爱喝那一口。那时候同学见面有一醉方休的感觉。从那时候起，我知道他成功了，画画出名了，但当时他没有大家的感觉，我始终觉得他就是我的同学。

接受你的采访，回忆方力钧请我吃过的饭，还有一个细节要提一下。方力钧卖的第一幅画我知道，是在八一饭店。那是高考完以后，他给八一饭店画广告，他画了一瓶白酒、一瓶啤酒、一只烧鸡，当时应该是鱼香肉丝，反正炒了两盘菜，弄了两瓶酒，给人家画了一幅广告画，当时他跟我说卖了 80 块钱。

那是他挣到的头一桶金，后来我说你卖 80 块钱要请客，他请我吃了一顿十块钱的饭，那已经是大餐了。

后来有一次我去宋庄了。我跟赵老师一块参加其他朋友的画展。我到了宋庄给他打电话，他说："你在北京呢？"我说："我在宋庄。"他说："你等着。"他当时正在北京市里，马上他让朱会平来接我了，把我接到市里，去了他的岳麓书屋。那次和他见面，他也是盛情招待。

你让我谈方力钧，应该说方力钧这个人体现的是人性美，那就是人情。方力钧跟各种人都能说的来，你要说他是领袖也可以，但是他又没有叱咤风云的感觉，他可以跟这些人都能打到一片，像一个小孩子头。大家都很服气他。小时候，他就是孩子王，我们都很佩服他。

063

极度理性和极度感性的混合体

★ 人物采访：吴鸿，策展人
★ 采访时间：2017年4月7日下午3点
★ 采访地点：宋庄艺术国际

> 方力钧性格里面极度理性和极度感性是交织在一起的。他对待自己的作品、自己的工作以及对待展览是非常理性的。他对展览的学术性要求非常高，一个展览如果学术性不成立，他绝不参加所谓的"人情展"。
>
> —— 吴鸿

艺术国际网站现在的办公室曾经是方力钧的工作室，我们艺术国际网站大概是2013年8、9月份搬来办公的，为我们促成这件事的是一个共同的朋友李玉端。当时李玉端有个展让我帮他策划，那个时候我和李玉端接触比较多，私下聊天就聊到网站运营的情况，当时我说这个网站做得太困难了，也挣不到钱，自己还搭钱，办公地点在草场地，路途很远，所以这个网站对我来说的负担太大，我当时想停掉。后来李玉端就把我的情况跟方力钧提了一下，方力钧就说"要不来看看我这个工作室，行的话就搬过来办公吧。"就这样，艺术国际网站从草场地搬到了宋庄。

今天接受你采访，我又重提这件事，我也经常跟一些朋友聊到这个事，因为当下跟他一样级别的艺术家们，很多人其实有能力做这个事，但是能像方力钧这样做的好像没几个人。这个工作室原来都是他父亲帮着打理。我搬来之后，左邻右舍的邻居就会过来问我"你是方力钧什么人啊？"然后我们就自然而然聊到方力钧的爸爸。我认为他爸爸真是一个太厉害的人，这个村子里所有的老百姓，只要聊到方伯伯，没有人说会说一个不字。方伯伯原来是在铁路上是做调度工作，也是全国到处跑，他的身上有一种侠气，而且为人非常谦和。我觉得这是一种非常好的心态，这个村子里很多艺术家和农民之间的关系本来还是比较紧张的，不是说有什么利益之争，而是他们感觉好像艺术家们都有一种高高在上姿态，心理上会有一种本能的压迫感。我能够感觉到方伯伯是从内心尊重他们的，老人家虽然去世了，但现在村里的一些农民还记得他，一提到方伯伯都会竖大拇指。我们这边水龙头坏了，只要打个招呼人家马上就过来修，包括周边的环境，有时候谁家盖房子，要长期占用道路，跟村里说一下，人家都会及时帮你解决。虽然老人家去世这么多年，但他的在天之灵还是在保护着我们。所以，搬到这里之后一切非常顺利。

我在做艺术国际网站之前，是在《美术同盟》做主编。那时候《美术同盟》在艺术圈的影响还是挺大的，因为当时有三四年的时间，所有的纸质媒体不允许报道当代艺术的内容，当年《美术同盟》是当代艺术唯一的媒体出口。以前，我跟艺术家之间不是太熟，后来搬到宋庄这边来了之后，才和大家都熟起来了。

记得与方力钧的第一次见面是在2005年，地点就是现在这个艺术国际网站的办公室里。那天中午，我们一帮人先去看了岳敏君的工作室，看完以后大家又到方力钧的工作室。记得当时他正在楼下画画。那天，有一个细节给我印象特别深，方力钧的工作室壁炉边挂着一幅他的小油画，那天有一个女性朋友在场，她应该跟方力钧挺熟的，她指着那副小油画对方力钧说："我喜欢这张画，你把这张画送给我。"方力钧说：

"不行，这幅画已经属于别人了。"这句话大概的意思就是这幅画已经卖掉了吧，但那个女的取下画拿走就跑出去了，方力钧紧跟着又把那画给追回来了。

我为什么要说这个细节呢？因为我觉得他的性格里面极度理性和极度感性是交织在一起的。他对待自己的作品，对待自己的工作，对待展览是非常理性的。首先他是个艺术家，他会很认真地对待他的工作，不管他的作品再小或者有没有人买都应该尊重这件作品，这也是尊重他的工作，不能因为两个人关系好就随随便便拿走了。他对待自己的工作方式也是极度理性的，这是一个互联网时代，我们随时都能从手机电脑获取一些图片资料，但方力钧会在工作室里布置很多资料柜，里面的资料和文件夹都分门别类。另外，他对自己的工作节奏安排也是非常理性的，作为一个知名艺术家，每天应酬会很多。我经常去他的工作室，他安排跟见面的时间、谈话的时间，以及自己的工作时间都特别有条理；还有他对展览的学术性要求非常高，一个展览如果学术性不成立，他绝不参加所谓的"人情展"。

2007年，我曾经参加方力钧在上海美术馆的大型展览，展出的作品是他画的那些小昆虫系列，也是他转型时期的新作品。那个时候正是中国当代艺术市场最热潮的时候，很多艺术家正在瓜分当代艺术胜利果实，很少有人在思考作品的转型。我觉得对他来说是在思考如何能打破这个市场对于他这种成功艺术家无穷的榨取模式。我们姑且不论他这个转型到底成不成功，但是我觉得对于他这样一个级别的艺术家来说，能够做到那种彻底的转型是很有意义的。

我觉得不仅仅是艺术家，包括作家，或者音乐家，他们往往和这个时代，这个社会之间有一种相互选择的关系。艺术家可以选择我跟这个时代有关系，或者我跟这个时代没关系，反过来呢，时代也会选择一些符合这个时代特征的艺术家，我觉得方力钧之所以能够在九十年代初被这个时代选中，对他的作品来说，固然有符合这个时代特征的东西。有的艺术家，他的作品是一种应景式的，时代过去以后作品的价值就没了。我经常也在想，方力钧的作品被那个时代选中，甚至是作为那个时代的一个符号，美国的《时代周刊》选他的作品做封面，那个时代过去以后，我们再回过头来看，仍然能够打动我。那么也就是说这样的作品从艺术史的角度，从艺术批评的角度，或者从策展需要的角度，也是一种符号性的。

刚才为什么我说他的性格是极度理性和极度感性的混合体，包括我为什么谈到他的父亲，那是因为他的内心还是对人性的脆弱有深刻的理解和关注。九十年代早期的那批作品，如果我们从那个时代政治需要的角度出发，就会从某一方面把它的信息过度放大，变成一个时代的"哈欠"，但是反过来仔细想想他的作品，其实也是对一些底层小人物内心脆弱性的一种观察。如果我们从这一点出发，那么他后来的一系列变化的作品就是成立的，包括画的那些小昆虫，本来在我们眼里都是低等生命，没人去关注，随时可以把它们拍死，还有那些很脆弱的陶瓷作品。说到他后来的陶瓷新作品，还有一个细节。当时在 798 "泉空间"开展之前，有一个媒体预展，我看完后跟方力钧在去吃饭的路上聊天，我说这次布展的用光可能有点问题，如果打外侧光它就变成一个雕塑了，观众看到的仅仅是一个体积以及外表的肌理，我觉得需要一点儿光从里面打出来，把陶瓷那种看起来很坚固，实则很脆弱的状态抓住，方力钧当时也很同意我这个说法，可能我的理解跟他的内心是一致的。他这些陶瓷作品其实就是反映了我们这个时代的人集体无意识，每个人都拥挤在一起，寻找一种安全感，但每个人的内心又是非常脆弱的。其实他的这些陶瓷作品，我觉得还是一种对普通人生命中的那种脆弱性，内心的那种焦虑感和无助感的一种人文观照。

有一次，我在宋庄和其他几位艺术家聊天，有人觉得方力钧的作品题材越画越小，那些代表一个时代的作品好像跟如今这个时代没关系了，包括那些水墨画的都是他身边的人，我说如果能紧扣住人性，作品的意义只会越来越大，这也是为什么当时我在"泉空间"看那个陶瓷差点都淌眼泪了，这就是能够真的打动我内心的东西。托尔斯泰也是从农庄的农奴去挖掘人性的深处，所以方力钧的作品看起来题材小，但是从人性的角度来分析是非常宏大的。

前年我策划了一个展览"倒叙美术史"，这个想法完全源于方力钧微信里的那个"开悟"群。当时他在群里发了他画的那批水墨画，紧接着大家都在发自己画的手稿，我就想为什么这些知名艺术家都在画这些东西？也许这些作品能代表当下中国当代艺术家心里普遍存在的某一种心理倾向吧，于是就诞生了这个展览。所以这个展览的作品特征虽然是纸本、手稿，还有一些小型作品，规模也不大，但是大家还都挺喜欢的。

后来还策划了一个展览"海纳百川"，是106个宋庄艺术家参加的一个展览，这个展呈现的是一个艺术家群体，我觉得不仅是像方力这样著名的艺术家，里面还有一些在宋庄住了很多年，但是作品一直没有太多人关注的默默无闻的艺术家，所以参加人数有这么多，如果要挑这个展览的级别，艺术家的级别，我想他们可能都不会参加，所以我觉得在他们身上，不管是对圆明园时期、还是早期宋庄时期的感情是非常深的，所以一旦谈到宋庄的展览，他们都会很支持。包括前年的宋庄艺术节，我做的那个展览"万神"，方力钧也是拿着最新的作品来参加。他是宋庄艺术区的精神指向性代表。

说完他理性的一面，再说他感性的一面。方力钧重感情，他只要从外面回来就会招呼不同的人在一起吃饭，一个是他的老乡，另一个是他的同学，还有早期圆明园的艺术家和早期宋庄的艺术家，这里面大部分艺术家，如果按照我们今天的商业标准来说是不成功的，但是他每次回来都会关照到他们。对于这些人来讲，方力钧已经这么成功了，每天这么忙，回来约大家一起喝酒，说明还能想到他们，这是一种大家都能直接认可的亲情。而且在方力钧身上还是有一种侠气，这种侠气一定要从他极度理性的角度去看，就会觉得非常有意思，并不是那种纯江湖的人。他身上具备的这骨侠气，能让人非常感动。在你困难的时候，或者是急需要帮助的时候，他会在最关键的节点给你帮助，但是他的方式又会让你非常容易接受。方力钧每次回宋庄约大家见面，都会叫上我一起喝酒，我以前酒量不行，喝一瓶啤酒就醉了，后来被他带得能喝白酒了。每年过年、过节，方力钧都会让他助手送一份小礼物过来。

你让我评说方力钧，我觉得他这个人身上有很多矛盾体混杂在一起，一方面内心是很孤独的，他经常打电话叫我过去闲聊，他一个人在画画，我就在一边闲聊嘛，经常一堆人在他工作室聊天、抽烟、喝酒，他自己在一旁画画，时不时会扭头跟大家说一句，能看出他其实是一个挺喜欢孤独的人。但另外一方面，他离了朋友就活不了。每个人选择孤独的方式可能会不一样，在这种热闹喧哗的场合下，他是这样一种矛盾的状态。

有一回，在他工作室，那天就我们俩，一开始喝了白酒，喝完以后又喝了两瓶红酒，那天我们聊了至少3个多小时，聊了一些他的作品，包括对其他艺术家的看法和对中国当代艺术整体的一些看法等等。方力钧的很多观点我是认同的，他对今天很多艺术家沉迷在这种市场带来的财富也好，社会地位也好，他是有一个非常冷静的态度，这次我们之间的交流也是非常真诚的。可能周围朋友会觉得我是一个挺倔的人，有时候性格也比较暴躁，所以从另外一方面讲，我也很少能够服某个人，我觉得方力钧真的就像一个大哥一样，而且每次在他组的局上，都会情不自禁地多喝一点儿，因为他会让你感到朋友之间的一种难得的亲情。

方力钧画吴鸿
——
作品局部
纸本水墨
2018 年

一个有社会

责任感的人

★ 人物采访：张子康，中央美术学院美术馆馆长
★ 采访时间：2016 年 7 月 3 日下午 3 点
★ 采访地点：民生美术馆咖啡厅

> 方力钧是一个很有责任感的人。
>
> —— 张子康

方力钧，我认为他是一个有社会责任感的人。

可能因为工作使然，我从 1993 年起，开始关注方力钧。最初的时候，主要通过国际上出版的一些画册了解他的艺术作品。

2004 年，我到今日美术馆工作。2005 年，我主持出版了一本关于当代艺术的书。[1] 我对于这本书的学术观点，艺术价值和典型性都有很高的要求，那时需要综合考虑各种因素挑选艺术家。收入这本书里的当代艺术家，方力钧是其中一个。从那时候起，我跟方力钧才有了物理意义上的正式的交流。

一开始对他的印象，我觉得他是一个完完全全的艺术家，单纯而友好。随着双方工作接触越来越多，艺术家方力钧对于我来说，更加立

---

1 2005 年张子康负责编撰的这本书成为推动中国当代艺术发展的重要出版物。

2013 年 4 月 18 日，张子康、罗中立、栗宪庭等访问北京工作室

体和多层面。艺术家身份之外，方力钧其实是一个很有责任感的人，这是他社会的一方面；而生活中他是一个真诚的、乐于助人的、细致的人。

我们之间也有一些难忘而有意义的互动。

2006 年，我策展，在今日美术馆举办了方力钧的个展，这个展览是方力钧在国内的首个个展。这个展览开展一年前，我和他进行了深入的交流、策划和准备，他为这个展览创作了一批新的作品。当然，这个展览也展出了他在各个时期的代表作以及新创作的油画、版画、雕塑，作品一共有 60 余件。

个展举办期间，展览吸引的人特别多，可以说人气特别旺。展览开幕式，美术界的资深评论家、电视主持人、艺术经纪人和收藏家也都被吸引来到现场。可以说那次的展览，成为方力钧和中国当代艺术领域的一次有意义的探索。

关于这个展览，[2] 我和方力钧讨论过很长时间。我们都有一个共识：就是做一些可以推动真正中国当代艺术的事情，这个展览就是我们工作

---

2 从规模、学术品位到策划宣传，方力钧的个展都是国内近年来最高规格的当代艺术展览。

的一个开始。我们都希望做一些对于中国美术发展，中国的美术馆发展很有意义的工作。可能这是这个展览可以吸引那么多人的一个原因。

我认为他通过这种形式，对美术事业的推动做自己的努力。从这个角度来说，我很感谢他。

之后，我给他出过书，又合作了一些展览。我们在一起就像哥儿们一样，有时候互相很讲义气，有时候一起开心。

了解到一些他的创作方式和工作方式，我也更进一步理解他的表达。在和他的接触过程中，我发现他会花很多时间都在工作室画画。有时候他工作到夜晚一点，也有时候，连续创作，夜里也不停歇。当然，作为一个知名的艺术家，和我们理解的一样，方力钧也会有各种各样的事情，在社会事务之外，他通常会安排时间把工作先做出来，不会因为社会事务耽误工作。当我们看到他参加各种活动，参与一些工作，我们看不到他另外一面，就是为了这些而付出的创作的时间。我很理解他。

我们之间还有一次比较有趣，也很有意义的交集和新疆有关。那时，我在新疆策划一个当代艺术展。可是展览面临很多困难，展览经费比较少而且整个地区环境对于当代艺术的理解还处于待启发的水平。那时，让新疆的很多大众认知一个像方力钧这样的当代艺术家，在策展的宣传推广上是有一定的难度；同时，北京的很多艺术家也觉得，在新疆这个地方做当代艺术展很不可思议，也有人建议这个展览不能做。方力钧知道我在新疆做展览却很支持。这种支持是实实在在的，例如他很积极地拿最好的作品参展，我请他到新疆参加学术活动，他主动积极的互动、推广、交流。

现在我们回顾这样一个展览——在新疆做的当代艺术展——对于推广当代艺术，推动新疆艺术的发展，都是有积极的意义。

另外一个角度，对于艺术家，或者对于在艺术行业从业的人来说，我觉得更多的意义在于：方力钧这样优秀的艺术家，他们对当代艺术有

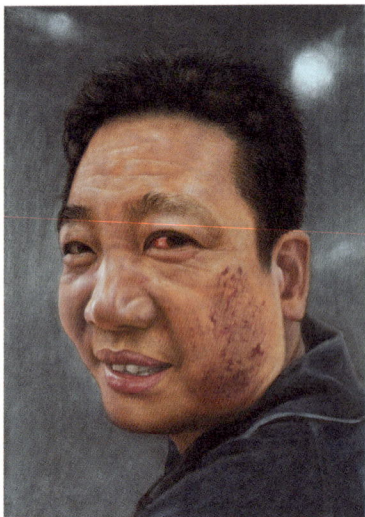

方力钧画张子康

——

50×35cm
布面油画
2010 年

一种推动的责任感。他们去了新疆，也很喜欢新疆，他们身体力行，也让新疆喜欢上了当代艺术。这是一种启迪，也是一种带动的力量，对于艺术，对于艺术创作是有益的工作。

这些年，在工作中，我接触的艺术家很多，我也希望艺术家能够到祖国的每一个地方，去推广艺术。

在艺术创作上，评论家们对于方力钧的评论很多。我觉得方力钧的创作有很多很巧妙的地方，既有看了让人有感动的、深刻的东西，也有那种沉重的表达。方力钧有自己艺术发展的方向。无论与他合作出书还是做展览，我们之间也会有意见不统一的时候，有了分歧，我们两很容易就能解决。我们总是能够一块找到对的方向。所以，我认为方力钧是执行力很高的艺术家，当然，这也表明他的情商很高。

我与方力钧交往最难忘的一件事是什么？有很多，其中有一件小事发生在 2009 年，我出了车祸，车祸之后，他给我画了一张像，是一张油画，画的就是出车祸流血的肖像。我理解，这就是他的表达。

所以，无论我们现在的评论家、艺术家如何评价方力钧，在我眼里，方力钧还是那个方力钧，一个有责任的好朋友。

结缘在敦煌

★ 人物采访：马强，艺术家
★ 采访时间：2017 年 5 月 26 日晚 9 点
★ 采访地点：电话

> 方力钧是一个很幽默的人，他有时候还特别逗。他这个人很谦和、很幽默，说话非常有智慧。我觉得他是一个有独到的眼光、胆识和自己生活经历的人。我眼中的方力钧是一个讲义气、幽默、诙谐，有时候，还一肚子坏水的老同学。
>
> —— 马强

    我和方力钧在中央美院是同一届的同学，我是国画系，他是版画系。我比他大几天，我是 11 月 24 日，他是 12 月 4 日。那时候，我们学校学生少，国画系一年级学生只有 10 个人，后来二年级重新分画室，一年级到四年级可能也就六七个人。那时候，我们全校的学生只有 60 至 70 个人，不像现在的同学人数多，一个系的同学认完就不容易。我和方力钧算是比较要好的朋友，我们上大学的时候互相称爷，比如说他叫我马爷，我叫他方爷。我记得他刚入学的时候是长发，到三年级他开始剃光头了。有一次，我去他们版画系画室，看他一个人正在画室用铅笔画光头的那组画。1989 年，我们毕业大学毕业之后，我来了敦煌，他留在北京。那时候，也没有电话，我们大概有 26 年失去了联系。

再次见面是 2012 年，他跟上海的收藏家赵建平一起来敦煌，他们跟敦煌文化弘扬基金会的联系比较紧密，我从 1989 年大学毕业到现在，一直在敦煌做壁画临摹和美术创作。因为我在敦煌研究院美术研究所当所长，他们说有外地来参观的朋友要来敦煌，其中还有方力钧，你来帮我们接待一下。我在敦煌经常接待各地的朋友，我说方力钧是我是央美的同学，果然我们重逢在敦煌，再次见面非常高兴，他已经是大师级的人物了，没想到见面以后，他特别平和、谦虚、诚恳，比大学时候做人还好。反正我们见了面感觉特别亲，特别是这几年，我们的关系比在大学里还要亲。

实际上，方力钧不知道我在敦煌，因为大学毕业以后我们就失去了联系。他来敦煌意外地遇见了我，所以他说我是他在敦煌拣到的一个同学。我记得上学的时候，他不是特别合群，在大学里上体育课，他平时一个人玩双杠玩得特别好，胳膊上的劲特别大，后来我们在敦煌又见面，我回忆说你当年双杠玩得好，他说你害怕吧。他这个人很谦和、很幽默，说话非常有智慧。有时候，他在一个场合说笑，他会很诙谐取笑一下。方力钧情商非常高，会交朋友，所以他的成功不是偶然的。最近几年，他来敦煌至少有五次吧。有一年还来了两次。有一次我不在，正在中央美院教课，他给我打电话，我给他安排看洞窟的事，后来他跟我们院长也成为很好的朋友。非常巧，他跟我们所的赵俊荣老师的儿子赵敦也是很好的朋友，赵敦在西安美术馆展览部工作，有一年方力钧在西安美术馆举办个展，他跟赵敦成为很好的朋友，赵敦结婚的时候，他亲自去到西安给赵敦祝贺婚礼去了。赵俊荣老师是一个非常憨厚的人，他夫人也是一位非常厚道的老师，方力钧见了赵老师夫妻总是叫赵老师和师母，赵老师私下跟我说方力钧这么谦虚，一点架子都没有。

2014 年 8 月份，方力钧带栗老师（栗宪庭）来了一次。那一次来了十四五个人，还有几个老外，我陪他们看洞窟。我没想到他对传统艺术的兴趣和热爱也非常痴迷。他看了唐代第 220 窟，非常激动地说："太好了，马强，你把我反锁到这个洞窟里面，让我看一天。"那个窟是盛唐的代表洞窟，表现的是盛唐气象极为辉煌和华丽壮观的图画。

我去过方力钧在北京宋庄的画室。那是 2013 年初，我到中央美院壁画系讲两周课，然后我去他画室喝茶、画画、吃饭、喝酒，折腾了一下午和一晚上。最后还把他库存得特别好的好酒拿出来招待我。我没想到方力钧的酒量很好，从来没见方力钧喝醉过。我特别喜欢喝酒，但我喝不过他，他后来给我寄了一大桶酒，一件 50 斤。去年他又来敦煌，我们喝的是他的酒，他把酒运过来库存，他说敦煌的饭不错，就是没有好酒。这些年，他往西部跑得多，他说想趁现在还年轻，还能开车跑得动，所以他几次出来都是自己开车过来的。他从西藏、青海，一直开到敦煌。有时候是他的助手开车，他有两个助手，那两个助手都会开车，并且都是光头。

方力钧去过我画室，也去过我家里，他对我们敦煌研究院美术研究所的发展方向有很多良好的建议。尽管我们是在传统的殿堂里生存，但是我们的艺术生态比不上北京，艺术信息、艺术交流这方面都比不上，方力钧会提出一些很好的建议，比如说未来怎么发展。

有时候，方力钧的语言非常犀利。我被他挖苦过，他说我上学的时候穷，现在毕业了还穷，这是一种友好的挖苦。他上次看我的车不好，我说要买车，他说借钱给我让我买个好车，我说你也别借给我了，你给我找点活干。他每次来，车里不是带酒就是带茶，他喜欢喝普洱，给我寄来很多的酒和普洱茶。他讲义气、注重同学情谊。我眼中的方力钧是一个讲义气、幽默、诙谐，有时候还一肚子"坏"水的老同学。不是说真的"坏"水，因为他说话反应特别机智、特别快。跟他相处并不累，并不会因为他现在是大腕了，就跟神似的，我们互相之间很轻松。我跟方力钧不一样的地方在于我觉得我太放不开了，我太谨慎了，我太羡慕

他的生活状态了，所以我达不到他的境界。如今，他成大腕了，我只能
是地方画家，因为我没有他"坏"。

　　方力钧是一个很幽默的人，他有时候特别逗。我读过他的书《像
野狗一样生活》。我觉得他是一个有独到的眼光、胆识和自己生活经历
的人。一个人的成功是综合的。我觉得他才华是一方面，关键是胆识。
当年，其他人没有胆识像他一样敢闯圆明园。后来他来敦煌，我说当年
你去圆明园画画怎么不把我也约上，他说当时大学毕业后都各奔东西失
去联系了，那时候也没什么通讯方式。1989 年大学毕业，我出于一种
无奈的选择回到了敦煌。我现在 50 多岁快退休了，但还是留恋在中央
美院和北京的一些艺术活动，尽管在中央美院只待了 4 年，但这 4 年应
该是我一生中最好的时光。

方力钧画马强
作品局部

——

纸本水墨
2018 年

066

不是酒鬼，是酒仙

★ 人物采访：杨凯，99 艺术网、K 空间创始人
★ 采访时间：2018 年 1 月 28 日上午 10 点
★ 采访地点：成都 K 空间

> 方力钧是中国当代艺术史的一个绝顶天才。他从玩世、泼皮、到艳俗、荒诞的批判现实主义一路走来，并为此而不断创作出崭新的视觉图像，这跟他广读杂书，无论历史、人文、社会学有关。他的艺术是个人对生命、社会、周遭环境的感受，甚至呐喊。他的艺术创作无论是版画、油画、水墨还是雕塑，作品从题材、构图、色彩、方法等都很特别，总是不按常规出牌，不断颠覆传统、颠覆美术史、不断超越自己，不拘一格，个人艺术面貌极具特点特色，也开创了艺术史的先河。他在现实生活中情商特别高，活得非常细致，处处为朋友着想，是重情重义的兄长。他喜欢喝酒，经常和朋友们喝大酒，是艺术圈出名的酒仙。
>
> —— 杨凯

　　我和方力钧老师从 2007 年就认识了，他对我而言，不论工作还是生活中，都是我生命中最重要的良师益友之一。这些年的交往，我对方力钧难忘的记忆太多了。生活中的方力钧有三个特点，一是重情义，二是特别有孝心，三是爱喝酒。

　　我和他真正有深入的交情是在 2008 年春节。那年春节来临之际，

2016 年，在北京民生现代美术馆"线索 3"展览开幕式上，左起方力钧、赵汀阳、舒可文、杨凯
——

成都天气不好，雾霾大，但是没有下雪。在大年三十前一天下午，我带 8 岁的丫头开车去泸州找朋友过春节，在路上，我看方力钧和其他的云南艺术家朋友在微博上晒云南的蓝天白云，我经不起各种阳光灿烂照片的诱惑，临时改变计划，并告知云南的艺术家叶帅、方力钧等朋友我要来云南过春节，然后连夜开车赶往云南。第二天早上，路过云南昭通时天气突然降温，下起很大的雨夹雪，路面积雪变成冻冰，我对云南路上不熟悉，只知道有高速公路，根本没有想到云南路上会遭遇下大雪，而我开的是轿车，也没有准备防雪措施。高速路上一个人都没有，前不挨村，后不着店，而且前方的高速路通知封路了，附近也找不到高速休息站和旅馆。于是我就决定冒险走国道，尽快赶到昆明。国道是几十年的碎石路，路面年久失修，已经被车轮磨得很光滑，加上路面一结冰，车子就像在滑雪场滑冰，根本没法走，只要速度超过了 40 公里，车子就像喝醉酒的醉汉，在路上乱窜，完全失控，吓得我浑身冒冷汗，丫头吓得尖叫。

那天，从早上八点开到下午六点，开了快一天才行驶 300 公里。

眼看着天黑下来了，这时方力钧打电话问我怎么还没有到大理？因为我们约好晚上六点一起吃年饭。我说路上遇到下雪和冻冰，才走了一半的路程，他知道以后就非常着急，很担心我们父女的安全，一路远程电话指导，给我出主意怎么应对路况。因为他是越野高手，经常开车穿越大半个中国，长途经验丰富。有他的指导，我心里踏实多了，并听他的劝告找了一家农家旅馆住了一宿，第三天安全到达昆明的时候已经快晚上十点了。这次旅途，万幸路上没有出现任何故障，也多亏了方力钧的指导，这是我开车旅行中最难忘的一件事情。从此，我和方力钧就成了挚友。

2008年7月，99艺术网总部从成都迁到北京，我也得到了方力钧老师方方面面的大力支持和帮助，99艺术网才得以在北京立足。

平时在北京，稍有空闲，我最爱去的地方就是宋庄，每次去宋庄我大部分时间去的地方就是方力钧的工作室。喝茶，聊天，聊艺术，喝酒。我和他经常没大没小的开玩笑，从没有把他当成天王或者大师供奉，他在我眼里就是一个才华横溢、聪慧过人、悟性超群的智者和重情重义的哥们。

方力钧对父母非常孝顺。2009年春节，他们一家到成都过节，我们几乎天天在一起吃饭喝酒。他老父亲也喜欢喝酒，老爷子也是性情中人，特别会聊天。但是喝着喝着脾气上来了，偶尔会跟方力钧老师急，他也总是让着老爷子，还对着老父亲傻乐。因为方力钧老师平时国际国内展览活动太多、太忙了，平时没时间照顾家人和孩子，但是一到逢年过节，他总想办法和家人在一起过节，不论在北京、大理还是成都、广州，我认为他对家庭非常有责任感。

2018年1月，恰逢k空间11周年。由于大环境不好，画廊日子过得也特别艰难。K空间11周年得到了周春芽、方力钧的鼎力支持并顺利举办了他们的双个展，这个展览在艺术圈引起了巨大的轰动。虽然他们的双人展十年前就和他们约定的，但是，他们两位大艺术家太忙了，而且一直筹不齐作品。作为 k 空间 11 周年纪念展，这也是他们有史以来第一次合办双人展。这个展览不仅仅是 k 空间的幸事，也是对我人生新长征新起点最大的支持。

　　方力钧生活中喜欢喝酒，尤其喜欢喝六七十度的高度酒，他还喜欢研究酒，收藏酒。只要有朋友来了，他一定请朋友喝他收藏的好酒，这是他作为北方人的一种生活方式吧。他只要喝酒，就特别喜欢调侃朋友，而且妙语成珠，句句充满禅机和哲理，这么多年跟他相处久了也让我受益匪浅。我觉得这是他生活中最大的嗜好，但不是酒鬼，他是酒仙。

方力钧画杨凯

——

作品局部
纸本水墨
2018 年

方力钧画杨凯

——

40×30cm

布面油画
2010 年

067

他有理想主义的情怀

★ 人物采访：杨述，艺术家
★ 采访时间：2018 年 9 月 1 日下午 2 点
★ 采访地点：北京皇冠假日酒店咖啡厅

> 你问我和方力钧之间的共性是什么？我认为 60 年代的人身上最大的共性是有一种理想主义和比较浪漫的情感，有一种诗意的东西在我们身体里面，因为一方面成长的环境是非常政治化的年代，但又经历非常长的转型期，然后又经历市场化，面对资本市场的时期，我们一步一步这样走过来，但是我觉得我们最大的共同点还是骨子里面有一种理想主义的情怀。
>
> —— 杨述

我是重庆人，1978 年，四川美院附中第一届招生，我初二就考上了四川美院附中，那一年，我 13 岁。我们班上有 40 个人，最后百分之九十的同学都考上了四川美院，还有百分之十的同学考上其他学校。我读大学是 1981 年，研究生是 1988 年。在四川美院油画系上了 10 年的学，研究生毕业后，我留校在油画系当老师。我那一届的同学有庞茂琨、罗发辉、李强等。我们 1978 年一起走进川美附中。1981 年又一同进入川美。2018 年 4 月 21 日，我们四个人在成都还举办了一场"四人四十年"作品品鉴会，其实也是四人的同学会，四十年再回首，五味杂陈。

　　方力钧上大学比我晚，我1985年四川美院毕业，他1985年进入中央美院。早期我们之间没有什么交集。我读书的时候是八十年代，对我来说影响最大的展览是1982年，在北京民族文化宫举办的德国表现主义版画展，那批早期表现主义艺术家对我的影响很大。在我上学的时候，好像整个学习阶段更多的是一种自我教育的东西，那个时候差不多就认为学院写实的方法完全没有意义了，那种东西只是一个你完成学业必需的一个条件而已。严格地说，我并不是在所谓中国的艺术发展脉络里边，对我来说，要躲得远一点，跳出来。边缘是自我选择的结果，也是自我教育和启蒙的结果。

　　1988年，高名潞在11月22日到24日策划了"中国现代艺术创作研讨会"。会议在黄山市屯溪的江心洲宾馆举行，史称"黄山会议"。参加会议的有来自全国各地的百余名中青年美术家和理论家。会上展示、交流了两年来的探索性新作、并结合当前中国文化的发展、当代艺术家的思想观念、当前艺术市场的开发等问题，探讨中国现代艺术的发展趋势，并且围绕将于1989年2月在中国美术馆举办的"中国现代艺术展"和其他艺术活动提出了具体的意见和建议。在"黄山会议"上，叶永青带着我们作品的幻灯片代表四川美院参加了这个会议，现场像放映各个地方的成果一样，我的作品被高名潞看到了，就被选入参加"'89现代艺术大展"。我是在这个展览上第一次看到方力钧的素描。他的作品在一楼，我的作品在二楼。当时我只认识老栗（栗宪庭），他就在老栗旁边，我对他人没有什么印象，印象特别深的是看到他的素描，画得很好。画中的人物傻傻的，非常与众不同。我第一次看他的素描很吃惊，在那个年代，他的画有一种很新鲜的感觉，这是一种直觉。

　　从1991年到1994年，我每个月都有一段时间住在北京，待上一两个月。那会儿经常去参加大使馆的Party，我在Party上就会遇见方力钧。我没有见过他落魄吃苦的样子，见到他的时候已经比较成功，传说他的作品卖得很贵。我和方力钧熟悉是因为翁菱，他们是中央美院的同学。有一次在三里屯，我和翁菱在一起，她就把方力钧叫过来，我们在三里屯闲聊近期自己的作品和展览。那次他还带来了一个女孩子，就是早期出现在他画中的那个戴眼镜的女孩子。那时候方力钧的状态很好，他刚在福冈美术馆做了一个展览，我认为那是对方力钧很重要的一个展览，日本福冈美术馆这个机构很重要，具有国际影响力。它是世界唯一一家系统收集和展示亚洲近现代与当代艺术作品的美术馆。福冈美术馆展出的亚洲艺术作品范围广、质量高，是世界上任何一家美术馆所不具备的。这是我后来自己在重庆做美术馆才知道福冈美术馆展览的重要性。

1995 年，我有一个机会去荷兰皇家美术学院，那个学院不太像一个学院，像一个大的艺术家驻留地，每年大概有差不多 30 到 60 个艺术家得到机会，大概可能有几百个或者是上千个申请，全世界各地的人到他那儿，条件非常好，有点像大学之后有一定艺术经历以后又有这么一个机会可以在一种工作室的环境里面跟一些有名的艺术家或者是自己工作的空间和一种交流的状态，我在那儿待了一年。据我所知，方力钧同时期也在荷兰待了半年。

回国之后，由于当时有一个瑞士的朋友代理我的作品，我想在北京有一个落脚的地方，就花了六万在宋庄买了一亩地建工作室，但一直没有住，这些年一直租给别人用。当时方力钧已经在宋庄盖了自己的工作室。他的画室应该是宋庄最大的，背后是他的大型版画。我非常喜欢他早期灰色、单色系的作品，后来他彩色系列的木刻版画我也很喜欢。

回想以前和方力钧之间的交集，那些年，我一直游离在艺术圈之外，比较边缘。他有时候来重庆找叶永远青，我们就在一起玩。他和四川美院的院长罗中立关系也很好，经常来我们学校，还在坦克库做过展览，这个展览我也去了现场，印象特别深的是他的展览就是人多。

有一年，我在云南做一些公共艺术的工程。方力钧在大理买了房子，叶永青在昆明做了一个艺术空间，叫"上河会馆"，那时候我经常去叶永青那里玩，方力钧也在。后来方力钧也经常来成都玩，因为成都有一个"上河美术馆"，我们也经常见面。我们在一起没有什么正事，就是在一起玩。从成都、重庆、大理、北京，我们到处去玩，走到哪里，他肯定是老大，大家都很认同他，他对人很好。总之，在不同的场合，我每次见到方力钧都看见周围的人很崇拜他，叫他大师。

2004 年之后，我们在重庆也参加过一些联展。值得一提的是 2014年 9 月 6 日，我们在北京 798"泉空间"做的《1960》艺术家联展，这是翼少峰策划的展览，但我猜想这个展览应该是方力钧推荐我参加的。参展艺术家还有：邓箭今、丁乙、方力钧、方少华、景柯文、刘野、卢昊、毛焰、苏新平、王兴伟、王易罡、魏光庆、薛松、杨述、岳敏君、张恩利、周铁海等。都是一拨生于 60 后的艺术家，大家的成长经历、艺术风格，也有着 60 年代深深的印迹。

你问我和方力钧之间的共性是什么？我认为 60 年代的人身上最大的共性是有一种理想主义和比较浪漫的情感，有一种诗意的东西在我们身体里面，因为一方面成长的环境是非常政治化的年代，但又经历非常长的转型期，然后又经历市场化，面对资本市场的时期，我们一步一步这样走过来，但是我觉得我们最大的共同点还是骨子里面有一种理想的情怀。

我认为方力钧的"玩世现实主义"不仅是一个艺术的流派，更是九十年代电影、音乐、文学、诗歌、当代艺术现象的代表，他是和王朔、崔健齐名的代表人物。这次来北京，特意去宋庄找他，是想邀请他在我负责的重庆星江当代美术馆做一个版画的展览，想让更多的人了解他的作品。

方力钧画杨述
2018.3.19
———
101×103cm
纸本水墨
2018 年

068

善良和克制

★ 人物采访：罗氏兄弟，艺术家
★ 采访时间：2018 年 4 月 26 日晚上 9 点
★ 采访地点：湖北美术馆咖啡厅

> 方力钧身上的特质是：善良和克制。他为人很慷慨，我在他身上学会了不把自己的画当钱。他舍得付出，所以，他也应该获得。
>
> —— 罗氏兄弟

1989 年，我们通过杂志知道方力钧和他的作品。那时候，我们在广西已经做了很多作品和展览，比如《21 世纪前奏的对话》《胎教》《好好学习，天天向上》等。后来，我们的漆画参加"圣保罗双年展"和"威尼斯双年展"，那时候，方力钧在圆明园，我跟老二说"有空我们去看一看"。那就是 1993 年，想不到我们到了圆明园，就远远地看见了方力钧，我们没有冒失地跑过去打招呼。那时候，方力钧白天在圆明园画画，晚上他不住在那里。

1994 年的一天，策展人老栗（栗宪庭）约我们在后海见面。那天，我们还见到了毛旭辉和上海来的米丘。因为老栗要陪德国波恩电视台的记者去采访几个艺术家，他说要带我们一同去，然后我们就一起先去了王广义那里，那时候王广义正在地下室做装置，他在丰台有个自己买的房子。

2011年，在广西艺术学院举办的方力钧文献展开幕式上，与罗氏兄弟和刘新

　　采访完王广义，我们又一起去方力钧工作室。那时候，他刚刚搬到宋庄不久。当时方力钧给我的印象，乍看上去像个调皮的小孩。他比我年龄小，他是1963年，我是1962年。他总是一副很随便的样子。可是当他接受电视台的采访，讲话谈吐立刻就不一样了，那一瞬间，他基本上就是一种大哥的感觉。就这样，我们认识了方力钧。通过这次采访，我们认识了三个艺术家，一个是王广义、另一个是方力钧、还有一个是刘炜。因为目睹了这一次采访，我们就决定把工作室迁移到北京来。

　　1994年，我们先在圆明园租了一个最漂亮的门面房想卖画，当时我们还有一个原始股就是可口可乐公司给了1万块钱，因为我们最早接触到可口可乐的广告。后来圆明园解散了，我们搬到了宋庄。老栗叫我们住在他家里，我们还在外面租了一个房子，就在方力钧工作室旁边的一个小卖部，每天方力钧的爸爸都去小卖部买鸡蛋、买肉，一来二去，我们就跟方力钧的爸爸认识了。老人家喜欢跟我们聊天，我们就跟他爸爸讲方力钧有多牛，他的艺术有多好，时间长了，他爸爸就跟我们关系很好。

　　有一天，方力钧的爸爸又来买鸡蛋，他说方力钧正在印版画，现在人手不够，希望我们有空的话可以过去帮一点忙。我们立即就答应了，因为我也是学版画的，我们想去学习，还想看一下方力钧怎么工作？我们帮他印版画的时候每天都是蹲在地下，腰累得都不行了。后来，我们帮了一段时间以后就跟方力钧讲，我们准备要做一点自己的事情，方力钧就给了我们 2000 块钱。虽然我们离开方力钧工作室，但是平时方力钧只要有什么事，他会叫我们，那时候是用 BB 机叫我们。在帮他做事的过程当中，他爸爸妈妈很喜欢和我们聊天，我们就跟方力钧的爸爸妈妈的关系比跟方力钧还好。因为他们想听我们讲方力钧的故事，我给他们讲美术史，讲方力钧有多了不起，他们觉得我们比较好，所以就一直和他们像家人一样，我们和两位老人的感情非常好。

　　关于两位老人，还有一个细节，方力钧养了一条狗，叫苏联红，从苏联进口来的，是苏联红军用的狗。这条狗很厉害，比如它脸不动，但是它的耳朵会动。后来这条狗生病了，给这条狗治病也治不好，每天狗狗叫得很惨，方力钧的爸爸妈妈听了心里就很难受，反正因为一条狗全家都难受了一段时间。方力钧是一个善良又孝顺的人，有一天，他跟我讲，现在你能不能想办法过来看一下我的狗，那天我就过去了，他妈妈就为了这条生病的狗已经好几天不吃饭了，因为他们很爱这条狗，心里面很难受。方力钧问我该怎么处理这条狗？我用了一个很巧妙、很科学、很人道的办法把这条狗处理得很好。等我处理完以后，他爸爸妈妈身体就都好了。从这个细节可以看出方力钧是一个很善良的人，他连对一个小动物都会这样用心，更何况对人。

　　有一年，方力钧过生日，他先问我们过不过来？他那边确实有很多朋友，但他知道我们既不抽烟也不喝酒。我说你过生日我们肯定过去。他发现我们不到主桌去坐，主动坐在偏桌，就过来坐在我们身边，坐了十几分钟他就跟我说："我知道你不喝酒不抽烟，但是我们就这样聊聊天说说话就可以了。"从这个小细节可以看出，方力钧很关心我们。每次他有宴请和他吃饭，他都会安排我跟他妈妈坐在一起，因为他知道我不抽烟不喝酒，还有一个原本就是我和他妈聊得来。通过这个细节也表明了他对人非常细心，他对朋友的这种关爱，我们都能够感觉到。

九十年代中期，老栗曾经为我们在紫竹院策划过一个展览，并且为展览写了文章。但是展览还没开幕就被查封了。他们还扣留了我们的画，2009年才还给我们。然后还去南宁调查我们，发现我们家族全是老革命，全家都是老干部，这个事就不了了之。

有一件事，让我们对方力钧非常感谢。1997年年底，有一个人想买方力钧的画，他就推荐说罗氏兄弟做了一些漆画，你们要不要去看一下？后来他们也去拜访了老栗，老栗也推荐了我们，就这样他们来了一看太喜欢了，一下子买了66张画，这66张画现在就在日本福冈美术馆，那是亚洲最大的一个当代美术馆，这66张画永久性地放在日本福冈美术馆的一面墙上。

我们曾经帮方力钧做了一个展览，那是2011年，在我的母校广西艺术学院，策划了一个方力钧的校园文献展，学校还邀请他做客座教授。在为方力钧做展览的时候，我们就一直在想，我们是最早在广西做当代艺术的，广西没有当代艺术的土壤，我们需要慢慢地培育，慢慢地做点事情。做完方力钧的文献展，两年以后，我们又做了"广西首届当代艺术展"。2011年，做完第一届"广西当代艺术展"，又做了"首届中国东盟国际双年展"。

"首届东盟国际双年展"做得很大，请来了100多位艺术家，其中也有方力钧参加，而且当时因为资金有限，没有钱拿来给作品做保险，我们跟所有参展艺术家说："如果你的画不见了，你的画有多大就用我们多大的画跟你换。"就这样，他们才愿意把作品拿来展览。方力钧一听这个事情很感动，他说："你随便拿我什么画参展都可以"，我们说

2016 年，在北京民生现代美术馆"线索 3"展览开幕现场与罗氏兄弟

"展览现场有一面墙有十多米高，我们想放你最大的一张版画。"他说：
"没问题。"我说："我知道你的画很贵，我向你保证，你的作品参加
完开幕式完就把它拆下来，我说你的作品只是用来做开幕式。"后来方
力钧没有这么做，他说"我相信你"。我们听了很感动，因为当时方力
钧的画已经很贵了，但他为了支持我们做这个事情，拿了他最大的版画
参展。

做完"首届东盟国际双年展"，后来我们又在北京 798 艺术区"杨
国际艺术中心"做个展，展览晚宴我们一起到方力钧在望京那个湘菜馆
吃饭，那天大概有一百多人，吃完以后我们去结账，服务员跟我们讲方
力钧已经结完了，然后他偷偷地人就不见了走掉了。我们知道后非常感
动，第二天，我们拿了一个"年年有余"的雕塑送给他爸爸，并祝他爸
爸健康长寿。那个时候他爸爸身体已经不太好，我留下来陪他爸爸吃了
一餐饭，这个时候正好方力钧回来，他看了我送的雕塑，说："你怎么
搞的，我刚刚帮你结账，你又来还人情。"我说："这个雕塑不是送给

你的，我是送给老人家的。"

　　方力钧为人很慷慨，我们在他身上学会了不把画当钱。方力钧也送过作品给我们，有一天，我们正在画画，他就叫助手送来了两张木刻版画，我们兄弟俩每人一张。我说这个礼太重了，而且这个版画在画册里面都有，他拿来送给我们，而且是我们当年帮他打工的时候印的那一批版画，他也跟我讲是最好的版画。他说："你们不是想那时候印的版画吗？那时候我为什么不给你们，因为那时候不值钱，现在值钱了我给你们，老三那张你放心会给的。"如今，20年过后了，方力钧还记得这个事。通过这个事情，可以看出方力钧到底是一个怎样的人。

　　这些年，方力钧肯定有变化，他已经不像过去画"光头泼皮"时的那种感觉，因为我们发现方力钧现在讲话太有学问了，他的口才在艺术圈没有几个人能比。方力钧身上的特质是：善良和克制。他为人很慷慨，我们在他身上学会了不把自己的画当钱。他舍得付出，所以，他也应该获得。

069

他是优秀的艺术家

★ 人物采访：王强，宋庄艺术总监
★ 采访时间：2017 年 8 月 7 日上午 10 点
★ 采访地点：宋庄王强工作室

我谈方力钧，是以文化身份来界定方力钧，不是以朋友立场，朋友是第二位的。他的所作所为都是围绕艺术在做，我觉得这是最重要的。我这人不太论你是不是著名艺术家，这个跟我没什么关系，我只看艺术，这是作为一个文化人衡量艺术家的标准。我喜欢把艺术当学问来研究，哥们是哥们，我一再强调的是艺术，因为艺术家的社会贡献是思想,方力钧画出了思想,这是一个伟大的艺术家应该做的事情。

—— 王强

我是从东北来到北京的，我的家乡是北方一个农村式的小城市。我 1987 年考入中央美院，连续考了 5、6 年才考上，中央美院对于我像圣殿一样让人膜拜。当年就想离开东北那个地方，那时候改变身份的唯一办法是上大学。只有读大学才能把户口调出来。那时候出于一种对文化的向往，就想逃离东北，而且只能去北京，其他地方都没有文化氛围。我是东北那个小城市第一个考上中央美院的，在此之前，从来没有，可谓前无古人。

1987 年入学，在学校见到方力钧，他比我高两届，他是 1985 年入

1992 年，在圆明园方力钧的生日晚会上。右起：王强、宋永红、宋永平、方力钧

学，我们都是版画系的，当时美院人少，因为那个时代是精英式教育，一个系就几十个人。我认识中央美院版画系周祁师兄，他也是黑龙江农场来的，大概是 1983 年入学，我平常爱找他玩，让他帮我看看画，指导指导老乡。周祁从系里借来了考试的速写，说这个画得好，速写考了第一，这是考试的标准。我问这个速写谁画的？后来才知道是方力钧画的速写，画得真好。

中央美院是工作室制，我们有铜版、石板、木板、丝网、插图，五个工作室。方力钧是木板，我是石板。版画性质是一样的，无非材料不一样，呈现方式也一样，都是以印为手段。

第一眼见到方力钧，感觉他是"坏人"，每天嘻嘻哈哈跟现在一样，无非现在穿衣服高级了，那时候穿得很普通，他经常骑一辆赛车，那时候赛车得 500 到 800 块钱一辆，细轱辘撅着屁股的那种。那时候骑赛车就跟现在开一辆高级小汽车一样。在学校见到的方力钧已经是没有头发了，脑壳光的发亮，学校无所谓，什么样的发型都有，长发、短发、卷发，千奇百怪的，方力钧在学校里并不是多么另类，他和普通学生一样。我觉得不能因为他现在成功了，艺术上做出很多成就，很多贡献，就认为在学校是神童。他没什么与众不同，和我们一样没什么区别，但在艺术上有追求。美院不看表面，艺术家看的是作品，不看人，又不是表演艺术家，长得漂亮没用。艺术家只要作品往那一放，就知道分量了。

方力钧是 85 届的，受"'85 美术思潮"的影响，他们班整体是一片混乱，全是不老实的人，因为他们班太乱了，没人能教他们班，学校派教务处主任周建夫教他们班，后来连教务处主任都收拾不了他们班了。教务处主任带他们班下乡写生，学生跟老师干起来了，平时学生们说不上课就不上课了。系主任曾经说他们这个班已经废了，按学校教学标准，他们哪个学生都不合格。美院要求学生好好画画，他们班从来就不服从学校管理，系里希望这个班赶快毕业。"'85 美术思潮"影响了一批人，版画系学生很容易介入当代，而且很准确，因为版画语言不是直接绘画，版画是画完以后还要印出来才是画。这种方式可能有点像西方的素质教育，这导致版画系学生的思维方式和其他专业的学生不大一样，所以版画系的人能很快融入当代，当代艺术的特点就是具有颠覆性。

我和方力钧同学又是哥们，学校就那么大，低头不见抬头见。方力钧经常说"你是我大哥，但我是你师哥"。我们都是 1963 年生的，虽然我年龄比他大几天，可是他比我高两届。他 1989 年毕业以后，我们就没有联系。1991 年我也毕业了，因为从小地方逃出来，为了能留下户口找份工作，当时只有首钢能收我，我就去了首钢上班。工作不到一年，听说方力钧在圆明园画画，就跟同学一起去圆明园看方力钧。这之后，我跟方力钧接触很多。方力钧对我影响挺大的，我记得特别清楚，当时他租了 5 间平房，进院门，旁边有一个小厨房，地上放的高压锅里面还有剩的面条。往里面走，开门一看是一个画室，一间是住的，一间是画室，四面墙上挂的都是画，作品大概 1.7 × 2.3 那么大。当时他正在画人物，画室摆了一圈画。中间有个煤炉子，旁边有个折叠的钢丝床。他的这种生活方式正是我希望的那种，很简单，吃、睡、画，我需要这样的生活，因此就离开了首钢。原本就有离开首钢的想法，恰好在这个时候就去了圆明园。那时候的圆明园和现在的宋庄差不多，都是游离于城市和乡村之间的地带，我认为艺术家的工作对象是城市，不是农村，跟农民没什么关系，艺术家工作需要大的空间做作品，需要安静。圆明园这个地方恰恰比较合适，房租也低。

1991 年前后，方力钧在圆明园时期已经由成功向更成功转型。比如作品也已经脱离了在学校时期的不成熟，作品越来越成熟越来越个性化，他作品的核心是对传统的反叛。这是其他艺术家没有的，方力钧作品是以人为中心的，艺术的价值也是这样的。我们不能用今天的标准分析方力钧，那是错的，一定要回到历史，因为那时候没有人那么做，他起到了开先河的作用。他把艺术庸俗化，那时代没有人这样做，艺术家只知道画好看的画，天天讲艺术高雅，而他追求的是人的个性，是艺术家的权利，是绘画的解放、思想的解放，以个性为中心，以我为中心，是从他这开始的。我认为这是方力钧伟大的地方。我认为艺术家要有独立的观点，那时候的方力钧起到了代表性的作用。

圆明园的时候，我们经常在一起玩。因为当时的圆明园比较混乱，有好几拨人在一起，美院是一拨，社会上来的一拨，方力钧画画很努力，经常锁着门在里面画。福缘门村里经常有人敲门、喝喝茶、聊聊天。他工作室有一个小门，他经常偷偷进去把自己反锁起来。外面看，他永远不在家，其实他在里面努力画画。遇到有慕名而来的人，就没办法找他。他画到下午四、五点钟，再偷偷把门打开，我们也经常聚在一起吃吃、喝喝、玩玩。

圆明园时期是文化的解放，方力钧能画出那样的作品已经很前卫了，他的思想和表现方式代表了那个时代，时代也需要这样的艺术家。方力钧除了画画，还写剧本。表面看方力钧不像文人，但内心很有文人情结。他文字写得很好，很有文才。

圆明园时期的艺术家们经常吃喝玩乐，而他却能安静地画画，能沉下来思考社会，能写东西，我认为这是个很优秀艺术家。我工作室与他工作室离得不远，走路2、3分钟，在一个村里。

我认为艺术家，应该以艺术为主，圆明园很多的艺术家，他们生活得很艺术，作品却不太像艺术。我还是喜欢把艺术做好一点的艺术家，作品优秀这点很重要，否则来圆明园干吗！

1993年，圆明园来的人越来越多，人多就混乱，于是想找一个更远又安静的地方，方力钧和张惠平找到宋庄、小堡，张惠平学生住在这个村里，说这边有房子很便宜。方力钧、张惠平是第一批在宋庄买房的，我是第二批，后来就越来越多了。我是方力钧鼓动到村里买房的，他说"走吧换个地方画画"。可能是在圆明园待得烦了，他把同学、朋友都拉到小堡，至少有朋友一起玩。搬到小堡以后和方力钧接触更多了，经常在他工作室吃饭，玩牌，每天晚上吃吃、喝喝，白天画画。村里有大事小事都找他帮忙解决，他影响力大，又有领导才能，做人也很好，这一点是大家公认的，为人处事，都很够哥们。艺术家的特点是不团结，艺术家在现实生活中是弱者，需要一个核心人物，能把艺术家团结起来，方力钧起到了这样的作用。这也是艺术家对社会的贡献，比如说方力钧在圆明园时期就起到很重要的核心作用，在宋庄他也起到很核心作用，这种能力是其他艺术家不具备的，这可能是方力钧的社会价值所在。

我编《宋庄艺术家群落》这本书时，方力钧给予了很大的支持。我是以文献的方式编这本书的，当时也是最完整的宋庄历史文献。当时编这本书的想法是，我们在圆明园生活很多年，没有完整文本记录这段历史，现在生活在宋庄 7、8 年了，应当做一个完整的文本，记录这段历史，大家讨论做这样的书，找到方力钧，他提出很多很好的建议。这本书做了 2 年，2000 年才得以出版。

我在宋庄艺术促进会做艺术总监，想让宋庄艺术区往健康方向发展，避免更多的商业性，因为宋庄代表的是时代精神，前卫、当代，如果资本、商业进来多了就没有艺术了，就不是宋庄了。现在和方力钧很少见面了，每次见面，他还是调侃说："大哥，我是你师哥。"

今天接受你的采访讲述方力钧，我是以文化人的身份来界定方力钧，而不是以朋友的立场，朋友是第二位的。方力钧的艺术，他的一切所作所为都是围绕艺术在做，我觉得这个是最重要的。我这个人不太论你是不是有名的艺术家，这个跟我没关系，我只看艺术态度，这是衡量一个艺术家的标准。我喜欢把艺术当学问来研究，而不是当哥们，我一再强调的是艺术，因为艺术家对社会的贡献是思想，方力钧画出了思想，这是一个伟大的艺术家应该做的事情。

070

我
与
老
方

★ 人物采访：罗中立，艺术家，四川美术学院原院长
★ 采访时间：2017 年 12 月 17 日晚上 10 点
★ 采访地点：长沙希尔顿酒店

> 在做艺术家之前，我们都是先学着做人。而方力钧是一个公认的粗中有细、重情重义、替他人考虑大过自己的人。
>
> ——罗中立

　　若论年纪，我比方力钧年长许多。但艺术圈的朋友们，几乎都亲切地称他老方，所以，从我们第一次见面，我也就这样叫他。这一叫，转眼就是 30 年。

　　和方力钧相识，应该是 20 世纪 80 年代末的事了……那个时候，我还只是四川美术学院油画系的一名普通教师——四川美术学院，这个地处中国西南偏安一隅、被层峦叠嶂包围的学校，能以"伤痕美术"开启中国当代艺术的滥觞、我们这一批 77、78 级艺术学子的成长，很大程度上都离不开当时《美术》杂志的关注。而这本记录和书写了后来中国当代艺术从发生到发展的《美术》杂志，又离不开其背后的推手，时任责任编辑的栗宪庭先生。在那个交通和信息还不发达的岁月，艺术交流是如此难得且可贵。所以，我们只要有机会去到北京，都会聚到栗宪

庭先生的住处，一群天南地北的人畅聊艺术和人生。也就是那个时候，在那个地方，我认识了刚从圆明园画家村搬到宋庄的方力钧。

方力钧给我印象最深的，有几件事。

一是我第一次去他宋庄的工作室拜访。那时工作室常有老鼠，他也养了猫专门抓老鼠。于是他开始给我讲工作室的猫和老鼠，甚至细致到老鼠的五官和表情…一些人们根本不会注意到的东西，全部被方力钧观察得淋漓尽致，又描述得惟妙惟肖。他的讲述如此精彩，让听的人感觉那些画面简直是跃然眼前！那时，我就惊叹于他过人的洞察力和描述、刻画的天赋。我想，这也是他之所以能够成为一个如此优秀的艺术家，所训练和具备的专业素养。

二是他刚到云南大理购置了工作室，邀我们一起去过年。一大帮艺术圈的朋友，喜好与性情各异，而他从买菜、做饭到所有细节，都思虑和安排得极其周全。甚至还特意做了一个巨大的木板，让去的每一个艺术家，根据自己的艺术样式和风格来创作版画。用的可不是普通的刻刀，是电刨子。事后还印出来送给了每一个人…这些事，让那个春节、让朋友间共度的时光，变得有趣且有意义。他就是这样一个始终有无限创意、有特殊想法的人，这是他骨子里的东西。所以，他在艺术上，也总是能出新出异。

三是有一次，还是我到他工作室，一聊开了，不知不觉到了凌晨。他留我在工作室住下来，坚持要让我睡床、他自己睡沙发……这个细节我至今始终记得。我想，这是超越艺术之外的一些东西。艺术可能只是我们的某一种爱好、某一项工作、某一个选择。但在做艺术家之前，我们都是先学着做人。而方力钧是一个公认的粗中有细、重情重义、替他人考虑大过自己的人。

令我感动的最近的一件事，是我还任四川美院院长的时候。那时，新校区建设刚刚初有雏形，但除了一流的校舍、一流的硬件，我觉得一

个出人才的艺术高校，最重要的还应该是它的灵魂。所以，我有一个长
远的构想，就是如何构建我们自己的校园文化。我当时邀请了中国一批
有影响力的艺术家，请他们为我们的校园设计和创作，留下最有代表性
的作品。方力钧是第一个回应我这个构想的艺术家。在他答应之后、作
品出来之前，我其实并不知道他会做一个什么样的作品。但当我看到，
他借用一个木工尺的形象，命名为《天有多高》的雕塑时，我非常感动。
这件作品的寓意：节节攀升、不断超越，不正是艺术教育的灵魂吗？我
一是感动于彼此的心意相通，更重要的是以方力钧在中国当代艺术的市
场价格和学术影响力，这件作品必然价值不菲。但是他这件作品的设计、
创作，没有要学校一分钱，完全属于捐赠给四川美院。他为四川美院做
的贡献、这件作品的意义，是无价的。这里面，除了我和方力钧之间的
个人情感，我想，更得益于他是一个有社会责任感的人，一个有情怀的
艺术家。最后，我将这件作品放在了四川美术学院正大门的中轴线上，
希望以此鼓励一代代的青年学子，用方力钧身上榜样的力量，来激励未
来艺术家的成长。

　　我是一个不善言辞的人，我所说的这几件事，大多都已经是近30
年前的旧事……我猜，方力钧大概都不记得了，还是他留我住工作室，
他坚持让我睡床，他自己睡沙发的那一天，他送了我一本英国原装进口
的水彩纸。那一沓纸，我保存至今，珍藏在工作室，到现在也没有舍得
用。那是我们刚刚相识不久、最初友谊的见证，我非常珍惜。我总在想，
要等我找到一个最合适的题材，再用这些水彩纸来记录和承载我们之间
的友谊，在没有想好之前，就让它们空在那里……这种留白，亦是我和
方力钧之间，数十年在艺术上投契和相惜的见证。

方力钧画罗中立

30×40cm
布面油画
2010 年

代
跋：
未
了
的
『
野
狗
』
话
题

黄立平

　　历时三年，性格坚韧的严虹凭借非凡的文学敏感和对艺术史个案
研究的浓厚兴趣，先后出版了《方力钧》上下册。不言而喻，她所选择
的人物都是中国当代艺术发展史上重要的推动者、亲历者和见证者。这
样的工作越是深入下去，注定越是困难，坦率地讲，严虹越编越好。我
不用多说这项工作的史料意义，也不用赘述一些能够打动读者的往事和
一些具有艺术史研究思想深度的片段，只想借该书下册出版之际，通过
一个艺术家的生存环境和人际关系结构，延伸思考艺术创新发展的社会
环境和艺术家文化身份问题，进而展望当代艺术未来的可能性。

　　方力钧的艺术成就，某种意义上取决于它自定义的"野狗式"生
存方式。"野生性"是具有集体无意识特征的人民性的现实侧面。现当
代艺术家的文化身份（无论其处于何种生存状态），与古代巫师和工匠
不同之处在于，已然体现了现代知识分子自我意识的觉醒和社会角色多
元化。艺术的社会属性和当代属性，必然不断强化艺术家的社会角色意

识和文化主体意识。

视觉艺术与音乐、戏剧、影视等突出的区别在于工作方式的个性化。在视觉艺术的框架内，依然整体保持着个性化创作的特征。换一个角度讲，正是走向大众传播的局限性。而对社会生活影响更大的建筑艺术，却早已在现代化进程中，实现了具有严谨专业分工的团队协作。方力钧在坦然确认自我"野狗式"生存方式价值的同时，逐渐意识到让视觉艺术发挥更大社会影响力的社会组织力量的作用。无论是负责中国国家画院当代艺术研究中心的工作，还是接受宋庄小堡村美术馆馆长之职，乃至积极参与北京市推动的重启宋庄艺术小镇规划工作，多少都能显现出这种群体责任意识的端倪。也许，一个艺术家的自我价值追求与社会责任担当终有交汇的宿命；挣脱体制性约束与寻找社会性力量支撑终将交织。我难以判断这个过程中的选择分寸与各种江湖社会心理的作用方式。但有一点可以肯定，当代艺术无论以何种方式面向未来，艺术家的自由思想和独立人格都不能缺少。杜尚说，"我不相信艺术，我只相信艺术家。"贡布里希把"没有艺术，只有艺术家。"作为艺术史的逻辑起点。艺术家最值得尊崇的是超越艺术的想象力和创造力。这就不难理解，今天的方力钧为何被更多人寄予了更多的期望，越来越难以独处。

忽然想到陶渊明的一首诗，"纵浪大化中，不喜亦不惧。应尽便须尽，无复独多虑。"是为跋。

2018 年 10 月 7 日写于武汉

后
记

严虹

　　这是一本沉甸甸的书，说小很小，因为说的只是一个人与其他人的故事；说大也很大，因为说的内容，几乎涉及 30 多年来的中国当代艺术背景。说它沉甸甸，还因为这本书里呈现了大量真实丰富的第一手资料，那是方力钧与他们共同经历过的岁月。

　　这本书的写作起源是 2016 年 4 月 8 日，鲁虹老师在武汉合美术馆策划了"另类生存"方力钧手稿研究展。其中，一号厅展出的是方力钧 2010-2015 年创作的一批水墨人物肖像，所选作品的形象来源全部是他身边的朋友。有趣的是这些人物不仅均能体现一定的历史和社会影响力，而且都有出奇的面部神态特征，都是难得的视觉素材。

　　我去武汉合美术馆看完方力钧"另类生存"手稿研究展后，便起心动念想写一本方力钧的书，采访方力钧的画中人，请从他们从不同的个人视角讲述方力钧的故事。我在第一时间把写书的想法告诉给了合美术馆的馆长黄立平先生，得到了黄立平先生的肯定与支持。感谢黄立平先生促成了这本书的出版，并为这本书撰写了前言和代跋。

亚历山大·小仲马说："我只是把我听到的故事讲述给读者，这是一种职责。"我很幸运能够把我在采访中听到的故事讲述给这本书的读者，衷心地感谢每一位接受采访的嘉宾：朱文会、栗宪庭、廖雯、郑今东、刘景森、李津、王广义、黄立平、杜坚、刘家琨、叶永青、张晓刚、郭伟、李路明、傅中望、顾长卫、皮埃尔、苏新平、宋永红、周旭君、杨茂源、舒可文、鲁虹、尹在甲、伊灵、杨卫、刘淳、谭国斌、李超、何净、王一涵、冀少峰、岳敏君、陈喆、于天宏、方力柯、徐冰、卢昊、向京、柴海燕、萧昱、王文生、黄燎原、陈逸青、魏光庆、薛松、张骏、游佳、何多苓、庞茂琨、伊德尔、张达星、孙今中、陈玉东、王永生、李玉端、高惠君、黑月、徐钢、施学荣、胡健、张林海、付建彬、吴鸿、高惠君、马强、杨凯、杨述、罗氏兄弟、王强。

最后，特别感谢这本书的灵魂人物方力钧先生，如果没有他，就没有这本书！

2018 年 10 月 7 日写于武汉

附
：

方
力
钧
艺
术
简
历

1963 年 12 月 4 日，生于河北省邯郸市

1989 年，毕业于中央美术学院版画系，毕业后成为职业画家

2009 年 11 月 13 日，被聘为中国艺术研究院中国当代艺术院艺术家

2012 年，被联合国和平发展基金会聘为"和平大使"，任期两年

2013 年 8 月 14 日，被聘为国家画院当代艺术研究中心主任

2004 至 2017 年，先后被 22 所大学院校聘为客座教授、硕士研究生导师

个展：

1995年

《方力钧作品展》，BELLEFROIR 画廊，巴黎

《方力钧作品展》，SERIEUSE ZAKEN 画廊，阿姆斯特丹，荷兰

1996年

《方力钧作品展》，日本基金会，东京，日本

1998年

《方力钧作品展》，STEDELJIK 博物馆，阿姆斯特丹，荷兰

《方力钧作品展》，SERIEUSE ZAKEN 画廊，阿姆斯特丹，荷兰

《方力钧作品展》，MAX PROTETCH 画廊，纽约，美国

2000年

《方力钧作品展》，斯民艺苑，新加坡

2001年

《方力钧》，Prüss & Ochs 画廊，柏林，德国

2002年

《方力钧，北京和大理之间》，Ludwig Forum Für Internationale Kunst Aachen，德国

《方力钧》，香港艺术中心，香港，中国

12月20日《方力钧》，汉雅轩，香港，中国

2004年

5月15日《方力钧》，Prüss & Ochs 画廊，柏林，德国

6月10日《方力钧版画展》，法兰西画廊，巴黎，法国

2006年

1月26日《方力钧，版画与素描》，Kupferstichkabinett 美术馆，柏林，德国

4月22日《"从我手中"方力钧雕塑与版画》，Micheal Berger 画廊，美国

5月10日《生命就是现在——方力钧个展》，印度尼西亚国家美术馆，雅加达，印度尼西亚

5月10日《生命就是现在——方力钧个展》，CP 基金会，雅加达，印度尼西亚

10月7日《今日方力钧！》，今日美术馆，北京，中国

2007年

4月18日《方力钧头像》，Belmar 艺术和思想实验室，丹弗，美国

6月5日《方力钧 PLACES TO PLACES TO PLACES》，ALEXANDER OCHS GALLERIES BERLIN | BEIJING，柏林，德国

9月15日《方力钧》，湖南省博物馆，长沙，中国

11月19日《方力钧个人作品展》，上海美术馆，上海，中国

1979.1.2
方力钧自画像

38.7×27.5cm
素描
1979 年

1979.3.27
方力钧自画像
——
40×27.6cm
素描
1979 年

1979.5.13
方力钧自画像
——
40×27.6cm
素描
1979 年

1979.5.27
方力钧自画像
——
38.7×27.5cm
素描
1979 年

1979.10.30
方力钧自画像

27.4×19.7cm
素描
1979 年

1979.10.5
方力钧自画像

27.4×19.7cm
素描
1979 年

1980.9.8
方力钧自画像

27.5×19.5cm
素描
1980 年

10 月 20 日《方力钧版画展》，丹麦艺术中心，北京，中国

首展　北京丹麦艺术中心，2007 年 10 月 20 日 -11 月 11 日

巡展　丹麦 Kastrupgaard 美术馆，2008 年 1 月 11 日 -3 月 24 日

法罗群岛美术馆，2008 年 4 月 11 日 -6 月 1 日

丹麦 Vendsyssel 美术馆，2008 年 6 月 20 日 -9 月 14 日

2008年

9 月 24 日《方力钧》，鲁道夫美术馆，布拉格，捷克

11 月 6 日《方力钧》，阿拉里奥纽约，纽约，美国

2009年

4 月 18 日《生命之渺—方力钧创作 2 5 年展》《像野狗一样生活 -1963~
2008 方力钧文献档案展》，台北市立美术馆，台湾，中国

8 月 30 日《方力钧 碧海 + 蓝天》，比利菲尔德美术馆，比利菲尔德，德国

12 月 11 日《方力钧：时间线索》，广东美术馆，广州，中国

2010年

8 月 21 日《方力钧》，今日美术馆，北京，中国

10 月 13 日《方力钧》，山西大学美术馆，太原，山西，中国

11 月 23 日《方力钧：偶发的寓言》，坦克库 · 重庆当代艺术中心，重庆，
中国

2011年

3 月 19 日《方力钧：走进大学文献展》，西南交通大学艺术与传播学院，成
都郫都区，中国

4 月 23 日《编年记事——方力钧文献展》，西安建筑科技大学建筑学院，西
安，中国

5 月 1 日《方力钧——从符号到解析》，西安美术馆，西安，中国

9 月 15 日《方力钧——走进大学文献作品展》，吉林艺术学院造型校区美术
馆，长春，中国

11月1日《走进大学——方力钧艺术文献展》，广西艺术学院美术馆，南宁，中国

2012年

3月4日《突破——方力钧个展》，CP Foundation，雅加达，印尼

3月8日《方力钧》文献展，新加坡MOCA，新加坡

5月31日《方力钧——众数的生命》，香港时代广场，香港，中国

6月21日《方力钧——云端的悬崖》，GAM美术馆（the Museum of Modern and Contemporary Art），都灵，意大利

8月25日《方力钧文献展——走进大学》，新疆师范大学，新疆，中国

9月20日《方力钧文献展——走进青海民族大学》，青海民族大学，青海，中国

10月13日《方力钧文献展——走进北方民族大学》，北方民族大学，宁夏，中国

2013年

6月1日《FANG LIJUN. A CAUTIONARY VISION 处境方力钧》，威尼斯马赛洛宫殿（Palazzo Marcello），威尼斯，意大利

10月12日《方力钧2013》，泉空间，北京，中国

10月18日《方力钧走进大学文献展》，湖南师大美术学院，长沙，中国

11月8日《方力钧文献——景德镇陶瓷学院展》，景德镇陶瓷学院，江西，中国

12月6日《色素：方力钧个展》，亚龙湾百花谷·华宇度假酒店，三亚，中国

12月18日《方力钧》，汉雅轩，香港，中国

2014年

1月25日《马到成功——方力钧作品展》，艺博画廊，上海，中国

3月20日《安徽师范大学文献展》，安徽师范大学美术学院展厅（花津校区），

中国

5 月 13 日《FANG LIJUN "The New Body of Work by Mr. Fang Lijun
1963"》ART &PUBLIC‐CABINET P.H，日内瓦，瑞士

8 月 3 日《方力钧小型绘画作品展》，西路艺术沙龙，长沙，中国

10 月 16 日《方力钧文献展——南京大学》，南京大学（仙林校区）展览馆，
南京，江苏，中国

2015年

4 月 9 日《方力钧文献展——鲁迅美术学院》，鲁迅美术学院美术馆，沈阳，
辽宁，中国

6 月 27 日《方力钧文献展‐北京金融博物馆》，北京金融博物馆，北京，
中国

9 月 15 日《方力钧文献展——华北理工大学》，华北理工大学美术学院美术
馆，唐山，中国

10 月 10 日《方力钧 2015》，泉空间，北京，中国

2016年

4 月 8 日《另类生存：方力钧手稿研究展》，合美术馆，武汉，中国

11 月 5 日，《方力钧文献展——武汉大学》，武汉大学万林艺术博物馆，武汉，
中国

11 月 11 日，《方力钧：禁区》，阿丽亚娜博物馆，日内瓦，瑞士

11 月 26 日，《再识方力钧》，湖北美术馆，武汉，中国

2017年

10 月 27 日，《一个人的艺术史——方力钧》，北京民生现代美术馆，北京，
中国

11 月 3 日，《人间世》，汉雅轩，香港，中国

12 月 16 日，《李路明：出版·时间 & 方力钧手稿 2012-2017 双个展》，
美仑美术馆，长沙，中国

2018年

1月27日,《周春芽、方力钧双人展》,K空间,成都,中国

联展：

1984年

《第六届全国美展》,广州,中国

1989年

《中国现代艺术展》,中国美术馆,北京,中国

1991年

《方力钧 · 刘炜作品展》,北京,中国

1992年

《方力钧 · 刘炜作品展》北京艺术博物馆,中国

《中国新艺术展》巡回展览于悉尼新南威尔士美术馆,里斯本昆士兰美术馆,
巴拉特市立美术馆,坎巴拉艺术学校美术馆

《中国前卫艺术展》巡回展览于柏林世界文化宫,荷兰鹿特丹艺术厅,牛津
现代艺术博物馆,丹麦ODENSE艺术厅

1993年

1月31日《后八九中国新艺术展》,香港艺术中心,香港,中国

9月14日《东方之路》,威尼斯双年展,意大利

《中国新艺术展》玛勃洛画廊,伦敦,英国

《毛走向大众》悉尼当代艺术博物馆,澳大利亚

1994年

6月《世界道德》,巴塞尔艺术厅,瑞士

3月《第四届亚洲艺术展》,福冈美术馆,日本

《中国新艺术展》,汉雅轩画廊,台北,中国

10月12日《圣保罗双年展》,圣保罗,巴西

方
力
钧
——100 个人口述实录
方力钧的艺术历程
Fang LiJun | 100 interviews about
Fang Lijun's art history

1995年

2 月 25 日《幸福幻想》，日本基金会，东京

5 月《COUPLET 4》，STEDELLIJK 博物馆，荷兰

7 月 9 日《我们的世纪》，路德维希博物馆，德国

7 月 19 日《中国前卫艺术展》，SANTA MONICA 艺术中心，巴塞罗那，
西班牙

9 月 20 日《光州双年展》，韩国

1996年

《北京，不，不是肥皂剧》，MARSTALL，慕尼黑

《与中国对话》，路得维希论坛，ΛACHEN 德国

《大艺术展，试验版画特展》，美术之家，慕尼黑，德国

1997年

2 月 29 日《中国!》，KUNSTMUSEUM，波恩，德国（巡回展）

《光州双年展》，光州，韩国

3 月 8 日《Die anderen Modernen》，世界文化之家，柏林，德国

10 月 13 日《鸿沟》，加逊尼艺术委员会，荷兰

11 月《题目，广岛》，广岛现代艺术馆

《四个交叉点》，法兰西画廊，巴黎，法国

1998年

2 月《是我》，劳动人民文化宫，北京，中国

9 月 15 日《透视：中国新艺术》，亚洲社会博物馆，纽约，美国

《中国!》，世界文化之家，柏林，德国

9 月 23 日《黑与白》，当代中国，伦敦，英国

《5000+10》当代中国，比堡，西班牙

1999年

3 月 6 日《第五届亚洲美术展》，福冈美术馆，福冈，日本

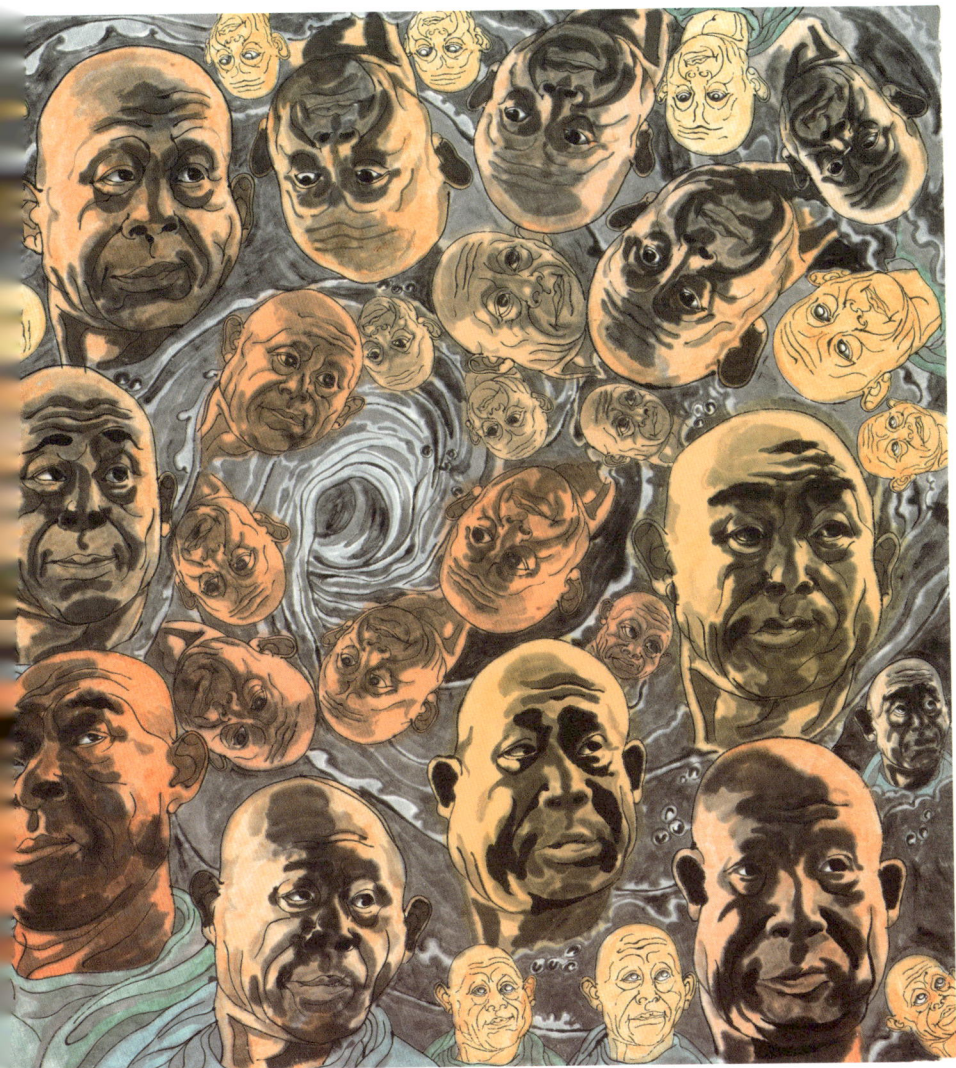

方力钧自画像
——
100×98.5cm
素描
2015 年

4月24日《开启通道》，东宇美术馆，沈阳，中国

《开放的边界》，48届威尼斯双年展，威尼斯，意大利

《新世纪的新现代化主义》，LIMM画廊，旧金山，美国

2000年

《二十世纪艺术中的脸》，国立西方艺术博物馆，东京，日本

《之间》，上河会馆，昆明，云南，中国

《上海美术馆藏品展》，上海，中国

6月《20世纪中国油画展》，中国美术馆，北京，中国

11月6日《上海双年展》，上海美术馆，上海，中国

12月16日《当代中国肖像》，法郎索瓦·密特朗文化中心，法国

2001年

4月28日《宋庄》，顶层空间，北京；STAEDTISCHE画廊，不来海，德国

5月《中国当代绘画展》，新加坡美术馆，新加坡

5月《画坛精英：学院与非学院》，上海艺搏画廊，上海，中国

5月-9月《当代绘画新形象》，中国美术馆，北京；上海美术馆，上海，中国；
成都美术馆，成都；广东省美术馆，广州，中国

10月15日《MERCSUL双年展》，MERCSUL，巴西

12月15日《成都双年展》，成都现代艺术馆，成都，中国

《2001上海版画邀请展》，上海尔冬强艺术中心，上海，中国

《梦》，红楼轩，伦敦，英国

《木刻：丢勒，高更，朋克与其它》，波鸿美术馆，波鸿，德国

《…之间…》，上河美术馆，成都，中国

《是我方力钧 张晓刚 岳敏君作品展》，法兰西画廊，巴黎，法国

2002年

6月《时间的一个点．在长沙》，美仑美术馆，长沙，中国

11月18日《广州当代艺术三年展》，广东美术馆，广州，中国

11 月 20 日《方力钧 / 约尔格 · 伊门道夫》，上海现代画廊，上海，中国

11 月 21 日《图像就是力量》，何香凝美术馆，深圳，中国

《柏林艺术研讨会》，Prüss & Ochs 画廊，柏林，德国

2003 年

1 月 9 日《新绘画》，上海艺博画廊，上海，中国

3 月 18 日《中国和艺术》，国际美术馆，雅加达，印度尼西亚

4 月 4 日《世界余日》，Neuffer AM Park，德国

6 月 4 日《Alors, la Chine》，蓬皮杜中心，巴黎，法国

7 月 23 日《开放的时代》，中国美术馆，北京，中国

9 月 3 日《CP Open 双年展》，国际美术馆，雅加达，印度尼西亚

9 月 24 日《三张脸 + 三种颜色》，艺术画廊，首尔，韩国

11 月 7 日《中国当代版画》，大英图书馆与木板基金会联合组办，英国伦敦

大英图书馆，伦敦，英国

12 月 19 日《超越界限》，上海外滩三号沪申画廊，上海，中国

12 月 20 日《左翼中国当代艺术展》，北京左岸公社，北京，中国

2004 年

1 月 15 日《现代中国》，唐人画廊，曼谷，泰国

3 月 31 日《CHINA, THE BODY EVERYWHERE？》，马赛现代艺术博物

馆，马赛，法国

4 月 23 日《汉雅轩 20 年庆》，汉雅轩，香港艺术中心，香港，中国

4 月 24 日《大风》，主题国际设计机构，北京，中国

5 月 7 日《面对面——中国 . 当代 . 台湾》，第雅艺术有限公司，台湾台南市，

中国

6 月 5 日《方力钧，叶永青，岳敏君绘画与雕塑作品展 "妄想的侧面"》，上

海外滩三号沪申画廊，上海，中国

7 月 9 日《ALEXANDER OCHS 柏林 | 北京画廊艺术作品群展》

ALEXANDER OCHS 柏林 | 北京画廊，柏林，德国

9月22日 纪念《美术文献》十周年，《美术文献》编辑部，武汉，湖北，中国

9月25日《东方风》，Franz Gertsch 美术馆，瑞士

10月26日《"龙族之梦"——中国当代艺术展》，爱尔兰现代美术馆，都柏林，爱尔兰共和国

11月3日–12月20日(北京)11月22日–12月15日(上海)《板起面孔》中国现在艺术第一次版画联展，北京现在画廊，北京；上海多伦现代美术馆，上海，中国

12月5日《二十四位当代艺术家在中国》，空白空间画廊，北京，中国

2005年

4月29日《明日，不回眸——中国当代艺术》，国立台北艺术大学关渡美术馆，台湾台北市，中国

5月2日《自然之语言 FRANZ GERTSCH+ 方力钧》，空白空间画廊，北京，中国

5月13日《当生活成为观点——方力钧、王广义、岳敏君、张晓刚近作展》，上海艺博画廊，上海，中国

6月11日《中国当代艺术 3 年展》，南京博物院，南京，中国，中国

6月12日《Mahjong》，伯尔尼美术馆，瑞士

6月26日《Kinderszenen–Child's Play》，柏林，德国

6月29日《New Work/New Acquisitions》，MOMA，纽约，美国

9月5日《2005 CP 双年展》，CP 基金会，雅加达，印度尼西亚

9月20日《线索-----方力钧 | 王音 | 萧昱 | 杨茂源》，空白空间画廊，北京，中国

9月23日《"柏拉图" 和它的七种精灵》，何香凝美术馆 OCT 当代艺术中心，北京，中国

9 月《Artforum Berlin》，亚历山大画廊，柏林，德国

11 月 26 日《大河上下——新时期中国油画回顾展》，中国美术馆，北京，中国

11 月 26 日《"翻手为云，覆手为雨"》TS1 当代艺术中心第一回展，北京 TS1（宋庄壹号）当代艺术中心，北京，中国

11 月 30 日《缘分的天空 –2005 中国当代架上艺术（油画）邀请展》，深圳美术馆，深圳，中国

12 月 3 日《温暖——红桥画廊开幕展》，红桥画廊，上海，中国

12 月 10 日《美丽的讽喻——阿拉里奥北京艺术空间开幕展》，阿拉里奥北京艺术空间，北京，中国

2006年

1 月 6 日《红——"文革"后的记忆》，第雅艺术，台湾台南市，中国

1 月 24 日《CHINA COUP》，红楼轩，伦敦，英国

2 月 26 日《时间的一个点 – 在武汉》，美术文献杂志，武汉美术文献艺术中心，武汉，中国

3 月《渡——当代水墨方式》，汇泰艺术中心，天津，中国

3 月 25 日《变种 – 华人当代艺术的双轨衍变》，台北美术馆，台湾台北市，中国

6 月 24 日《听取》，柏林，德国

6 月 28 日《中国现代艺术展》，阿拉里奥画廊，天安，韩国

9 月 1 日《最好亚洲》，Artside 画廊，汉城，韩国

2007年

3 月 1 日《我们主导未来——第二届莫斯科双年展特别计划》，Ethan Cohen Fine Arts，莫斯科，俄罗斯

3 月 2 日《中国"当代社会展"》，俄罗斯特列恰可夫国家美术馆，莫斯科，俄罗斯

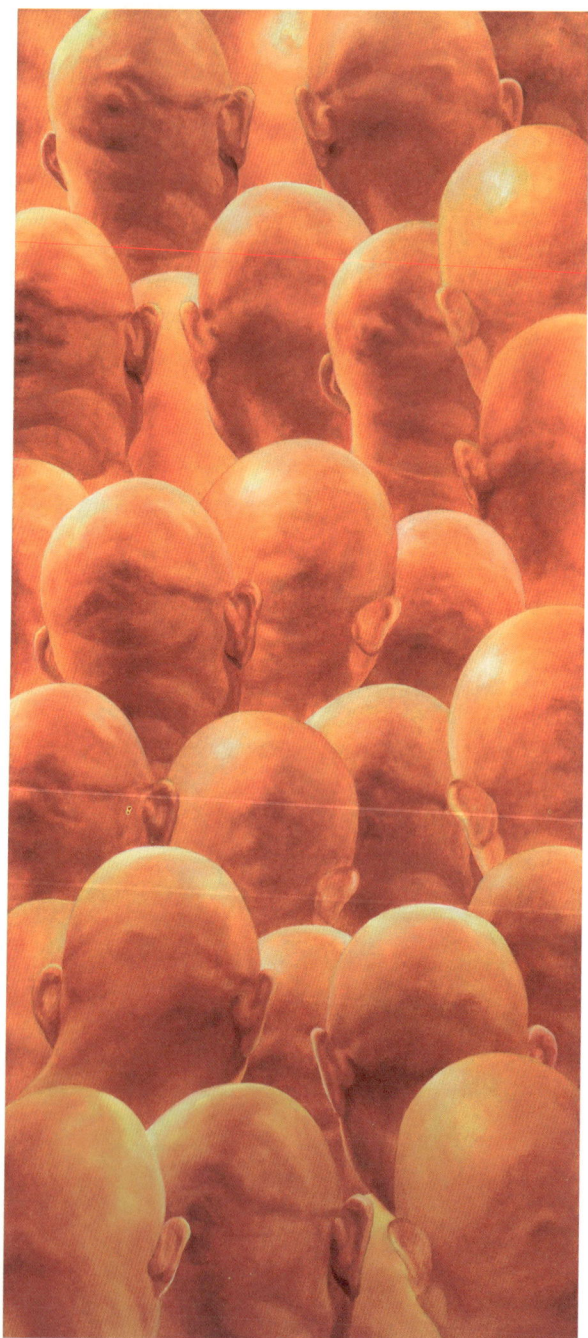

方力钧自画像

——

180×80cm

布面油画

2016 年

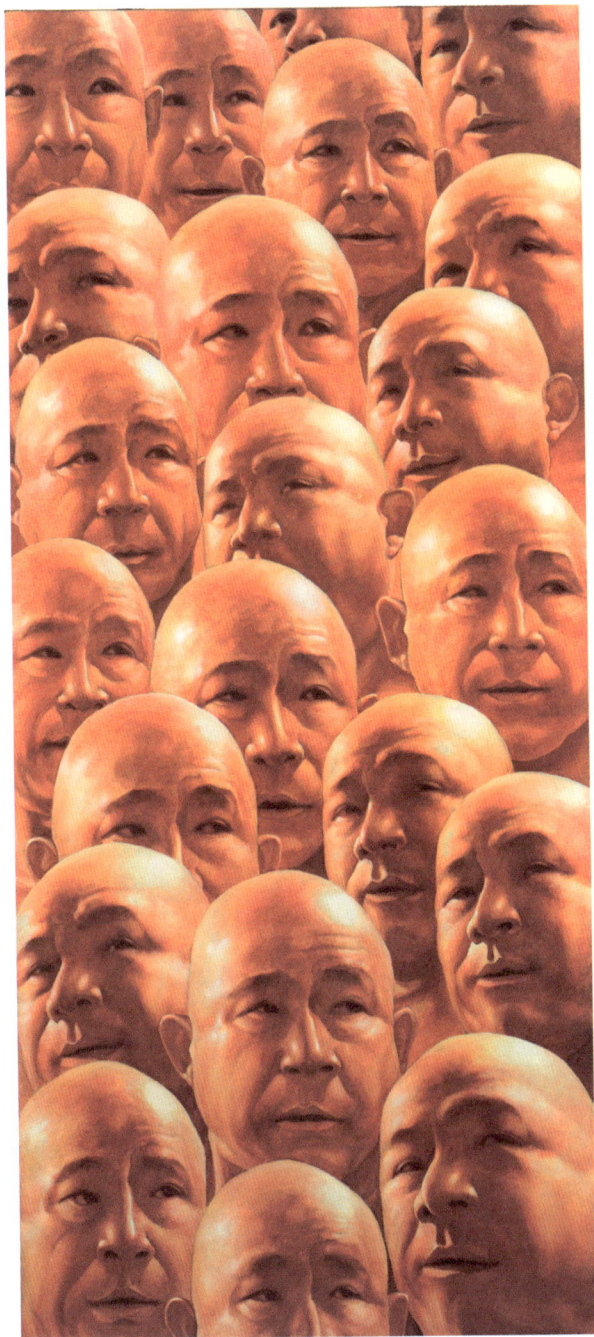

方力钧自画像

——

180×80cm

布面油画

2016 年

3 月 31 日《后解严与后八九 – 两岸当代美术对照》，国立台湾美术馆，台湾台中市，中国

4 月《地狱与天堂：十周年 ALEXANDER OCHS GALLERIES BERLIN | BEIJING》，ALEXANDER OCHS GALLERIES BERLIN | BEIJING 柏林，德国

6 月 23 日《生活在宋庄——艺术家田野调查作品展》，宋庄美术馆，北京，中国

7 月 15 日《脱域》，千高原艺术空间，北京，中国

7 月 21 日《黑白灰——一种主动的文化选择》，今日美术馆主馆，北京，中国

7 月 22 日《RED HOT》，FINE ARTS 博物馆，休斯敦，美国

8 月 26 日《傲慢与浪漫》，鄂尔多斯美术馆，鄂尔多斯，中国

10 月 25 日《China-Facing Reality》，Kunst Stiftung Ludwig 当代博物馆，维也纳，奥地利

10 月 26 日《与水墨有关——一次当代艺术家的对话》，坦克库.重庆当代艺术中心，重庆，中国

12 月 15 日《天行健——中国当代艺术前沿展》，亚洲艺术中心 – 北京，北京，中国

2008年

2 月 18 日《Cina XXI secolo. Arte fra identità e trasformazione》，the Palazzo delle Esposizionz，罗马，意大利

3 月 8 日《2007 中国当代艺术文献展主体展》，墙美术馆，歌华艺术馆，北京，中国

3 月 15 日《飞地——中国当代新绘画》，南京四方当代美术馆，南京，中国

3 月 15 日《新约 – 中国当代艺术家早期作品展》，凯旋艺术空间　，北京，中国

5月12日《"北京—雅典，来自中国的当代艺术"展》，希腊国家当代艺术中心，雅典，希腊

5月17日《面对中国》，阿库雷里美术馆，阿库雷里，冰岛

5月15日《学院与非学院Ⅱ》，艺博画廊，上海，中国

5月25日《艺术史中的艺术家》，北京圣之空间艺术中心，北京，中国

6月15日《个案：艺术史和艺术批评中的艺术家》，北京圣之空间艺术中心，北京，中国

7月10日《半梦状态：罗根收藏中国当代艺术展》，旧金山当代美术馆，旧金山，美国

7月《柏林亚洲艺术博物馆展览》，柏林亚洲艺术博物馆，柏林，德国

8月2日《遭遇》，Pace 北京，北京，中国

8月6日《生活在宋庄》，宋庄美术馆，北京，中国

9月10日《第三届南京三年展》，南京博物院，南京，中国

9月26日《我有一个梦 – 2008 官渡双年展》，国立台北艺术大学关渡美术馆，台北市，中国

9月27日《1st.12"泰达当代艺术博物馆馆藏精选展》，泰达当代艺术博物馆，天津，中国

12月9日《"前卫 · 中国——中国当代美术二十年"展》，国立国际美术馆，大阪，日本

2009年

2月21日《纸作品》，DF2 画廊，洛杉矶，美国

3月18日《东站 · 回望中国》，东站画廊，北京，中国

3月31日《人体》，南京尚东当代艺术中心，南京，中国

4月4日《师生源 – 张义春先生师生联展》，今日美术馆，北京，中国

6月3日《给马可波罗的礼物》，San Servolo 岛威尼斯国际大学，威尼斯，意大利

6月7日《第53届威尼斯国际艺术双年展中国国家馆见微知著》，威尼斯军械库处女花园，威尼斯，意大利

6月27日《CHINAMANIA》，丹麦阿肯当代美术馆，哥本哈根，丹麦

7月18日《第一届中国当代版画学术展》，今日美术馆，北京，中国

9月5日《镶嵌苏州——2009中国当代艺术苏州邀请展》，苏州博物馆，苏州，中国

9月17日《The Face of the Chinese Avant-Garde》，Ethan Cohen 画廊，纽约，美国

9月26日《中华人民共和国六十周年当代艺术成果展》，北京饭店金色大厅，北京，中国

10月8日《开放的视域——中国当代艺术作品展》，捷克国家美术馆，捷克

10月10日《碰撞——关于中国当代艺术实验的案例》，中央美术学院美术馆，北京，中国

10月17日《主场》当代艺术展，白盒子艺术馆，北京，中国

2010年

4月18日《中国当代艺术三十年历程 · 绘画篇（1979-2009）》，民生现代美术馆，上海，中国

4月22日《云端——亚洲当代艺术大展》，索卡艺术中心，北京，中国

5月4日《改造历史：2000 ~ 2009 年的中国新艺术》，国家会议中心，北京，中国

8月17日《建构之维——2010 年中国当代艺术邀请展》，中国美术馆，北京

8月22日《具象研究——重回经典》，北京时代美术馆，北京，中国

9月17日《中国西部国际艺术双年展》，银川文化艺术中心，银川，中国

9月18日《调节器"第二届今日文献展》，今日美术馆，北京，中国

10月14日《溪山清远 - 中国新绘画》，刘易斯 · 布鲁恩基金会，伦敦，英国

11月6日《六＋六：能量·重启》，杨画廊，北京，中国

11月11日《上海世博会纪念版画 亚洲同步展（东京）》，香染美术，Gallery Furuya，BLD Gallery，Art Complex Center，Satelites Art Lab，360° Graphics，东京，日本

11月11日《上海世博会纪念版画 亚洲同步展（上海）》，熏依社画廊（2010年11月8日－30日），泉水边画廊，阆风艺术画廊，上海名流艺术机构，马达思班艺术基金会，上海，中国

2011年

4月14日《版画系》，Contemporary by Angela Li，香港，中国

4月18日《溪山清远——中国新绘画》，旧金山亚洲艺术博物馆，旧金山，美国

4月29日《孬画展》，品画廊，北京，中国

6月1日《未来通行证——2011年威尼斯双年展平行专题展》，Abbey of San Gregorio，Palazzo Mangilli-Valmarana，威尼斯，意大利，2011年12月8日－2012年3月2日（时间暂定）鹿特丹世界美术馆，荷兰，2012年4月28日－7月7日（时间暂定）台湾国立美术馆，台湾，中国

7月1日《典藏历史——中国新艺术展》，成都当代美术馆，成都，中国

7月9日《各行其是》，品画廊，北京，中国

7月30日《超现实波普》，悦·北京艺术馆（原NIKE馆），北京，中国

8月7日《第二届中国当代版画学术展 版画·概念》，今日美术馆，北京，中国

8月21日《图像·历史·存在——泰康人寿保险股份有限公司成立15周年艺术品收藏展》，中国美术馆，北京，中国

9月29日《新境界——中国当代艺术展》，澳大利亚国家博物馆，悉尼，澳大利亚

9月29日《溪山清远：当代艺术展》，成都东区·音乐公园，成都，中国

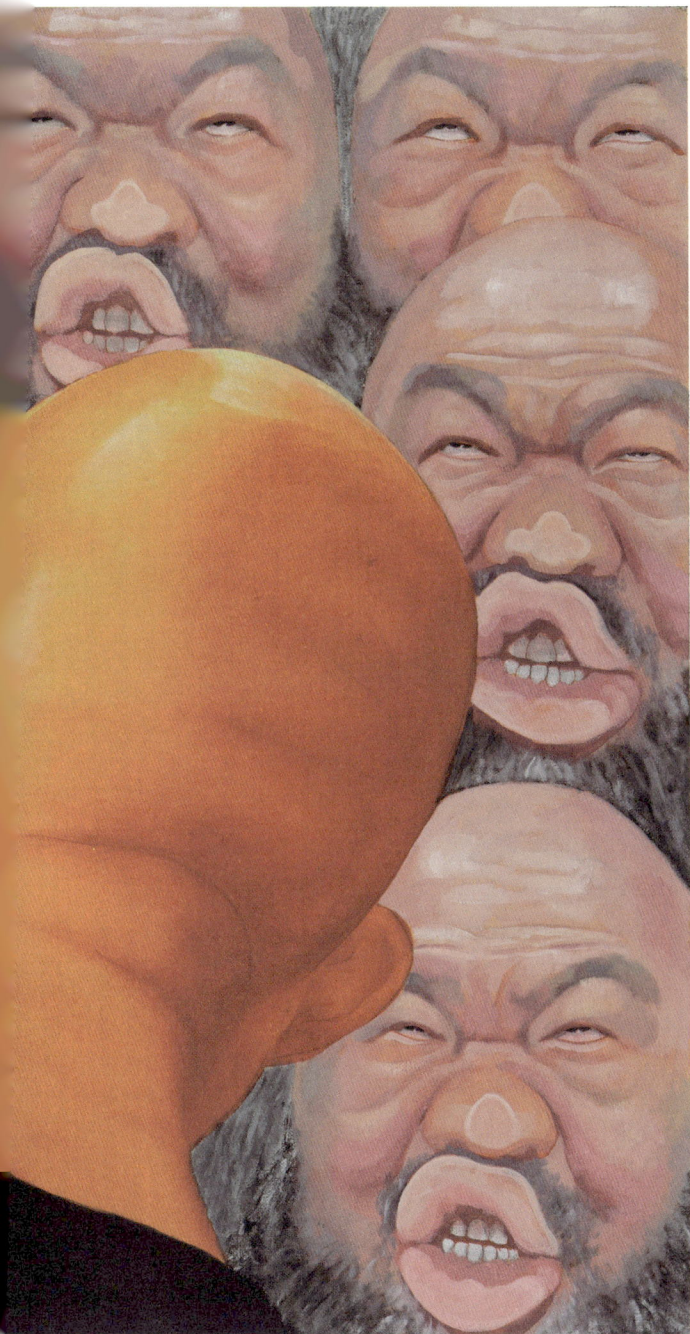

方力钧自画像
————
800×110cm
布面油画
2016 年

9月29日《2011成都双年展——蓝顶艺术家雕塑展》,蓝顶艺术中心,成都,中国

10月29日《我信——在宋庄的中国当代艺术》,宋庄美术馆二层,北京,中国

11月19日《瑞居艺术计划》,瑞居酒店,北京,中国

12月20日《行云——中国当代新艺术》,四川省博物院,成都,中国

2012年

1月15日《中国当代名家版画精品展》,K空间,成都,中国

2月16日《"北京798时间"当代艺术展》,台北市松山文化创意园区,台湾,中国

3月10日《开放的肖像》,民生现代美术馆,上海,中国

5月31日《视界——中国当代艺术邀请展》,张江当代艺术馆,上海,中国

6月15日《再历史——中国当代艺术邀请展》,深圳美术馆,深圳,中国

8月26日《中国·新疆 首届当代艺术双年展》,新疆艺术中心,新疆,中国

9月13日 《Go Figure! Contemporary Chinese Portraiture》,澳大利亚国立肖像馆,堪培拉和Sherman当代艺术基金会,悉尼,澳大利亚

9月15日 《景象——2012中国新艺术》,上海美术馆,上海,中国

9月22日 《偏看:无意识的当代艺术》,伊比利亚当代艺术中心,北京,中国

9月26日 《艺术前沿——当代艺术邀请展》,宋庄美术馆,北京,中国

9月29日 《文化上海——朝向未来的回归》,艺博画廊,上海,中国

10月12日 《2012中国西部国际艺术双年展》,银川文化艺术中心,田野美术馆(筹建中),银川,中国

10月12日 《未来通行证全球巡回展——今日北京站》,今日美术馆,北京,中国

10 月 29 日《问道：马一平艺术教育 50 年师生同仁作品展》，文轩美术馆，成都，中国

12 月 19 日《古往今来——龙美术馆开馆系列艺术展》，龙美术馆，上海，中国

12 月 28 日《再水墨：2000-2010 中国当代水墨艺术邀请展》，湖北美术馆，武汉，中国

2013年

4 月 2 日《再水墨：2000-2010 中国当代水墨艺术邀请展》，今日美术馆，北京，中国

5 月 4 日《领军当代——"AAC 艺术中国年度影响力"获奖艺术家邀请展》，今日美术馆，北京，中国

5 月 13 日《艺术与社会进程——中国当代艺术文献展》，圈子艺术中心，深圳，中国

5 月 19 日《演变》，南京先锋当代艺术中心，南京，中国

5 月 24 日《尘土与光荣：三种介质——方力钧、尹朝阳联合展览》，香港 ART ONE 中庭，香港，中国

5 月 25 日《蓝顶艺术群落展》，蓝顶美术馆，成都，中国

5 月 26 日《再水墨——2013 成都邀请展》，K 空间，成都，中国

6 月 26 日《个体生长——当代艺术的动力》，天津美术馆，天津，中国

7 月 26 日《创先锋？致经典'－Esquire80 周年封面艺术展》，北京、上海、沈阳、杭州、厦门、广州、深圳、成都，中国

8 月 15 日《表 / 里：观念的形式与幻象》，瞳空间，北京，中国

8 月 17 日《时代肖像—当代艺术 30 年》，上海当代艺术博物馆，上海，中国

8 月 23 日《圣莫里茨大师节》，圣莫里茨，瑞士

10 月 31 日《漂移的美院》，上上国际美术馆，北京，中国

12 月 7 日《文化金融国际论坛暨当代美术经典观摩》，中国政协文史馆，北京，中国

12月11日《当代中国水墨的过去与现在》，美国大都会美术馆，纽约，美国

12月14日《第一届"中国-东盟艺术双年展"》，东盟文化广场，南宁，中国

12月20日《再肖像——2013三官殿1号艺术展》，湖北美术馆，武汉，中国

2014年

中国场：2014年4月26日-5月23日 捷克场：2014年5月31日-6月30日，《首届中国·捷克当代艺术展》，中捷当代美术馆，北京，中国

5月17日《艺术·当代江西——江西画店邀请展》，江西画店，南昌，中国

6月6日《学院新艺术 第一季》，深圳罗湖美术馆，深圳，中国

6月28日《时代宋庄-庆祝中国共产党成立93周年当代艺术名家邀请展》，宋庄小堡村艺术东区展览中心，北京，中国

8月1日《中国新表现：1980-2014特别邀请展》，中华艺术宫，上海，中国

9月6日《1960》，泉空间，北京，中国

9月13日《再现代：第三届美术文献展》，湖北美术馆，湖北，中国

9月19日《日常之名——中国当代艺术中的日常话语与观念生成》，成都蓝顶美术馆新馆1号、2号展厅

9月27日《1199个人龙美术馆收藏展》，龙美术馆（西岸馆），上海，中国

9月28日《湘江北上：谭国斌与当代艺术收藏展》，谭国斌当代艺术博物馆，长沙，湖南，中国

10月12日《"社会风景"—当代艺术中的"风景叙事"》，成都市锦江区东湖公园西部保税中心展览厅，成都，四川，中国

10月17日《西云东语——中国当代艺术研究展》，武汉创意天地合美术馆，武汉，湖北，中国

10月26日《2014首届中国版画大展》，深圳观澜版画艺术博物馆，深圳，广东，中国

11 月 22 日《多重宇宙——可能是一种体验》，上海二十一世纪民生美术馆，上海，中国

11 月 28 日《8 + 1——实验艺术的方案》，广东当代艺术中心，广州，广东，中国

11 月 26 日《Post Pop：East meets West》，Saatchi Gallery，伦敦，英国

12 月 27 日《中国国家画院年展》，中国国家画院国展美术中心，北京，中国

2015 年

2 月 8 日，《智慧的开阔带：2015 纸本作品展》，K 空间，成都，四川，中国

4 月 26 日，《破图集——中国当代艺术家处理图像的方式》，北京寺上美术馆

5 月 15 日，《CHINA 8——莱茵鲁尔区中国当代艺术展》，德国

5 月 30 日，《超越边界 2015 年泰达国际当代艺术展》，中国天津泰达当代艺术博物馆，天津，中国

6 月 25 日《民间的力量》北京民生现代美术馆，北京，中国

9 月 05 日《别传——中国当代艺术之轻架上》，盖亚画廊，广州，中国

9 月 9 日《交叉小径的花园——15 位艺术家的路径与节点》，沪申画廊，上海，中国

9 月 12 日《倒叙的美术史：中国当代艺术的另一种线索》，亿利艺术馆，北京，中国

9 月 24 日 "2015 第九届中国·宋庄文化艺术节" 主题展《万神 -- 中国当代艺术的圣家族》，宋庄当代艺术文献馆（二、三层），北京，中国

10 月 17 日，《片段叙事》，长沙市博物馆，长沙，湖南，中国

11 月 8 日，《气韵生动——中国当代艺术邀请展》，福建泉州安溪文庙，泉州，福建，中国

12 月 12 日《新态 2015 太原国际雕塑双年展》，太原美术馆，太原，山西，中国

12 月 19 日《榜样·中国 – 首届大师拍名家邀请展》，宋庄当代艺术文献馆，北京，中国

12月27日《写意中国——2015中国国家画院年展》,中国美术馆开幕,北京,中国

12月30日《Fragmentary Narratives exhibition》,斯坦福画廊,斯坦福,美国

2016年

1月28日《图像精神–2016名家小幅作品收藏展》K空间,成都,四川,中国

2月23日《M+希克藏品:中国当代艺术四十年》,ARTISTREE,香港,中国

2016年2月17日–2月24日(霍巴特)2016年3月12日–3月26日(墨尔本)2016年4月12日–4月25日(悉尼),《造化——中国当代艺术展》,Salamanca艺术中心(霍巴特)204艺术空间(墨尔本)悉视空间(悉尼),澳大利亚

4月16日,《石膏像:视觉经验与文化背景下的中国现代性》,亿利美术馆,北京,中国

4月29日《和谐——国际当代艺术展》,天津美术馆,天津,中国

5月12日《线索.3》,北京民生现代美术馆,北京,中国

6月11日《再肖像:被言说和展开言说的–关于一次针对现在的"人物"形象调查》,宋庄美术馆,北京,中国

6月25日《"推衍"中国当代陶艺学术邀请展》,中央美术学院陶溪川美术馆,景德镇,中国

6月25日《中国当代艺术年鉴展2015》,北京民生现代美术馆,北京,中国

8月19日《申鹤澈、方力钧:纪念碑性的身体风景》,学古斋画廊,首尔,韩国

9月3日《釜山双年展:混血的地球,诸众知性的公论场》,釜山,韩国

9月26日《首届国际学院版画联盟邀请展》,北京太庙艺术馆,北京,中国

9月30日《海纳百川 壁立千仞——作为一种价值共同体的宋庄艺术精神溯源》，宋庄东区艺术中心，北京，中国

10月15日《南山之南：11位当代艺术家》，三域当代艺术，广州，中国；巡展：2017年1月19日，圣百花大教堂博物馆，佛罗伦萨，意大利

2017年

1月14日，《我叫版画》，ARTE PLACE，广州，中国

1月16日，《自由场域——北京798·贵阳当代艺术展》，贵阳798艺术中心，贵阳，中国

1月23日，《文明的回响·系列展览·第二部：中华匠作》，太庙艺术馆，北京，中国

3月29日，《无界》，曼特尼亚美术馆，曼托瓦，意大利

4月13日，《金蝉脱壳——纪念黄专逝世周年邀请展》，OCAT深圳馆，深圳，中国

5月26日，《国家当代艺术档案库理事会学术委员会推荐展》，国家当代艺术档案库，北京，中国

8月19日，《融——当代油画语言研究展》，今日美术馆，北京，中国

9月27日，《盛世筑梦》，大地艺术中心，北京，中国

9月29日，《"观世界·世界观"漳州国际当代艺术展》，漳州博物馆，漳州，中国

10月24日，《深圳当代艺术双年展——城市（是）美术馆》，华侨城创意文化园北区C2空间，深圳，中国

10月18日，"京津冀"名家精品美术书法作品展，天津滨海新区美术馆，天津，中国

10月18日，《一座与世界对话的城市——"景漂"国际陶艺展》，中国陶瓷博物馆，景德镇，中国

10月28日，《安仁双年展——今日之往昔》，安仁古镇，成都，中国

11月25日,《中国当代艺术家手稿研究展（第一回）》,艺·凯旋,北京,中国

12月17日,《东湖国际生态雕塑双年展》,武汉,中国

2018年

1月10日,《献给爱丽舍：中国当代艺术交流展》,UCCA,北京,中国

1月16日,《国家当代艺术档案库华南中心开幕展,暨中国当代艺术手稿展》,广州,中国

5月12日,《新编历史剧》,当代唐人艺术中心,北京,中国

5月26日,《无界：当代中国艺术威海展》,海美术馆,威海,中国

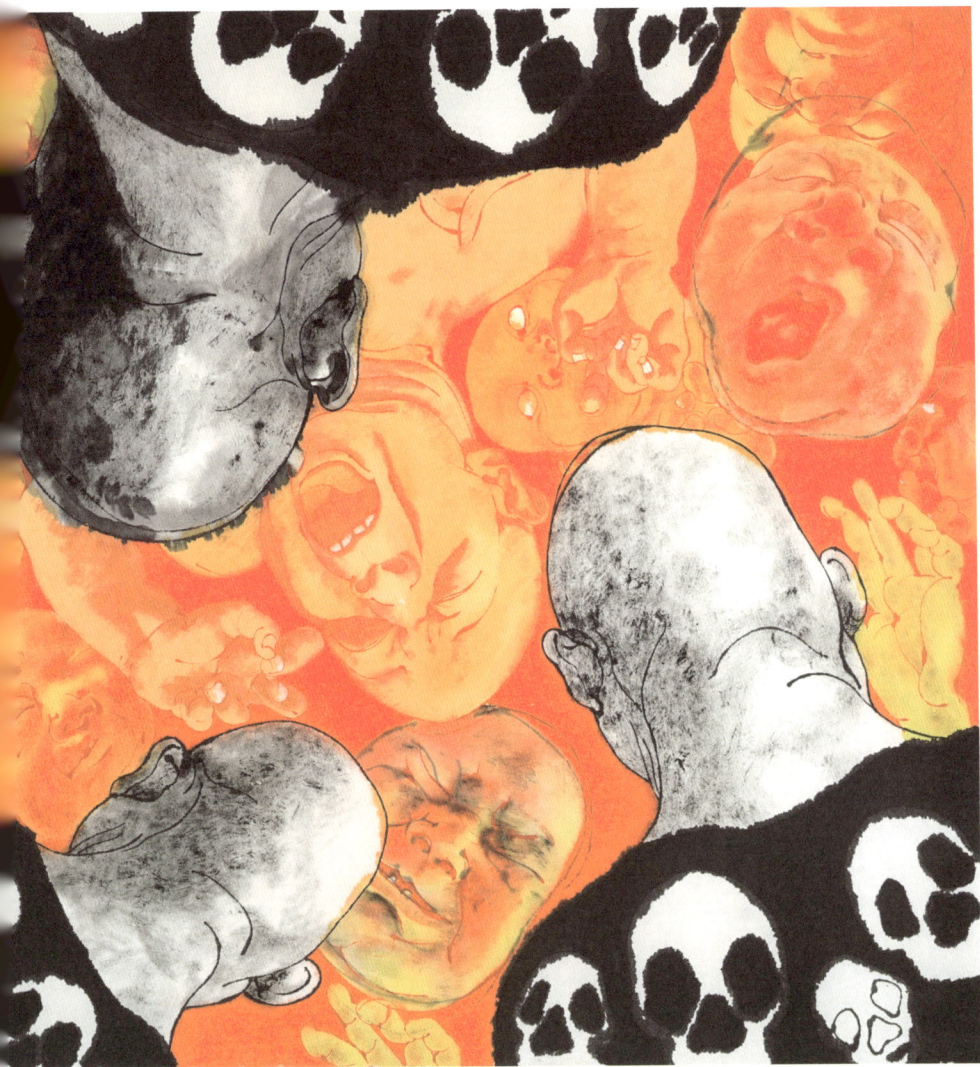

方力钧自画像

72×72cm

纸本水墨

2018 年

图书在版编目（CIP）数据

方力钧：100个人口述实录方力钧的艺术历程. 下 /
严虹编著. – 北京：中国青年出版社，2019.6
ISBN 978-7-5153-5663-1

Ⅰ.①方… Ⅱ.①严… Ⅲ.①方力钧–生平事迹
Ⅳ.① K825.7

国版本图书馆 CIP 数据核字 (2019) 第 124992 号

责任编辑：骆　军　许　欣
特约编辑：高松寅

中国青年出版社 出版 发行

社址：北京东四 12 条 21 号
邮政编码：100708
网址：www.cyp.com.cn
编辑部电话：（010）57350403
门市部电话：（010）57350370

三河市君旺印务有限公司
新华书店经销

开本：710×1000　1/16
印张：18.25
字数：200 千字
版次：2019 年 7 月北京第 1 版
印次：2019 年 7 月河北第 1 次印刷
印数：1—8000 册
定价：68.00 元
